U0921385

图书在版编目(CIP)数据

安徽调查年鉴2020/ 国家统计局安徽调查总队编.—合肥:安徽人民出版社,2020.12

ISBN 978-7-212-10923-3

Ⅰ.①安… Ⅱ.①国… Ⅲ.①统计资料—安徽—2020—年鉴 Ⅳ.①C832.54-54

中国版本图书馆CIP数据核字(2020)第195610号

安徽调查年鉴2020

ANHUI DIAOCHA NIANJIAN 2020

国家统计局安徽调查总队 编

出 版 人:陈宝红　　责任编辑:胡小薇

装帧设计:宋文岚　　责任印制:董 亮

出版发行:时代出版传媒股份有限公司 http://www.press-mart.com

安徽人民出版社 http://www.ahpeople.com

合肥市政务文化新区翡翠路1118号出版传媒广场八楼

邮编:230071

营销部电话:0551-63533258 0551-63533292(传真)

印 制:安徽联众印刷有限公司

(如发现印装质量问题,影响阅读,请与印刷厂商联系调换)

开本:880×1230 1/16 印张:17.75 插页:88面 字数:1000千

版次:2020年12月第1版 2020年12月第1次印刷

ISBN 978-7-212-10923-3 定价:320.00元

编 辑 委 员 会

Editorial Board

编　辑　说　明

一、《安徽调查年鉴2020》由国家统计局安徽调查总队独立编辑出版，是一部全面反映安徽省农村社会经济、城市社会经济、企业发展情况的资料性年刊。本书收录了全省和市、县（区）2019年经济和社会发展各有关方面的调查统计数据，以及全国和各省（市、区）重要历史年份主要统计调查数据。

二、本年鉴统计调查数据分为五个篇章，即：1.综合调查；2.农业调查；3.人民生活；4.价格调查；5.专项。为方便读者理解和使用有关数据，各篇章前设有《简要说明》，对本篇章的主要内容、资料来源、统计范围、统计方法以及历史变动情况予以简要概述，篇末附有《主要统计指标解读》，介绍了统计指标的含义、统计范围和统计方法。

三、资料中所使用的度量衡单位均采用国际统一标准计量单位。

四、本年鉴部分数据合计数或相对数，由于单位取舍不同产生的计算误差未作机械调整。

五、本书凡带有续表的资料，有关注解均列在最后一张续表的下方。

六、本书符号使用说明：“…”表示该数据不足本表最小计量单位数；“空格”表示该项无统计数据；“#”表示其中的主要项；“*”或“①”表示本表下有注解。

Editor's Notes

I. *Anhui Survey Yearbook 2020* is an annual statistical publication, which reflects comprehensively the rural and urban economic and social development of Anhui. It covers data for 2019 and key statistical and survey data in recent years and some historically important years at provincial, city and county level and the local levels of province, atutonomous region and municipality directly under the Central Government.

II. The yearbook contains five chapters: 1. General Survey; 2. Agricultural Survey; 3. People's Living Conditions; 4. Price Survey; 5. Special Survey. To facilitate readers understanding of the contents, "the Brief Introduction" at the beginning of each chapter provides a summary of the main contents of the chapter, data sources, statistical scope, statistical methods and historical changes. At the end of each chapter, "Explanatory Notes on Main Statistical Indicators" are included.

III. The units of measurement used in this yearbook are internationally standard measurement units.

IV. Statistical discrepancies on totals and relative figures due to rounding are not adjusted in this yearbook.

V. All tables with continued ones, the footnotes are at the bottom of the last continued table.

VI. Notations used in the yearbook: "…" indicates that the figure is not large enough to be measured with the smallest unit in the table; "blank space" indicates that data are unknown, or are not available; "#" indicates a major breakdown of the total; and "*" or "①" indicates footnotes at the end of the table.

勇于担当作为 锐意开拓创新
奋力推动安徽调查事业向更高水平迈进

——在安徽调查工作视频会上的讲话

2020年2月28日

国家统计局安徽调查总队党组书记、总队长　刘文峰

同志们：

这次全省调查工作视频会议的主要任务是，以习近平新时代中国特色社会主义思想为指导，深入贯彻党的十九大和十九届二中、三中、四中全会精神，传达学习中央领导同志关于统计工作重要指示精神，全面落实中央、省委经济工作会议和全国统计工作会议精神，总结回顾2019年工作，部署安排2020年重点任务。下面我代表总队党组和领导班子讲四方面意见。

一、2019年主要工作回顾

过去的一年，安徽调查队系统坚持以习近平新时代中国特色社会主义思想为指导，认真贯彻党的十九大和十九届二中、三中、四中全会精神，深入落实习近平总书记关于统计工作重要讲话指示批示精神，紧紧围绕党的十九大提出的“完善统计体制”重大部署，落实中央《关于深化统计管理体制改革提高统计数据真实性的意见》《统计违纪违法责任人处分处理建议办法》《防范和惩治统计造假、弄虚作假督察工作规定》（以下简称《意见》《办法》《规定》）要求，围绕中心，服务大局，求真务实，奋发进取，较好完成了全年各项工作任务。

（一）“不忘初心、牢记使命”主题教育扎实开展

全系统认真贯彻习近平总书记关于主题教育系列重要讲话指示精神，严格按照党中央和国家统

计局党组部署，牢牢把握“十二字”总要求，紧盯五个具体目标，统筹四项重点措施，加强组织领导，有序推进全系统两批主题教育扎实开展。一是把学习教育贯穿始终。坚持联系实际学、带着问题学、不断跟进学，进一步推动了学习贯彻习近平新时代中国特色社会主义思想往深里走、往心里走、往实里走。二是把调查研究贯穿始终。各级领导班子成员坚持问题导向，深入基层、深入群众，多层次、全方位地了解实际情况，拿出了一批破解问题、推动发展的硬招实招。三是把检视问题贯穿始终。各级党组织和全体党员干部严格按照习近平总书记关于“四个对照”“四个找一找”的要求，结合国家统计局党组关于总队开展“五问五找”，市、县队开展“五查五改”的部署，围绕18个是否，找准了问题，剖析了原因，制定了举措。四是把整改落实贯穿始终。坚持边学边改、立行立改，高质量召开了主题教育专题民主生活会和专题组织生活会，对查摆的问题制定整改措施，明确整改时限和责任归属，确保真改实改全面整改。安徽调查队系统主题教育举措扎实、成效明显，得到了国家统计局分管领导和巡回指导组的充分肯定。

（二）系统党的建设纵深推进

坚持以党的政治建设为统领，以坚定理想信念宗旨为根基，发挥“条块结合”优势，不断推进党的建设。一是加强理论武装。充分发挥党组理论学习中心组引领示范作用，总队和市、县队成立“青年理论学习e家”等学习小组，综合利用集中学习、党课报告、线上平台等方式，引导广大党员学原文、读原著、悟原理。二是丰富活动载体。开展庆祝中华人民共和国成立70周年系列活动。举办了全系统纪念五四运动100周年“不忘初心跟党走，牢记使命建新功”主题演讲比赛，以及庆祝中华人民共和国成立70周年“我和我的祖国”朗诵展演等活动，增强了爱党爱国情怀。三是夯实党建基础。各基层党组织严格执行“三会一课”、组织生活会、谈心谈话、民主评议党员等党内生活制度，进一步严肃了党内政治生活。持续推进“两学一做”学习教育常态化制度化，市级队专职党务干部配备到位，党组织的凝聚力、战斗力不断增强。四是做好融合文章。创新推进“党建+”工作模式，在基层调查队中设置“党员先锋岗”、调查户中推荐“党员示范户”，党组织在调查一线的战斗堡垒作用得到发挥。

（三）各项调查任务圆满完成

一是农业农村调查创新创优。在组织实施好农作物播种面积和产品产量调查、畜禽监测等常规任务的同时，积极探索农作物遥感估产和主要农作物全生育期长势监测，制作的《安徽省冬小麦长势监测图》在全省“三夏”工作会议上获得了省长李国英的高度评价。二是住户类调查精益求精。

电子记账稳步推进，试点利用税收等大数据对住户调查数据进行校准，农村贫困户监测、农民工监测数据质量控制与评估细则更加完善。三是价格调查灵敏高效。新增城市房地产价格调查首战告捷，ICP 调查工作获国家统计局国际中心充分肯定，消费价格调查在平抑物价、保障低收入群体基本生活中发挥了重要作用。四是劳动力调查和企业调查稳定发展。建立劳动力调查月度陪访结果一对一反馈机制，创新数据审核模式，开展了全省就业形势专题调研。采购经理指数、新设小微企业跟踪、服务零售结构等调查扎实有序开展。五是专项调查聚焦民生。组织全省居民收入分配与生活状况、全省居民阅读状况等调查，圆满完成全面从严治党民意调查和全省文明城市测评等重大任务。在总队指导下，各市、县队也积极通过各类专项调查服务经济社会发展。六是全面监督确保质量。坚持强基固本、聚焦数据源头，各调查专业广泛开展数据质量检查、调查样本核查和基础工作抽查，调查基层基础更加扎实稳固。

（四）统计调查改革稳步实施

传承安徽改革创新基因，深化统计改革。一是推进重点领域改革。与多部门协作高效完成了房价调查城市扩点和固定资产投资价格调查改革，创新开展全省就业状况跟踪分析调研，进一步巩固和完善住户电子记账。二是深化系统管理改革。完成全省各级调查队“三定”，实现了整合资源、提高效率的目标。三是加快统计手段变革。“无人机 +PDA”在农业调查领域的全面推广，率先在全国运用网签备案大数据编制二手住宅价格指数，自行编程设计房价重点企业调查问卷并推广应用。劳动力调查和住户调查“口袋书”赢得同行点赞。各市、县队还坚持实践导向，借助“双基管理平台”“小程序”“APP”等信息化手段优化工作流程，提升工作效率。四是认真落实粮食、畜牧业统计调查数据归口管理。按照国家统计局通知要求，总队党组高度重视，提请省政府印发了《关于做好粮食畜牧业统计调查数据归口管理工作的通知》，对各市、县政府在工作落实、条件保障等方面提出了具体要求。与省统计局、省发展和改革委、省农业农村厅、省财政厅和省粮食物资储备局等部门建立了协调机制，合力推动工作落实。在此基础上，与省统计局联合制定了实施方案，召开了会议，提出了要求；各市、县局队按照总队和省局的统一部署，做到思想认识到位、统筹协调到位、贯彻落实到位。经过共同努力，粮食、畜牧业统计调查数据归口管理工作圆满完成，并于 2020 年正式实施。

（五）资政服务水平不断提高

一是专题调研及时高效。统筹全系统资源，围绕发展热点开展调研。总队全年共撰写专题调研

报告92篇，被国家统计局《每日调查》采用18篇，采用数量居全国第二，其中4篇获国务院领导批示。二是信息分析质量提升。总队全年编写调查分析176篇，向省“两办”报送经济信息228条，信息分析获采用67篇、省领导批示29篇，在全省政务信息考核中居中央驻皖单位第1名。各地也紧密对接党政需求，撰写了一批高质量统计分析信息，获得了广泛好评。三是统计宣传生动有力。全系统成功举办第十届“中国统计开放日”系列宣传活动，综合运用融媒体平台，结合传统媒体和“两微一抖”，做好数据发布解读。2019年，全系统在《中国信息报》累计刊发通讯员稿件157篇，安徽调查的宣传阵地更加巩固。

（六）统计法治和制度方法工作开创新局面

全系统持续深入学习贯彻中央《意见》《办法》《规定》精神，认真落实防范和惩治统计造假、弄虚作假各项举措。一是落实“七五”普法规划对接新要求，大力开展统计法治宣传教育，总队邀请知名律师作法治讲座，市、县调查队跟进开展形式多样的普法活动，全系统学法、懂法、用法氛围日益浓厚。二是统计执法监督取得新突破，在配合全国统计执法和统计督察工作的同时，总队开展了覆盖全部市、县队和调查专业的统计执法监督暨数据质量检查，实现了统计执法立案的零突破。三是基层基础建设迈入新阶段，细化分解防惩统计造假责任，修订印发15个调查专业的《规范化操作流程》和《数据质量控制办法》。推动完善统计人员统计信用档案管理和辅调员管理，评选表彰百名“最美调查员”，依法审批管理地方调查项目。部分市、县队以信用建设为契机深化统计法治，全系统依法调查环境更加清朗。

（七）党风廉政建设持续深化

深入贯彻落实党中央和国家统计局党组关于全面从严治党工作部署要求，健全制度机制，聚焦监督执纪问责，推动作风持续转变。一是压实“两个责任”。制定“两个责任”工作清单，推动主体责任明确到人。召开全省纪检监察干部履职汇报会，开展市、县调查队“两个责任”落实情况专项抽查，督促监督责任落实。开展廉政谈话，压实“一岗双责”。二是严肃监督执纪。加强重要时点廉政提醒和监督管理，开展“三个以案”“身边事教育身边人”等警示教育活动，坚持领导干部带头讲廉政党课，筑牢拒腐防变思想防线。用好监督执纪“四种形态”，对巡察、专项治理和个人事项报告中发现的问题进行严肃处理，全年共对17人进行了组织处理，强化了纪律约束的刚性。三是创新推进巡察。修订总队党组巡察工作办法及系列配套制度，开展对8个市、县调查队巡察工作，持续跟踪督促整改。创新方式方法，将政治巡察和执法检查有机融合，做到巡察“一个”地方，发现政治和业务“两大类”问题，解决管党、治队、管数“三方面”不足，开创了执纪与执法相互衔接的新思路。四是狠抓作风建设。严格落实中央“八项规定”精神，扎实开展“严、强、转”整治形式主义、官僚主义专项行动，全面推进公务接待和津贴补贴发放不规范及未经批准开展统计调查问题专项治理，整改“存量”问题，严控“增量”问题。出台专门举措，切实减轻基层负担。

（八）管理服务保障精准高效

一是加强干部队伍建设。通过严格选拔，全年共有60名同志走上新的领导岗位。有序推进全系统职务职级并行，一大批同志的职级得到晋升。积极组织下派上挂，着力加强年轻干部锻炼培养。二是改进政务财务管理。切实改进文风会风，全年总队发文数量同比减少33.4%，会议数量减少38%。进一步规范公务接待、公务用车和值班管理。切实加强财务管理，全系统财务违规风险得到有效管控。三是加快信息化建设步伐。完成总队内外网站升级改版，各专业调查数据采集处理平台更加完善，机关OA办公系统正式投入使用。

与此同时，积极做好中央脱贫攻坚专项巡视问题整改，全面完成“双包”工作任务，总队一名同志荣获省直机关脱贫攻坚“先进个人”称号。一批市、县调查队扶贫工作也获得表彰。文明创建、效能建设、机要保密、档案管理、政务公开、后勤服务、老干部等工作取得新成绩，工青妇等群团组织作用得到较好发挥。多项工作在全国会议、全省会议上作经验交流。总队连续被评为省级文明单位、省直文明单位和效能建设先进单位。不少市、县队也被评为地方文明单位，有的还晋级为省级文明单位。

上述成绩的取得，是国家统计局党组正确领导的结果，更是全系统干部职工共同奋斗的结果。我代表总队党组，向辛勤工作在全省调查战线上的同志们，表示衷心的感谢并致以崇高的敬意！

二、主动适应新形势新任务新要求

在今年全国统计工作会议上，局长宁吉喆在工作报告中深刻分析了当前统计工作面临的“五个更加重要而紧迫”的新任务，提出了实际工作中需要坚持五条原则的新要求，为做好今年乃至今后更长时期的全国统计工作指明了方向，提供了遵循。我们一定要认真学习、深刻领会、全面贯彻落实。国家调查队是政府统计的重要组成部分，面临的形势和任务既有全局的统一性，也有部分的特殊性。就安徽调查队系统而言，创造性地落实好中央和国家统计局决策部署，需要重点从以下五个方面认清形势、把握机遇、应对挑战。

一是统计改革发展深入推进，要求我们必须履行新职能。局长宁吉喆在工作报告中聚焦推进统计改革发展，其中很多事关国家调查队职能，如“把社会民生统计放在更加重要的位置，积极构建以部门统计为基础、综合社会民生统计监测为依托、综合评价评估为抓手、专项统计调查为补充的社会民生统计体系”。这一论述要求我们要进一步做好就业、收入、价格等调查，积极发挥民生统计主力军作用。又如“抽样调查要增效，加大提高抽样调查代表性及满足不同层级需要研究”。这一论述要求我们在巩固市、县住户调查基础上，抓住粮食、畜牧业调查数据归口管理机遇，将农业农村调查的触角扩展到各市、县、乡，进一步履行法定职责，发挥抽样调查优势。此外，实行地区生产总值统一核算后，国民经济核算所需的基础数据主要由中央各部委提供，其中价格以及粮食、棉花、畜禽产量数据由各调查总队负责，国家调查队在政府统计中的分量将进一步加重。

二是防惩造假高压态势形成，要求我们必须适应新要求。随着中央《意见》《办法》《规定》的全面落实，国家层面防范和惩治统计造假、弄虚作假的力度不断增强。去年中纪委下发了《关于加强统计领域数字造假问题执纪问责工作的通知》，国家统计局首次开展了对9个省（区）和2个国务院部门的统计督察，公开曝光了20起重大统计违法案件，公示了230家统计严重失信企业，向所在地省级党委提出了涉及统计违纪违法领导干部的处分处理建议等，对统计造假作假形成强有力的震慑。特别是驻委纪检监察组直接查处了一个调查总队涉及数据造假问题并公开曝光，为我们敲响了警钟。上述事件警醒我们，国家调查队不是统计造假作假的“净土”，更不是能够躲避处分处理的“避风港”。必须严守纪律规矩，严格执行《国家调查队统计基层基础工作规范化规程》，走实统计调查“最后一公里”，确保国家调查数据实打实、硬碰硬，经得起各种检验。

三是特殊年份和新战略定位，要求我们必须直面新挑战。2020年对于统计工作是特殊而重要的一年。突出表现为既是“十三五”收官年、“十四五”基期年、全面小康决胜年、脱贫攻坚普查年，也是住户调查样本轮换年、价格专业基期轮换年，因此，完成好各项普查调查工作任务十分艰巨。同时，2020年还是实施《长三角一体化战略》的开局之年，安徽调查总队已经正式成为由国家统计局牵头的“长三角一体化统计监测”成员单位。安徽历来是“四战之地”，前期是与中部相对欠发达的六省比拼，现在又要和沪苏浙发达省市竞合。就统计调查工作而言，中部无弱省，苏浙更强大。我们不能坐井观天、故步自封，要在学习借鉴中努力实现赶超。特别是还在肆虐的新冠肺炎疫情，对我国经济社会发展产生了严重影响，我们要将统计报国之志转化为深入调查研究的具体行动，把疫情影响搞明白说清楚，为党政决策提供有力的统计支撑。

四是方法手段亟待改革创新，要求我们必须实现新突破。去年，局长宁吉喆在主题教育动员讲话时提出，“为什么目前统计还不能充分反映经济社会深刻变革的情况”“为什么统计信息化建设起步较早却发展滞后”。宁局长两个“为什么”的提问充分彰显了国家层面对统计方法手段创新的极端重视和迫切期待。副局长鲜祖德在全国统计工作会议总结讲话中提出明确要求：“今年各专业各地区都要组织精兵强将，结合实际开展大数据应用集中攻关，每个专业、每个地区至少要有一项拿得出手的应用成果。”长期以来，因为小岗村“大包干”改革的历史功勋，创新安徽成为经济发展新旧动能转换的成功典范，可以说改革创新是当代安徽最鲜明的底色。有鉴于此，国家局主要领导和分管领导对安徽调查系统在改革创新上都寄以很大期待。近年来，虽然我们在农业遥感测量等方面走在全国前列，但创新点比较分散，步子也不够大，特别是系统创新、集成创新，形成可复制、可推广的创新成果少。必须进一步加大改革创新力度，努力贡献安徽力量。

五是队伍建设处于关键时期，要求我们必须拿出新举措。为政之要，唯在得人；成事之要，关键在人。无论是提高统计数据质量还是做好统计优质服务，都需要具有领导能力、专业素养和优良作风的干部去实现。总体看安徽调查队是一支有战斗力的队伍，但与时代要求和肩负使命相比，还存在不小差距，突出表现为：年龄分布不够合理，既有青黄不接，也有队伍老化；知识结构不够合理，既有基本技能短板，也有新知识缺口；工作安排不够合理，有的干部的工作量超负荷，也有的干部的工作量轻飘飘。“传帮带”任务十分紧迫，近三年来，全系统招录公务员 172 人，占市、县队在岗人数的 30%，年轻干部成长是有窗口期的，基础没打好就会严重影响以后的发展，需要帮助新进队的干部扣好调查职业生涯的第一粒扣子。此外，一些单位领导班子自身建设和领导能力也有待进一步提高，特别是面对新同事、新业务、新手段存在不适应。这些都需要我们站在调查事业长远发展高度，采取务实管用措施，切实加以解决。

面对以上五个方面的新形势、新任务、新要求，我们要振奋精神、不负韶华，把挑战化为机遇，把压力化为动力，以新姿态扛起新使命，努力推动全省调查工作一年比一年好，一年比一年有进步。但是好成绩与新局面喊不来、等不来、靠不来，需要各级领导和全体干部把“不忘初心、牢记使命”主题教育成果运用到统计调查工作全过程、各方面，做到心中有忠诚、肩上有担当、手里有硬招，努力在四个方面鼓实劲、下苦功。

一是主动担当作为。面对发展机遇和风险挑战，各级领导班子要增强忧患意识、大局意识，全面履行管党治队的政治责任，带好队伍、强化管理、科学谋划。领导干部要在其位、谋其政，当先锋、树标杆，当好“生产队长”“施工队长”，切实掌握一手情况，解决一线问题。全体干部要在岗在位在状态，做到“文经我手无差错，事交我办请放心”。特别是年轻干部，要放眼长远看当下，不怕当“热锅上的蚂蚁”，勇于接“烫手的山芋”，在急事难事中锤炼扛事的宽肩膀、成事的真本领。

二是奋力开拓创新。国家调查队三次建队都是源于改革创新，现在推动调查事业发展仍然要靠开拓创新。要推进理念创新，立足国家派驻定位和统计调查、统计分析、统计监督职能，高举“国家队、调查队”大旗，发挥“轻骑兵”优势，走具有调查队特色的路子。推进方法创新，在优化抽样方法、完善现场调查、强化网络报送的同时，大胆运用部门行政记录和大数据。推进领域创新，在做好常规调查的同时，依托现有调查网络，深入、灵活、有效地开展专题专项调查，打响调查品牌，提高社会知名度。

三是勇于自我革命。去年结合“不忘初心、牢记使命”主题教育，全系统开展了“8+1”专项整治，查找了涉及党务、业务、政务方方面面的各种问题，也进行了整改。问题是日积月累形成的，因此，问题整改也不可能一蹴而就。要坚持问题导向、勇于刀刃向内、聚焦久久为功，在作风建设上严格遵守中央“八项规定”精神，坚决克服形式主义官僚主义，精准减轻基层负担；在防惩造假作假上，要对统计违纪违法现象零容忍、严惩戒，形成有力有效的制度机制；在优化内部管理上，要提高治理能力，强化督查督办，做到公平、公正、公开，有效、管用、易行。

四是积极感恩奋进。党的十八大以来，以习近平同志为核心的党中央对统计工作重视程度前所未有，近三年印发了《意见》《办法》《规定》等 7 个文件；国家统计局对各级调查队关心爱护前所未有，较好解决了不少长期以来困扰发展和干部待遇等实际问题；各级党政对安徽调查队系统支持力度前所未有，无论是脱贫攻坚普查还是数据归口管理，省政府基本做到了有求必应，这在全国都是少见的。我们一定要常怀感恩之心、履行应尽之责、奋力拼搏进取。虽然去年在国家统计局评比中取得了不错的成绩，但是安徽是人口和经济大省，今年的成绩并不惊艳，各地各单位要凝心聚力、振奋精神，坚持全时全员创先争优，以优异成绩回报各方面的关心支持。

三、扎实推进 2020 年各项重点工作

2020 年是全面建成小康社会决胜之年，是“十三五”规划收官之年，也是统计调查改革发展的关键之年。安徽调查工作的总体思路是：坚持以习近平新时代中国特色社会主义思想为指导，深入贯彻党的十九大和十九届二中、三中、四中全会精神，增强“四个意识”、坚定“四个自信”、做到“两个维护”，认真落实中央、省委经济工作会议和全国统计工作会议部署，围绕加快构建与国家治理体系和治理能力现代化要求相适应的现代化统计调查体系，进一步夯实基层基础，提升服务水平，完善制度机制，强化能力建设，以良好的精神状态和奋斗姿态，创优创新创绩，努力推动安徽调查工作向更高水平迈进。

（一）统筹做好疫情防控和统计调查业务工作

当前，新冠肺炎疫情给人民群众生命安全和身体健康造成了重大的伤害。疫情发生后，党中央、国务院高度重视，习近平总书记亲自指挥、亲自部署，要求把疫情防控作为当前最重要的工作来抓。2月23日，在中央统筹推进新冠肺炎疫情防控和经济社会发展工作部署会议上，习近平总书记发表了重要讲话。我们要高度重视，坚决贯彻党中央决策部署，坚决执行国家统计局和各级地方党委政府工作要求。坚持把全体干部职工、辅调员、调查对象的健康安全放在第一位，发挥各级疫情防控领导机构作用，统筹协调，压实责任，细化管理，强化防控，坚决防止工作场所感染，全力避免干部职工感染。要统筹疫情防控和业务开展，积极运用信息化手段，因时因地制宜完成常规调查任务，确保数据不断、工作不乱。要积极履行统计调查职能，密切跟踪分析经济社会运行状况，全面及时反映疫情影响，为打赢疫情防控阻击战做出应有贡献。

在防控新冠肺炎疫情阻击战中，池州队原队长张谦同志不幸因公殉职。国家统计局发出慰问信，局长宁吉喆做出重要批示，中共池州市委追授张谦同志“优秀共产党员”称号。中国信息报、安徽日报、安徽电视台等新闻媒体做了全面报道，总队党组做出开展向张谦同志学习活动的决定，全系统干部职工要深入学习张谦同志先进事迹，奋力夺取疫情防控和调查工作双胜利。

（二）不断夯实调查基层基础

完善制度方法，在新修订的《国家统计质量保证框架》基础上，修订完善《安徽调查工作规程及数据质量管控规范》。建立总队领导综合督导包片制度，将调查业务工作纳入综合督导内容。创新全省统计调查基层基础工作检查方式，提高有效性针对性。用好用活乡村两级行政资源，加强辅调员培训管理，积极开展辅调员跨专业、跨项目“多岗多酬”试点，着力提升辅调员队伍的专业性、积极性和稳定性。密切与调查对象沟通联系，不断提升调查责任心、配合度。做好抽样调查网点的维护和管理，从严规范样本调整，确保样本代表性。严格审批地方统计调查项目，加大对地方调查项目实施、检查、评估等方面的监管力度。

（三）扎实完成各项常规调查任务

一要规范做好住户调查工作，认真落实第二轮转组样本轮换，用好新系统新平台，稳步推进电子记账，一体推进各项住户类调查，做好贫困户监测调查和脱贫攻坚“双包”。二要高效做好农业农村调查，规范实施生猪调出大县月度调查和畜禽监测季度调查。持续深化遥感测量等技术应用，以数据归口管理为契机，探索打造一体化大数据应用平台，打通农牧调查数据链。三要扎实做好劳动力调查，优化现场调查监管，深入开展全省就业状况跟踪分析研究，做好多部门协同配合，推动劳动力调查全面发展。四要科学组织价格调查，扎实有序推进基期轮换，科学确定权数。加强数据审核评估，准确反映价格波动。全面推行运用网签数据编制二手房价格指数，认真组织国际比较项目调查。五要积极做好企业调查。稳妥推进企业调查组织方式调整，促进 PMI、新设立小微、服务零售结构调查等提质增效。六要认真做好全面从严治党、文明城市测评等重大专项调查和民意调查。

（四）精心组织国家脱贫攻坚普查

脱贫攻坚普查是对脱贫攻坚成效的全面检验，也是党中央交给统计部门的重大政治任务。省委、省政府进行了部署安排，确定由调查总队牵头负责，列入今年省政府重点工作。作为牵头单位，我们使命光荣，任务艰巨，责任重大。一定要认真贯彻落实国家统计局和省委、省政府关于脱贫攻坚普查工作的各项部署，精心组织，科学安排，不折不扣地完成任务。在这里做一简要部署。

此次脱贫攻坚普查的对象是建档立卡贫困户，我省虽然贫困县不多，但建档立卡贫困户数量居全国前列。经省政府第 78 次常务会研究，普查工作分两个阶段进行，第一阶段完成 20 个国定贫困县（区、市）和国家抽中的 4 个非贫困县（区、市）的普查任务，第二阶段完成 11 个省定贫困县（区、市）普查和 36 个有脱贫攻坚任务县（区、市）的抽样调查。普查采取跨县异地调查，由普查员利用手机（或 PDA）入户现场采集信息，直接推送，县、市、省三级审核。普查员以现有的驻村工作队为主，由县（区、市）扶贫办会同组织部门选调，负责组建异地普查工作组，派驻被普查县（区、市）开展普查登记工作。普查工作组实行组长负责制，组长由县级领导担任，副组长由统计调查、扶贫部门领导担任。

按照职责分工，省普查办负责制定省级普查方案及实施方案，开展师资培训，组织普查登记，控制数据质量。省扶贫办负责协调落实普查员选调，组织开展普查宣传和舆情引导，清理核实建档立卡资料，协助普查实施方案制定。市普查办负责协调指导所辖县（市、区）做好普查工作，监督普查实施，印刷普查方案及培训教材。县普查办负责培训普查员，做好普查员分组分工，加强现场监督指导，解决普查过程中遇到的困难，落实县表、村表的填报回收工作，审核复查数据。乡镇和村级要组建工作专班，负责做好本辖区清查摸底工作，协助异地普查人员做好现场登记工作，配合做好相关保障工作。普查结束后还要进行数据质量抽查，开展数据质量监督检查“回头看”。各级调查队务必高度重视，主要领导要亲临一线，亲自部署安排，平稳有序推进各项工作。近期要突出抓好四项重点工作：

一要抓紧组建普查机构，落实普查经费。主动与政府部门沟通，加强与扶贫办及财政部门对接，整合各方资源和力量，密切配合，协调行动，尽快抓好“机构、人员、经费、办公场所”四落实，推动各项工作落实落细。

二要精选普查人员，确保普查工作质量。本次普查时间紧，任务重，要求高，难度大，尤其是现场调查登记阶段普查工作的组织与管理。各级普查办在办公室组建、普查人员的选调上要优中选优，精锐出战，为高质量完成普查任务打下基础。

三要做好预警预判，确保万无一失。各级普查办要结合本地特点，统筹考虑普查各环节工作部署，细化工作方案，有效应对普查过程中可能遇到的各种突发事件，确保普查工作万无一失。

四要做好省级试点。通过试点对普查组织实施模式和各业务环节进行全流程演练，省普查办已经初步确定在灵璧县、裕安区、潜山市 3 个贫困县（市、区），每个县（市、区）选取 3 个乡镇开展试点工作。力争在 4 月中下旬完成。

（五）全面提高依法治数水平

一要进一步开展中央《意见》《办法》《规定》的再学习、再认识、再落实，加强思想引领，筑牢思想防线，不断强化依法治统、依法治数的行动自觉。二要进一步做好统计法治环境塑造，加强全系统《统计法》及其实施条例的教育，引导干部职工牢固树立统计法治思维。对照“七五”普法规划补齐法治宣教短板，紧盯重点人群、抓住关键时点、用好有效手段，确保完成“七五”普法规划任务。积极健全统计信用体系，发挥行业内部规制作用。三要进一步加强统计执法监督检查力度，认真总结统计执法与政治巡察、数据质量检查相结合的经验，持续开展“双随机”抽查；加强执法队伍和能力建设，探索简易高效合规的执法流程，建立行政处罚自由裁量基准；坚持有案必查、违法必惩，保持防惩造假作假的高压态势。去年全系统执法检查发现了一些问题，这里再强调几点：一是结合学习《统计法》《统计法实施条例》，深入学习贯彻《意见》《办法》《规定》，务必落实到位；二是完成好整改任务，对反馈的问题，整改的同时要举一反三，决不允许再出现类似问题；三是按照总队相关要求，做好本队自身统计执法工作，对发现的问题及时报告处理；四是积极配合总队，完成国家统计局执法、督察等工作。

（六）持续抓好统计监测和信息服务

统计分析信息是统计部门的硬核实力，任何时候都必须抓紧不能放松。要深入解读住户调查、价格调查、农业农村调查、劳动力调查和采购经理指标调查等常规调查监测数据，强化经济形势分析研判，及时反映经济运行中的苗头性、倾向性、趋势性情况。充分发挥网络健全、反应敏捷的优势，聚焦热点难点问题，开展速度快、情况实的专题调研。充分整合全系统、各专业资源，精准对接需求，深耕调查研究，扎实开展重大课题研究。继续做好《安徽调查参考》《调查数据快报》等报送，以提高稿件质量促进采用率进一步提升。做精常规信息服务的同时，做优省"两办"和国家统计局约稿调研。做好《安徽调查月度资料》《安徽调查年鉴》等资料的编印工作，为社会各界提供丰富的调查数据信息。用好"两微一抖"，开创调查宣传更加生动的局面。

（七）大力推进调查改革创新

把改革创新作为必须完成的重要工作。一要选准创新目标，今年总队各处室，各市、县队都要聚焦大数据运用、调查过程管理、数据审核处理以及提高工作效率等方面，各尽所能、各展所长，拿出各自的创新项目，制定工作方案。在此基础上，形成全系统重点创新课题。二要聚合创新资源，注意在系统内发现创新人才，并积极予以支持培养；借助高校、科研院所力量，开展多种形式的联合攻关。三要建立激励机制，总队将改革创新列入年度目标管理考核，对优秀成果进行奖励，将在改革创新中成绩突出的同志纳入全系统人才库。此外，粮食、畜牧业统计数据归口管理是国家局部署的重点制度方法改革，要用好用足省政府办公厅发文的政策红利，坚持局队联动，在保证数据准确衔接和服务政府管理的同时，进一步整合理顺乡镇基层调查网络，充实基层调查力量。

（八）有效提升网络支撑能力

大力加强信息化基础设施建设，为建设现代化统计调查提供坚实保障。推进网络基础设施建设，强化网络安全保障，尽早实现总队网络独立运转。做好系统内外网站规范化管理，发挥内外网政务公开、工作宣传、集成办公等功能优势。强化系统主干网络、视频会议系统及安全防火墙等信息化保障能力，提高工作效率。摸清全系统各专业信息技术需求，优化信息技术供给，保障调查业务发展需要。

（九）从严规范管理提高效率

近年来，全省调查队系统经历了政治巡视、主题教育和专项整治，形成了一系列制度成果。面对新形势新要求，全省调查队系统也需要在内部管理上做一次集中规范。一要全面清理资料档案，及时进行拾遗补阙；二要全面梳理内部规章，按规定进行"废改立"；三要全面检视执行情况，及时进行再整改再提高；四要持续完善年度目标考核方案和评优评先办法，树立好业绩为重、实干为先的正确导向；五要进一步加强内部管理，全面形成职责明晰、运转顺畅、合规高效的管人管财管数制度机制。

四、为推动调查事业高质量发展提供坚强保障

加强党对统计调查工作的领导是提升调查治理能力的根本保证。全省调查队系统必须坚持以习近平新时代中国特色社会主义思想为指导，增强“四个意识”，坚定“四个自信”，做到“两个维护”，自觉在思想上、政治上、行动上同以习近平同志为核心的党中央保持高度一致，不断加强“六大”建设，努力践行“三个表率”，全面建设模范机关。

（一）深化政治建设，做到“两个维护”

把政治标准和政治要求贯穿党建工作始终，确保调查事业改革发展始终沿着正确的方向。全面总结和用好“不忘初心、牢记使命”主题教育成果，把不忘初心、牢记使命作为加强党的建设的永恒课题和全体党员、干部的终身课题。在坚守“为国统计、为民调查”的统计初心使命中，做到“两个维护”。积极探索契合安徽调查队系统实际的“不忘初心、牢记使命”长效机制，提高落实习近平总书记关于统计工作重要讲话指示批示精神、落实中央《意见》《办法》《规定》的自觉性。要坚持刀刃向内、勇于自我革命，对主题教育检视出的问题，要持续改、防反弹、不贰过。

（二）深化思想建设，加强理论武装

全系统要持续深入学习贯彻习近平新时代中国特色社会主义思想和党的十九届四中全会精神。有序落实国家统计局关于开展十九届四中全会精神的学习要求，待疫情过后，适时启动轮训教育工作。各单位要用好“学习强国”等网络平台和资源，主动学习。深入推进“两学一做”制度化常态化，把学党章党规、学系列讲话作为思想建设的重要方面，坚持学原文、读原著、悟原理。持续抓好中心组学习、“三会一课”等制度落实，用好“青年理论学习e家”等载体，广泛开展学习研讨交流，优学风、补短板、强武装。

（三）深化组织建设，夯实工作根基

各级党组织和领导班子，要全面落实党建工作责任，坚持“一岗双责”。狠抓基层党组织建设，落实支部工作条例、基层组织工作条例和党员教育管理条例，充分发挥党支部作用，突出政治功能，有序做好对系统党员的发展教育、培训管理。以基层党组织标准化建设提升巩固为途径，不断提高基层党组织凝聚力、战斗力，把基层党组织打造成为坚强战斗堡垒，促进“建设模范机关”活动有效展开。强化党员先锋模范带头作用，特别是党员领导干部示范作用，真正做到学在前、做在前，

打头阵、当榜样，让鲜红的党旗在调查工作一线高高飘扬。

（四）深化干部培养，锻造过硬队伍

人才是第一资源。要把加强干部队伍建设作为调查事业面向新时代开创新局面最为重要的抓手。坚持党管干部原则和好干部标准，统筹做好素质培养、因事识人、选拔任用、从严管理和正向激励工作，把提高能力作为新时代干部队伍建设的重要任务。落实《领导干部选拔任用工作条例》各项要求，突出政治标准，配齐配强市、县队领导班子，确保调查事业始终沿着正确的政治方向。加强干部队伍的思想淬炼、政治历练，实践锻炼、专业训练。开展全系统向张谦同志学习活动，弘扬新时代统计调查核心价值观，激发广大干部统计使命感。精心谋划干部培训工作，着力打造政治过硬、能力过硬、管理过硬、作风过硬的调查队伍。

（五）深化纪律建设，坚持久久为功

认真贯彻落实十九届中央纪委四次全会精神，精心部署全系统党风廉政建设工作，聚焦重点、分解要点。把压实“两个责任”作为推进党风廉政建设的重要抓手，确保人人明责、履责、尽责。强化政治监督，确保党中央关于统计工作重大决策部署和习近平总书记关于统计工作重要讲话指示批示精神贯彻落实。做好执纪监督，促进权力依法规范运行。巩固作风和纪律建设成效，一体推进不敢腐、不能腐、不想腐。加强执纪问责，严肃查处违反中央“八项规定”精神和统计造假、以数谋私、作风不实等问题，坚决清除一切弱化党的先进性、损害党的纯洁性、破坏统计数据真实性的因素。

同志们！2020年注定是不平凡的一年。我们要做好打大仗、打硬仗的准备，在磨难中成长、从逆境中奋起。让我们紧密团结在以习近平同志为核心的党中央周围，在国家统计局党组的正确领导下，省委、省政府的关心支持下，守统计调查初心使命之正，创当代统计调查事业之新，锐意进取，攻坚克难，奋力书写新时代安徽调查事业的壮阔篇章！

2019 年 2 月，安徽调查总队召开全省调查工作会议

2019 年 4 月，安徽调查总队召开系统党风廉政建设工作会议

2019 年 6 月，安徽调查总队召开全系统“不忘初心、牢记使命”主题教育部署动员视频会

2019 年 8 月，安徽调查总队召开“不忘初心、牢记使命”主题教育专题党课报告会

2019 年 3 月，国家统计局领导来皖检查指导工作

2019 年 5 月，国家统计局领导来皖检查指导工作

2019 年 6 月，国家统计局领导来皖调研农业生产形势

2019 年 5 月，安徽调查总队赴亳州调研夏粮生产形势

2019 年 6 月，安徽调查总队走访扶贫村

2019 年 11 月，安徽调查总队在合肥调研指导工作

2019年11月，安徽调查总队赴金寨调研指导“不忘初心、牢记使命”主题教育活动

2019年11月，安徽调查总队在扶贫村调研脱贫攻坚情况

2019 年 4 月，安徽调查总队参加省直机关环万佛湖健身走活动

2019 年 4 月，安徽调查总队在第十届“省直机关读书月”活动中受邀进行阅读分享展示

2019 年 4 月，安徽调查队系统举办纪念五四运动 100 周年演讲比赛和读书分享活动

2019 年 6 月，安徽调查总队慰问扶贫村留守儿童

2019 年 7 月，安徽调查总队举办庆祝中国共产党成立 98 周年暨表彰先进党支部和优秀共产党员大会

2019 年 7 月，安徽调查总队全体党员赴大蜀山烈士陵园开展主题教育活动

2019 年 8—10 月，安徽调查总队举办党员培训班

2019 年 9 月，安徽调查总队举办第十届“中国统计开放日”活动

2019 年 9 月，安徽调查总队举办全系统庆祝中华人民共和国成立 70 周年“我和我的祖国”朗诵展演

2019 年 9 月，安徽调查总队开展系统新录用公务员培训

2019 年 12 月，安徽调查总队在扶贫村召开支部共建座谈会

2019 年 12 月，安徽调查总队与省统计局联合举办统计法治宣传活动

2019 年 7 月，合肥调查队全体党员接受红色教育洗礼并重温入党誓词

2019 年 7 月，合肥调查队进行夏粮实测实割

2019 年 7 月，淮北调查队开展农作物遥感测量

2019 年 10 月，淮北调查队到畜禽养殖企业进行实地走访

2019 年 8 月，亳州调查队在超市采价

2019 年 12 月，亳州调查队开展《统计法》宣传活动

2019 年 5 月，阜阳调查队援疆人员参加“民族一家亲”活动

2019 年 11 月，阜阳调查队开展劳动力入户陪访，并对新任调查员进行现场培训

2019 年 5 月，淮南调查队在农贸市场采价

2019 年 9 月，淮南调查队开展第十届“中国统计开放日”宣传活动

2019年9月，滁州调查队开展第十届“中国统计开放日”宣传活动

2019年12月，滁州调查队开展房地产企业调研

2019 年 4 月，六安调查队赴金寨开展党建活动

2019 年 9 月，六安调查队开展第十届“中国统计开放日”宣传活动

2019 年 5 月，马鞍山调查队到企业走访调研

2019 年 9 月，马鞍山调查队在市政公园开展“唱响青春、致敬祖国”快闪活动

2019 年 8 月，芜湖调查队开展农业实割实测工作

2019 年 9 月，芜湖调查队开展第十届“中国统计开放日”宣传活动

2019 年 7 月，宣城调查队进行农业遥感测量

2019 年 12 月，宣城调查队开展党建活动

2019 年 7 月，铜陵调查队开展住户调查

2019 年 7 月，铜陵调查队赴帮扶村开展志愿服务

2019 年 5 月，池州调查队在农贸市场采价

2019 年 10 月，池州调查队开展“不忘初心、牢记使命”主题教育活动

2019 年 6 月，安庆调查队组织全体党员共同重温入党誓词

2019 年 12 月，安庆调查队携手市统计局，开展《统计法》宣传活动

2019年5月，黄山调查队用无人机进行播种面积调查

2019年9月，黄山调查队到企业开展基础工作检查

2019 年 1 月，肥西调查队冒雪给调查对象记账户送慰问礼品

2019 年 8 月，肥西调查队积极参加文明交通劝导志愿服务

2019 年 9 月，庐江调查队开展“感悟美好乡村　我与国旗同框”主题宣传教育活动

2019 年 11 月，庐江调查队开展一季稻实割实测工作

2019 年 7 月，巢湖调查队全体党员赴新四军江北指挥部纪念馆参观学习

2019 年 9 月，巢湖调查队调研水稻生产情况

2019 年 9 月，濉溪调查队与淮北调查队联合开展第十届“中国统计开放日”宣传活动

2019 年 11 月，濉溪调查队帮扶慰问贫困户

2019 年 3 月，蒙城调查队开展非洲猪瘟调研

2019 年 6 月，蒙城调查队开展粮食收购专题调研

2019 年 5 月，萧县调查队党支部开展主题党日活动

2019 年 5 月，萧县调查队开展住户调查访户工作

2019 年 3 月，蒙城调查队开展非洲猪瘟调研

2019 年 6 月，蒙城调查队开展粮食收购专题调研

2019 年 6 月，涡阳调查队对调查对象记账户开展培训

2019 年 9 月，涡阳调查队开展第十届"中国统计开放日"宣传活动

2019 年 4 月，利辛调查队开展秋冬播遥感面积核查

2019 年 10 月，利辛调查队随劳动力调查员入户陪访

2019 年 5 月，萧县调查队党支部开展主题党日活动

2019 年 5 月，萧县调查队开展住户调查访户工作

2019 年 3 月，灵璧调查队开展小麦苗情调研

2019 年 9 月，灵璧调查队召开“不忘初心、牢记使命”主题教育动员会

2019 年 1 月，颍上调查队陪同上级领导检查劳动力调查工作

2019 年 10 月，颍上调查队开展畜禽工作检查

2019 年 10 月，临泉调查队开展党史学习活动

2019 年 10 月，临泉调查队开展“不忘初心、牢记使命”主题教育集中学习活动

2019 年 6 月，凤台调查队开展畜禽基础工作检查

2019 年 9 月，凤台调查队开展第十届“中国统计开放日”宣传活动

2019年5月，寿县调查队开展夏粮实割实测工作

2019年10月，寿县堰口镇一家养羊企业接受安徽调查总队执法检查

2019 年 3 月，全椒调查队参加植树节活动

2019 年 8 月，全椒调查队运用无人机进行农作物夏播面积遥感测量

2019 年 9 月，金寨调查队开展第十届“中国统计开放日”宣传活动

2019 年 10 月，金寨调查队开展秋粮实割实测工作

2019年9月，舒城调查队到企业开展统计执法检查

2019年9月，舒城调查队开展第十届“中国统计开放日”宣传活动

2019 年 3 月，当涂调查队向调查对象核对记账数据

2019 年 4 月，当涂调查队陪同上级领导调研小麦生产形势

2019 年 4 月，无为调查队下乡指导住户记账工作

2019 年 9 月，无为调查队参加庆祝中华人民共和国成立 70 周年大合唱比赛

2019年10月，繁昌调查队党员开展“不忘初心、牢记使命”主题教育活动

2019年12月，繁昌调查队在社区开展普法宣传活动

2019 年 5 月，广德调查队走访记账户

2019 年 9 月，广德调查队开展秋粮实割实测现场培训

2019 年 9 月，东至调查队开展第十届“中国统计开放日”宣传活动

2019 年 9 月，东至调查队开展访户工作

2019 年 7 月，青阳调查队全体党员干部参观县党史教育馆

2019 年 9 月，青阳调查队开展秋粮实割实测工作

2019 年 4 月， 桐城调查队开展电器价格督查

2019 年 5 月，桐城调查队开展夏粮预产调查

2019 年大事记

一 月

1 月 4 日，安徽调查总队印发《关于统计调查机构负责人和统计调查人员防范和惩治统计造假弄虚作假责任制规定的实施办法（试行）》。

1 月 8 日，安徽调查总队与安徽省住房和城乡建设厅联合召开全省扩大房价统计调查城市范围工作会议。

二 月

2月19日，安徽调查总队在合肥召开2019年全省调查工作会议。

三 月

3 月初，安徽调查总队印发方案，决定在全系统开展为期 3 个月的“严规矩、强监督、转作风”集中整治形式主义官僚主义专项行动。

3 月 4 日，安徽调查总队成立落实中央脱贫攻坚专项巡视整改工作领导小组。

3 月 5 日，安徽调查总队印发新修订的《国家统计局安徽调查队系统财会业务市管县工作实施细则》。

3 月 20 日，安徽调查总队成立“青年理论学习 e 家”，旨在加强对机关青年的思想政治引领。

四 月

4 月 3 日，安徽调查总队印发《国家统计局安徽调查总队法律顾问制度（试行）》。

4 月 18 日，安徽调查总队在第十届“省直机关读书月”活动中作为唯一受邀展示单位进行阅读分享展示。

4 月 28 日，安徽调查总队举办全系统纪念五四运动 100 周年演讲比赛和读书分享活动。

同月，安徽调查总队在省直机关工委 2018 年省直单位党委（党组）书记抓党的建设述职评议中获中央驻皖单位第四名。

五 月

5 月 22 日，安徽调查总队与安徽省发展和改革委建立全省物价监测联动机制。

5 月 23 日，安徽调查总队修订并印发《安徽采购经理调查数据质量控制办法》《安徽采购经理调查基础工作规范化制度》《安徽采购经理调查数据规范化操作规程》等 3 项制度。

同月，安徽调查总队荣获2018年度“全省政务公开工作先进单位”和“全省机要密码工作先进单位”称号。

六 月

6月18日，安徽调查总队召开“不忘初心、牢记使命”主题教育动员部署视频会，部署开展为期3个月的全系统第一批主题教育。

同月，安徽调查总队与省住房和城乡建设厅、省公安厅、省财政厅、省民政厅等十部门联合下发《转发住房和城乡建设部关于进一步规范和加强房屋网签备案工作指导意见的通知》，加强房屋网签备案工作。

同月，安徽调查总队在2018年度中央驻皖单位效能考核中荣获第一名。

七 月

7月1日，安徽调查总队召开党员大会，庆祝中国共产党成立98周年。党组书记、总队长刘文峰作党课报告，表彰总队机关先进党支部和优秀共产党员。

7月17日，安徽调查总队印发《关于表彰百名“最美调查员”的决定》，授予朱海燕等118名同志安徽调查队系统“最美调查员”荣誉称号。

八 月

8月1日，安徽调查总队印发新修订的12项调查专业《规范化操作流程》。

8月27日，安徽调查总队召开“不忘初心、牢记使命”主题教育专题民主生活会，国家统计局党组成员、副局长、第二巡回指导组组长鲜祖德莅会指导并作点评。会议由总队党组书记、总队长刘文峰主持。

九 月

9月19日，安徽调查总队召开巡察工作领导小组会议，专题听取2019年第一轮巡察工作汇报，部署下一阶段巡察任务。

9月20日，安徽调查总队印发党组《关于开展第二批“不忘初心、牢记使命”主题教育实施意见的通知》，召开第二批主题教育动员部署会，部署开展为期3个月的全系统第二批主题教育。

9月20日，安徽调查总队以“坚守统计初心、践行时代使命”为主题举办第十届“中国统计开放日”活动。

9月23日，安徽调查总队编印《最美调查员》图书，展现118名最美调查员的优秀事迹，为中华人民共和国70华诞献礼。

9月27日，安徽调查总队举办全系统庆祝中华人民共和国成立70周年“我和我的祖国”朗诵展演活动。

十月

10月17日，安徽调查总队吴艳荣获安徽省属单位脱贫攻坚先进个人。

10月28日，安徽调查总队印发《关于组织开展2019年全面从严治党民意调查工作的通知》。

十一月

11月25日，安徽省人民政府办公厅印发《关于做好粮食畜牧业统计调查数据归口管理工作的通知》（皖政办秘〔2019〕99号），推进粮食畜牧业统计调查数据归口管理。

十二月

12月8日，安徽调查总队在省政府召开的专题研究会议上汇报脱贫攻坚普查准备工作。

12月8日，安徽调查总队与省统计局联合举办“12·8”统计法治宣传日活动。

6月—12月，安徽调查总队根据国家统计局部署，认真开展“不忘初心、牢记使命”8个方面专项整治，截至年底，所有发现问题全部整改完成。

主要年份全省粮食产量及增幅

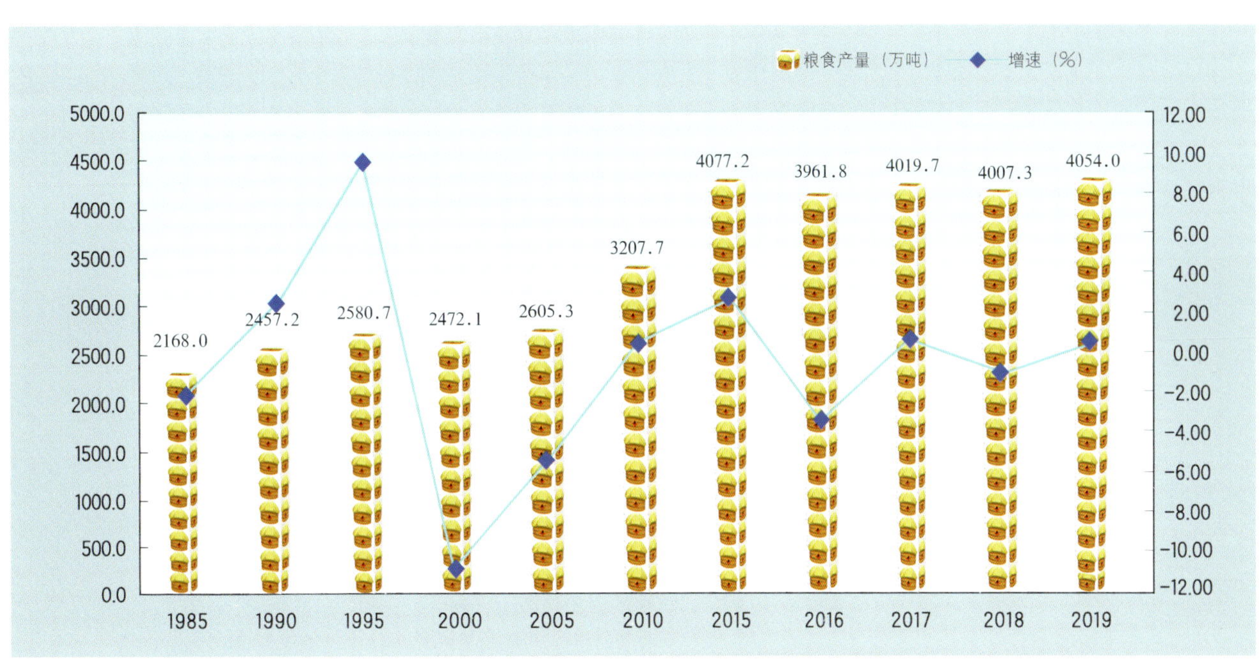

主要年份全省棉花产量及增幅

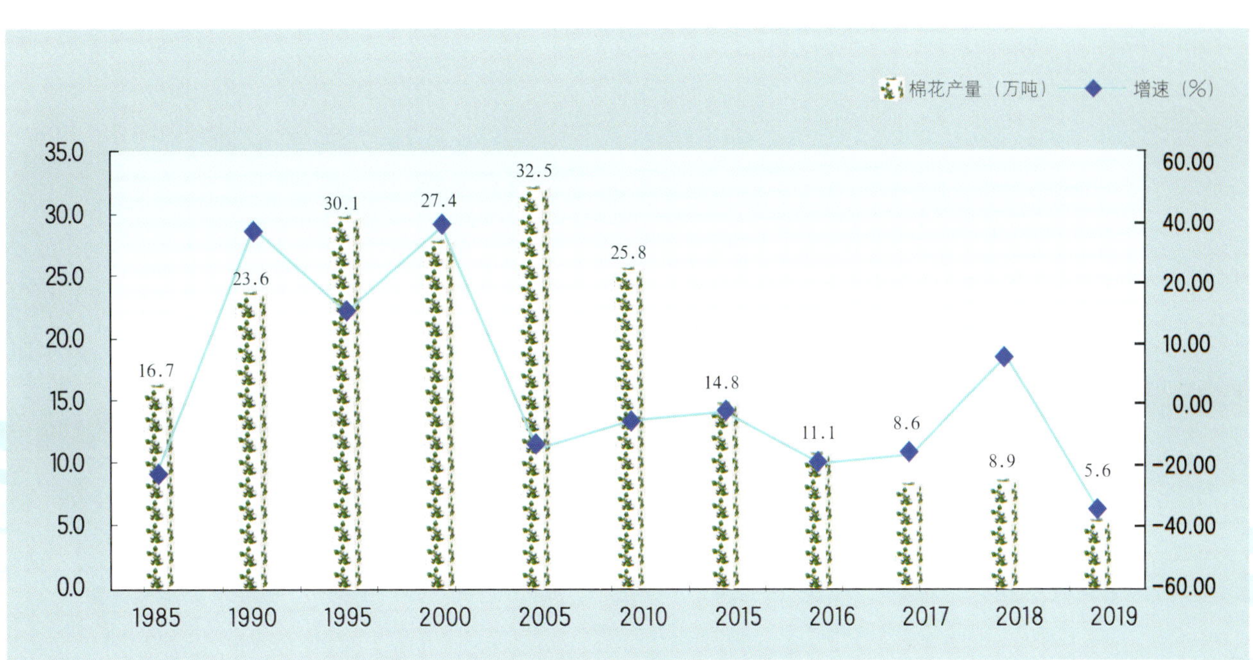

主要年份全省油料产量及增幅

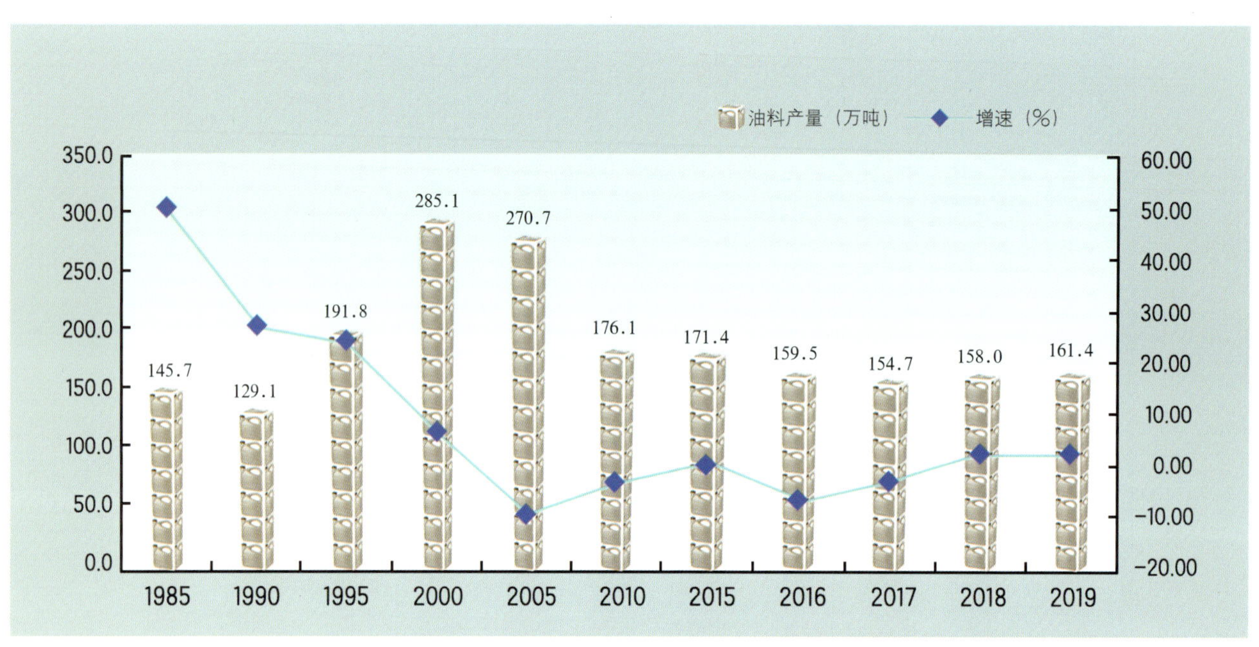

2005—2019年全省猪肉产量及增幅

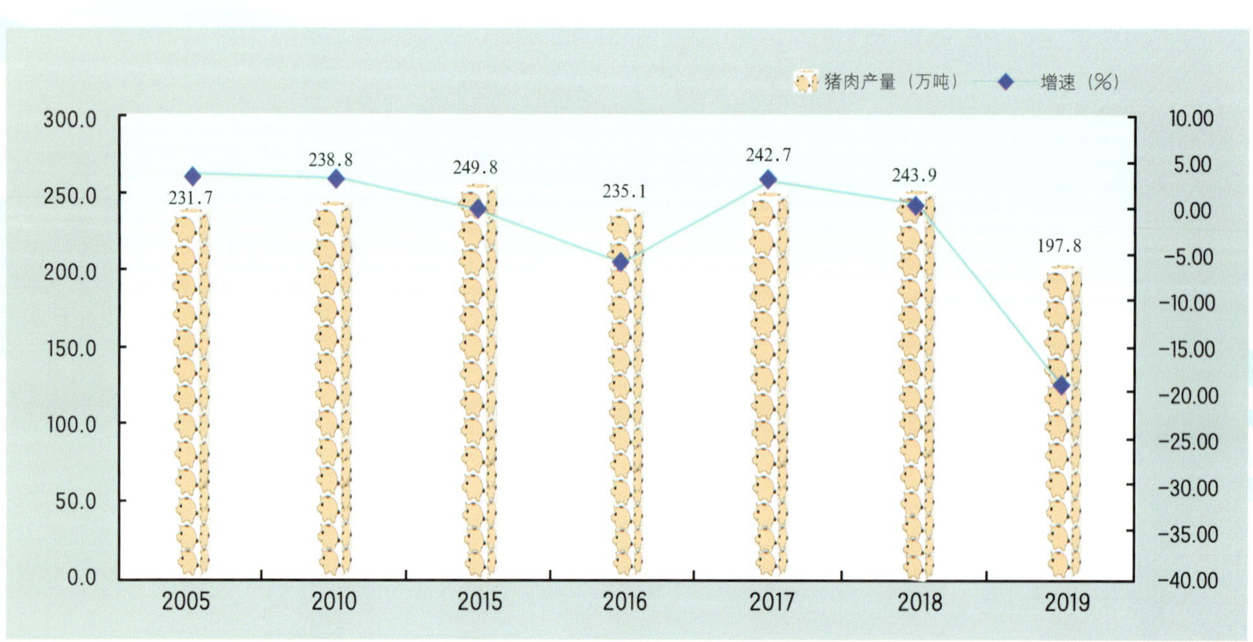

2019年安徽城镇居民人均可支配收入构成

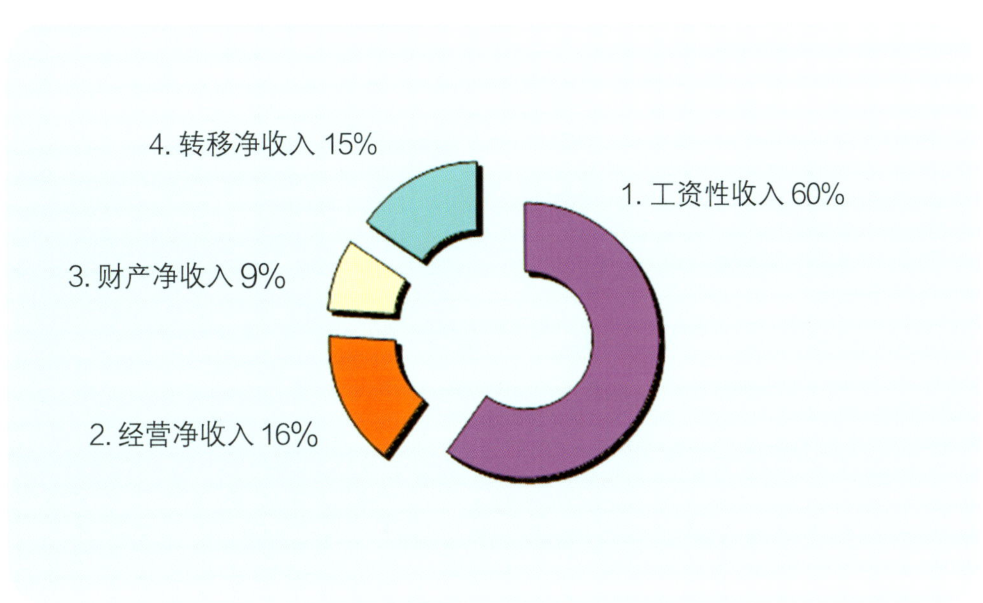

2019年安徽农村居民人均可支配收入构成

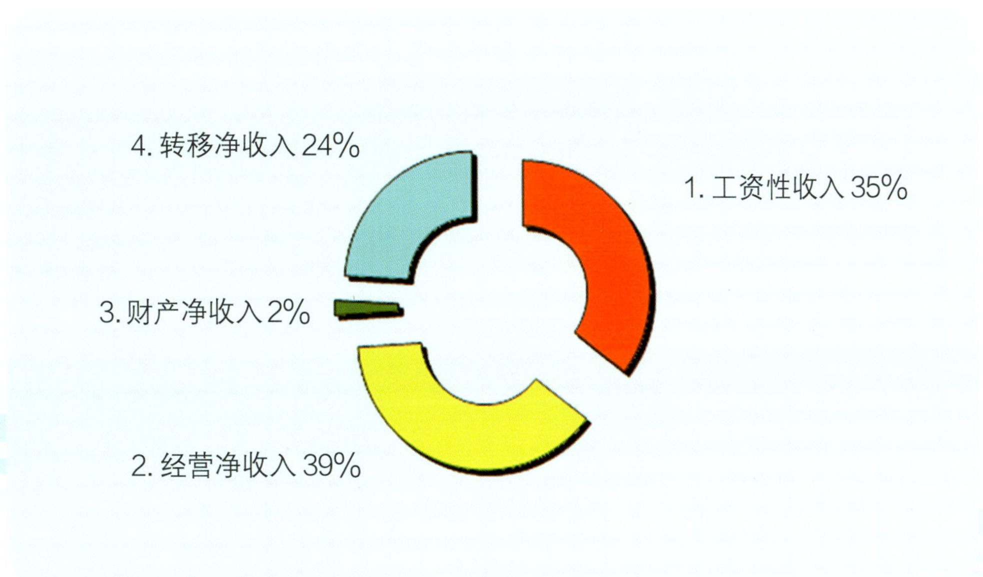

2019 年安徽省及各市城镇居民人均可支配收入情况（元）

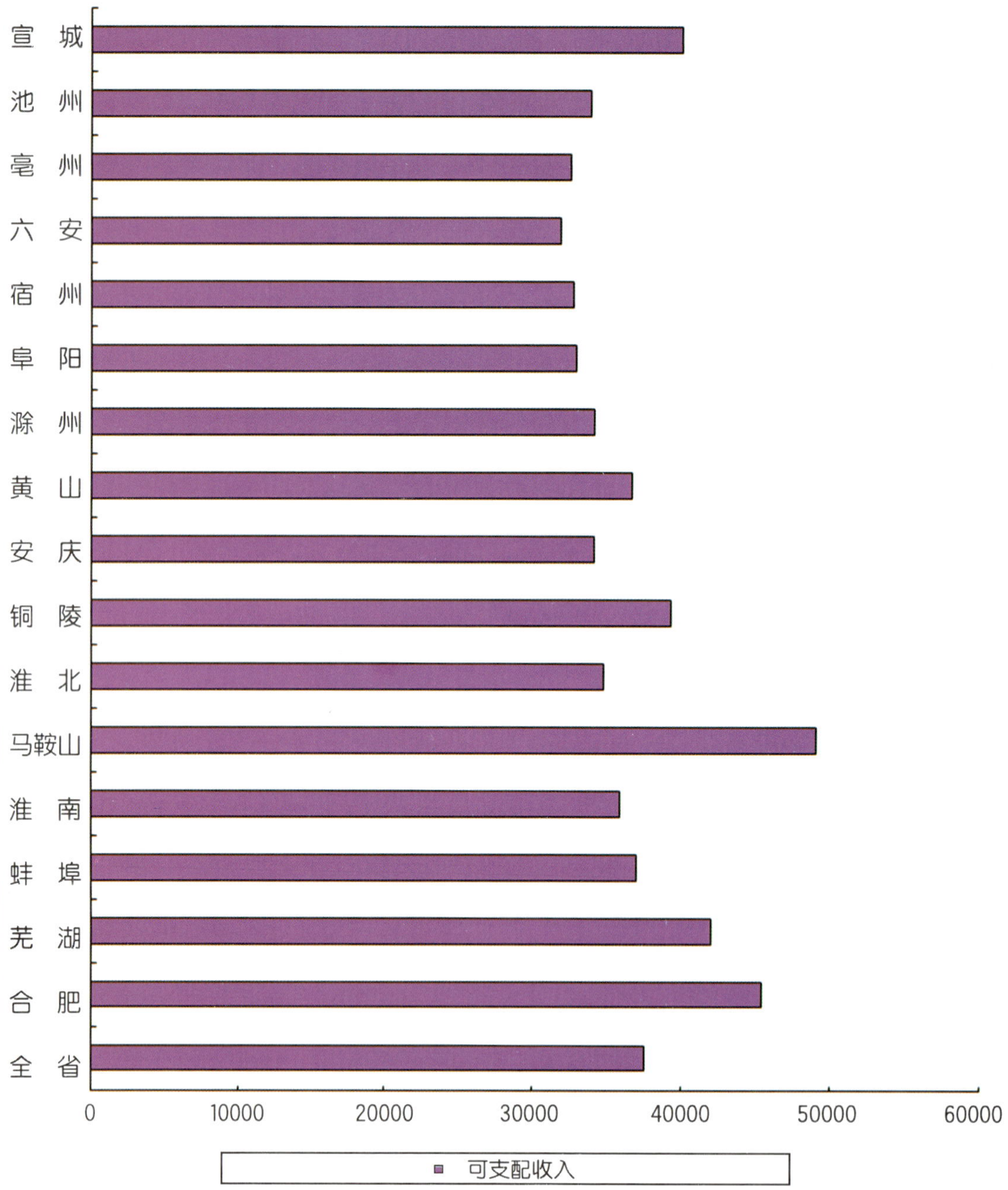

2019年按收入等级分的安徽城镇居民家庭人均收支情况（元）

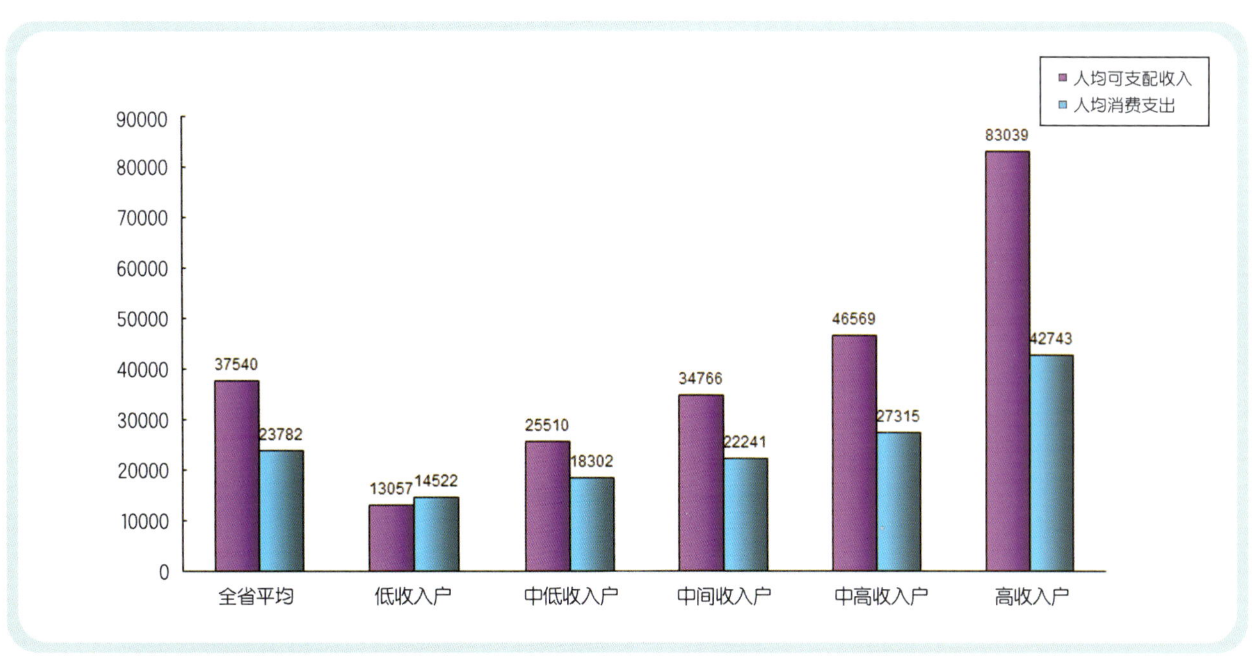

2019年按收入等级分的安徽农村居民家庭人均收支情况（元）

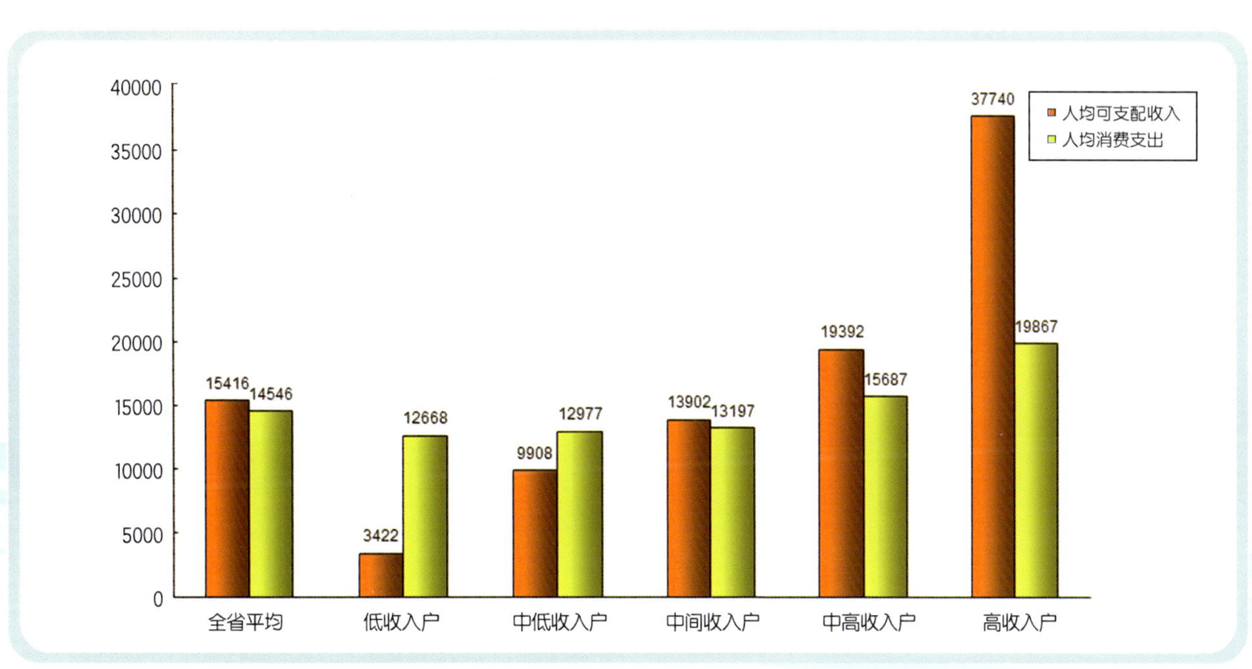

2019年全国及各省（区）城镇居民人均可支配收入（元）

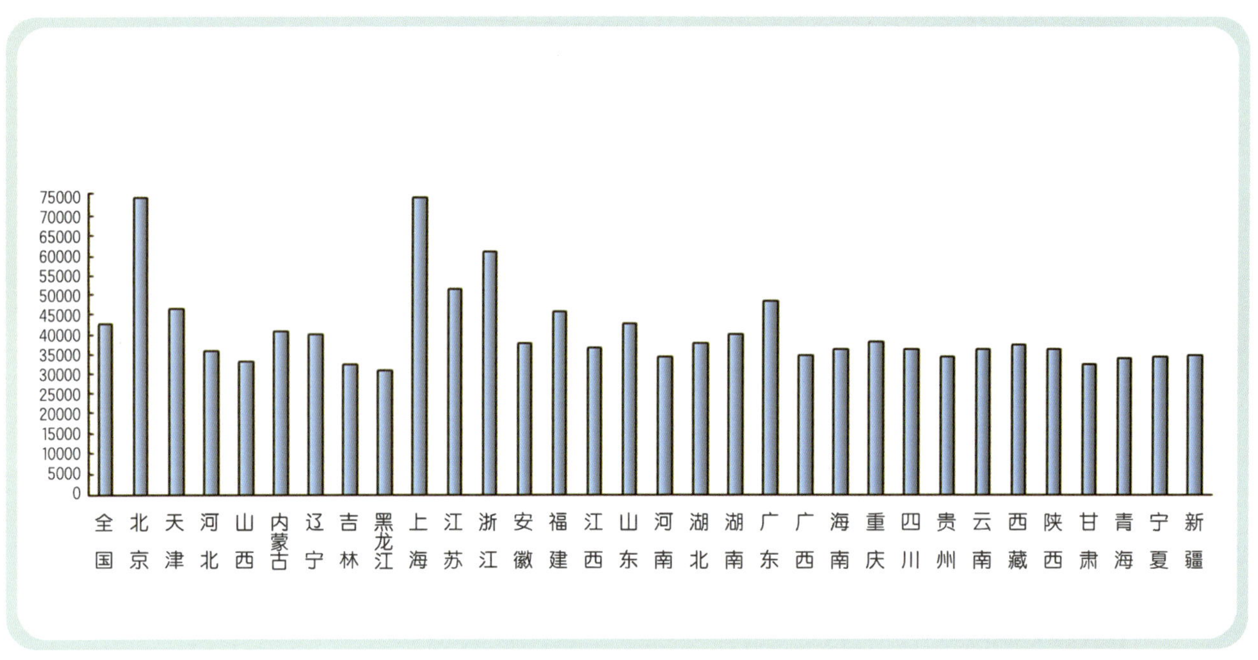

2019年全国及各省（区）农村居民人均可支配收入（元）

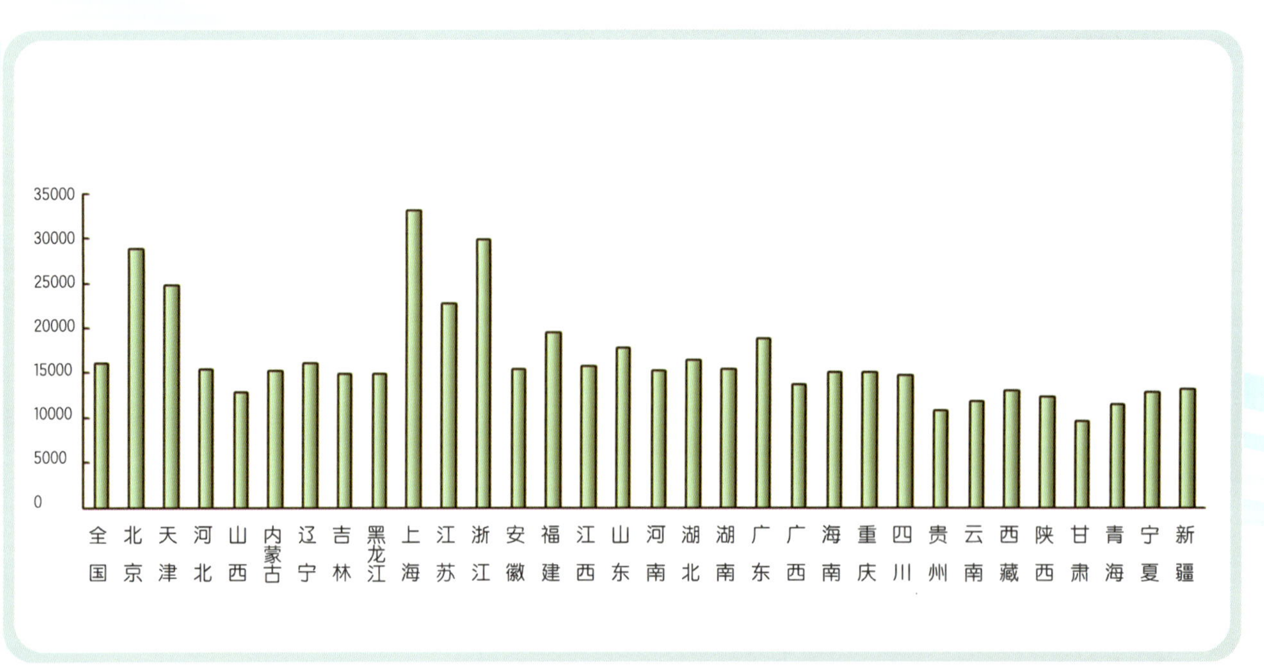

2019 年安徽城镇居民消费性支出构成

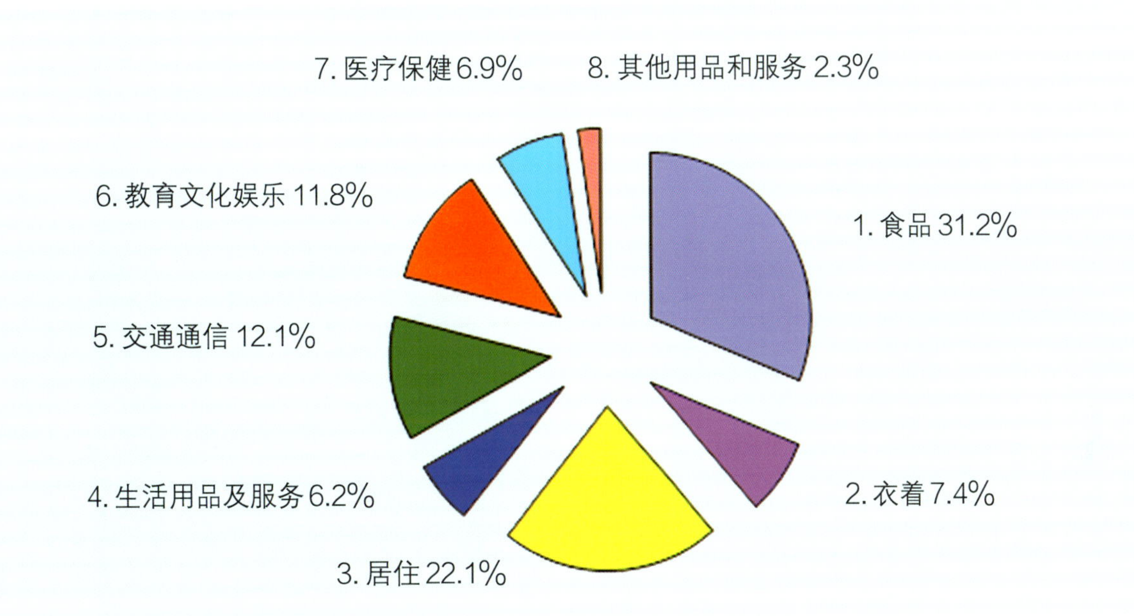

2019 年安徽农村居民消费性支出构成

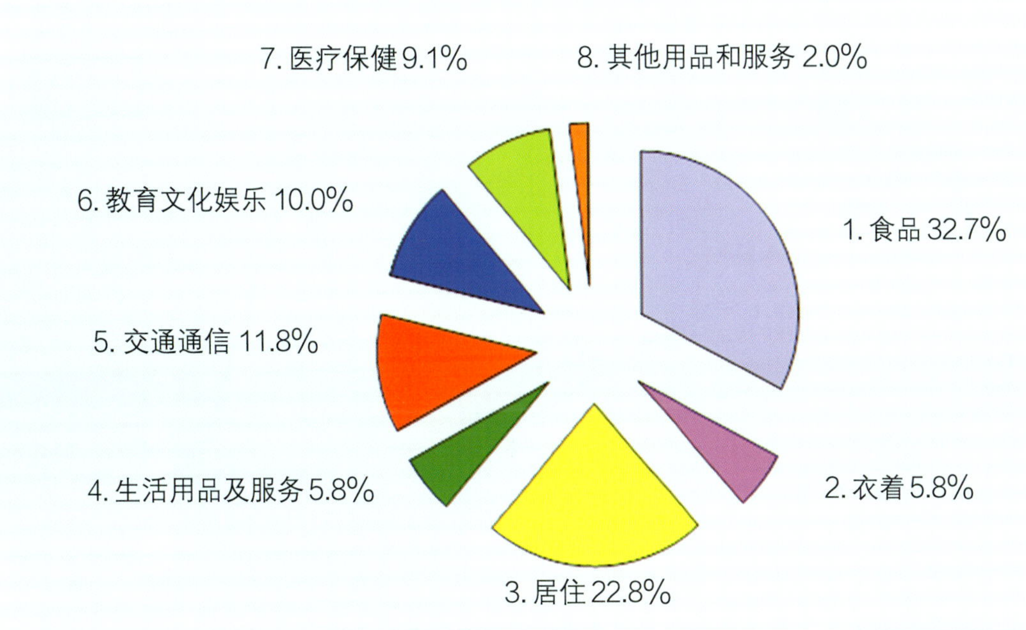

主要年份全国及安徽农村居民消费价格指数（上年 =100）

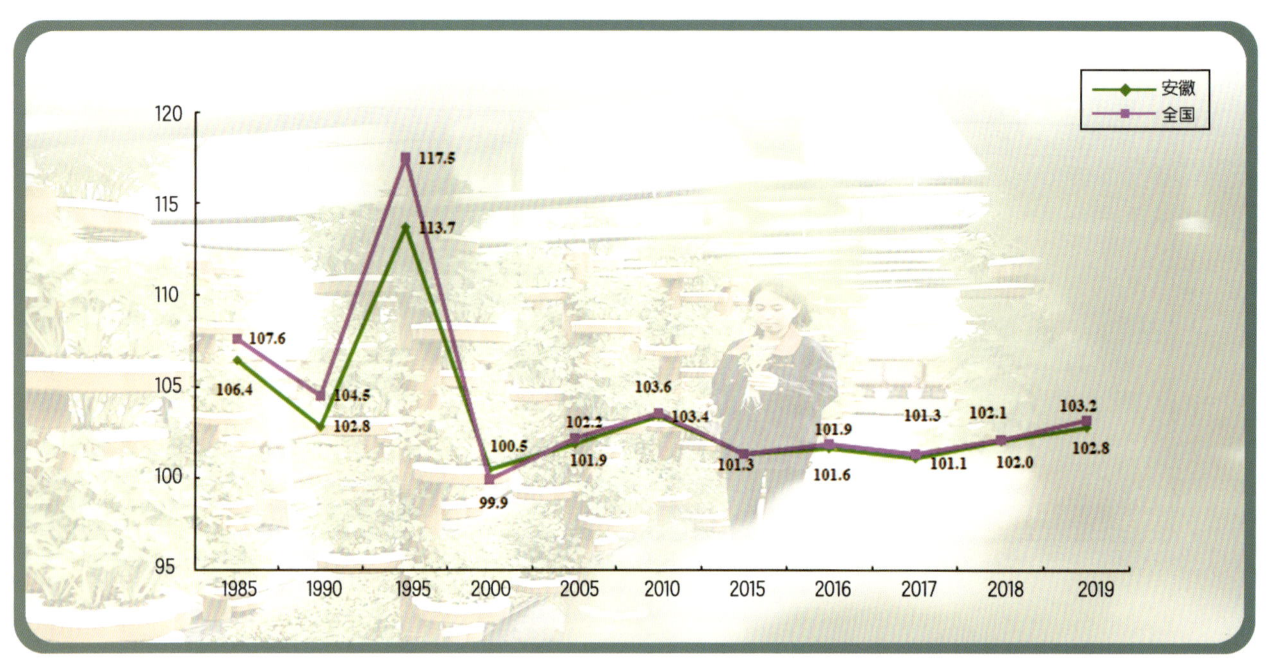

主要年份全国及安徽商品零售价格指数（上年 =100）

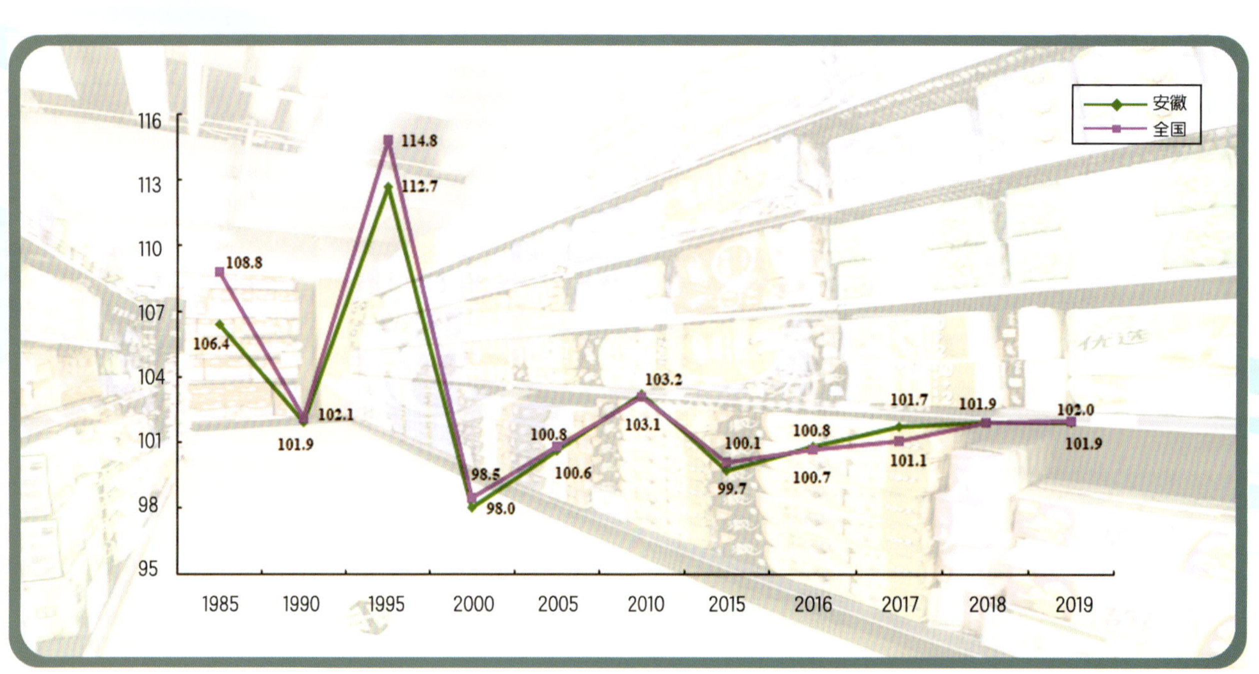

主要年份全国及安徽工业生产者出厂价格指数（上年 =100）

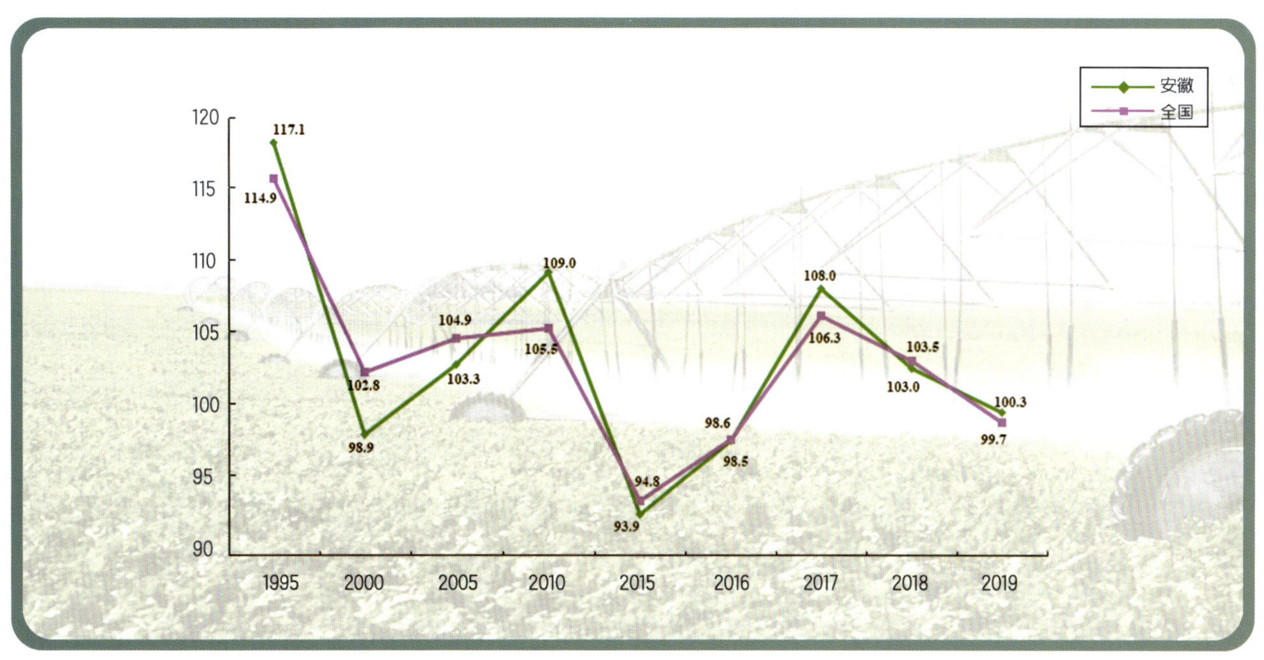

主要年份全国及安徽工业生产者购进价格指数（上年 =100）

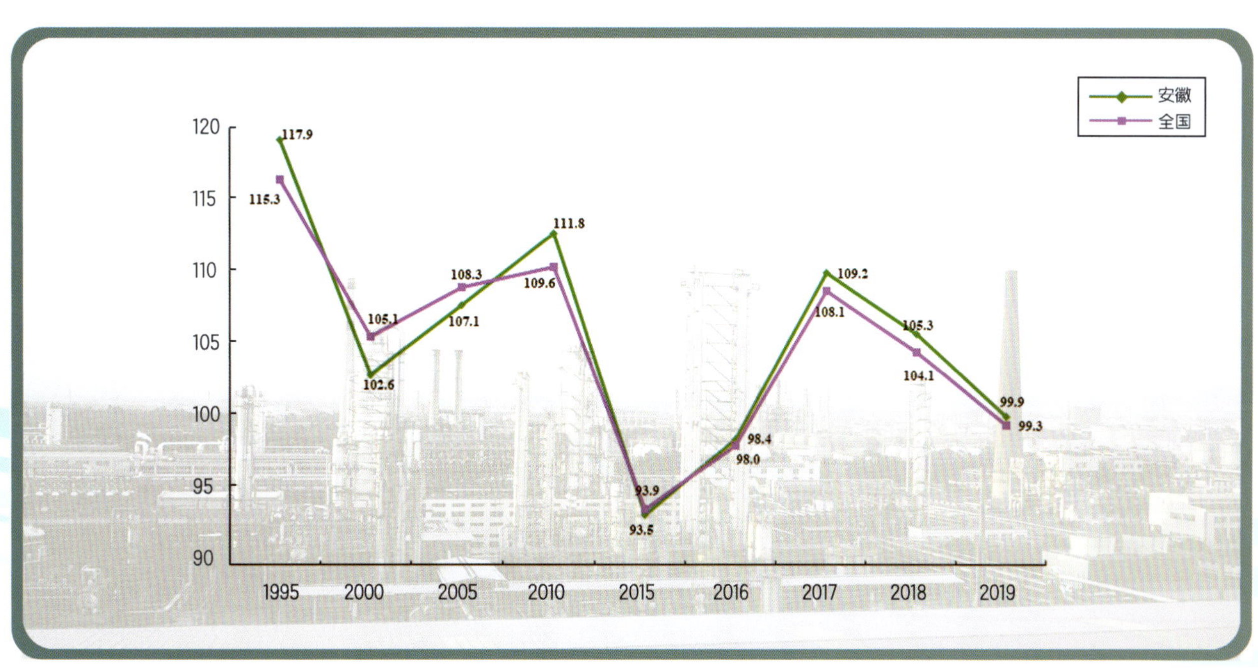

目　　录

Contents

四、价格调查

Chapter 4 Price Survey

综合调查

GENERAL SURVEY

简 要 说 明

本篇资料包括文字和数据，主要反映全省主要调查指标运行情况，包括主要农产品产量、城乡居民生活及物价水平等。

本版责任编辑：周雯雯

文字部分(Articles)

主要指标运行良好　民生领域短板犹存

——2019 年安徽主要调查监测指标运行情况分析

Main Indicators Ran Well and People's Livelihood Is Still Shart Board

——Analysis on the Operation of Main Investigation and Monitoring Indicatars in 2019

2019 年，面对外部环境深刻变化、经济下行压力加大、转型升级阵痛叠加的复杂局面，全省上下认真贯彻落实党中央、国务院和省委、省政府决策部署，坚持新发展理念，着力推动供给侧结构性改革，扎实做好“六稳”工作，按照长三角更高质量一体化发展新要求，凝心聚力，知难而上，在确保经济运行保持在合理区间的基础上，着力保障和改善民生，居民收入、市场物价等主要民生预期目标较好完成，为打好全面建成小康社会收官战，奠定了坚实基础。

一、主要调查指标运行情况

(一)粮食生产再获丰收，肉禽蛋奶总量略减

粮食生产连续 16 年丰收，粮食作物播种面积基本稳定，种植结构继续优化调整。全年粮食总产量 4054 万吨，比上年增长 1.2%；连续 8 年保持在 3500 万吨以上，稳居全国第 4 位。其中，夏粮产量 1657 万吨，增长 3.1%；早稻产量 101 万吨，下降 10.3%；秋粮 2296 万吨，增长 0.4%。全年粮食平均亩(1 亩≈666.67平方米)产 370.9 千克，比上年增加 5.8 千克，增长 1.6%。其中，夏粮亩产 389.5 千克，增长4.5%；早稻亩产 409.1 千克，下降 0.4%；秋粮亩产 357.1 千克，下降 0.3%。

全年肉禽蛋奶畜产品产量 603.2 万吨，比上年下降 1.0%。其中，猪肉产量 197.8 万吨，下降 18.9%；羊肉产量 18.8 万吨，增长9.8%；牛肉产量 9.5 万吨，增长 9.0%；禽肉产量174.6万吨，增长 15.9%；禽蛋产量168.7万吨，增长 6.6%；牛奶产量 33.8 万吨，增长 9.6%。第 4 季度末，能繁母猪存栏 96.5 万头，比第 3 季度末增加 0.6 万头，在连续 4 个季度下滑后首现恢复性增长。

(二)居民收入较快增长，消费结构继续改善

全年全省居民人均可支配收入 26415

元，比上年增长10.1%，增速比全国快1.2个百分点，比上年加快0.4个百分点，与全省经济增长基本同步。按常住地分，城镇居民人均可支配收入37540元，比上年增长9.1%，增速比全国快1.2个百分点；农村居民人均可支配收入15416元，比上年增长10.1%，增速比全国快0.5个百分点。按收入来源分，全省居民工资性收入、经营净收入、财产净收入、转移净收入分别增长8.6%、8.9%、18.7%、13.5%，收入来源更趋多元，收入结构继续优化。城乡居民人均收入比值为2.44，比上年缩小0.02，比全国低0.2，城乡收入差距持续缩小，收入分配状况改善。

全年全省居民人均消费支出19137元，比上年名义增长12.3%，增速比上年加快4.1个百分点。分类看，按常住地分，城镇居民人均消费支出23782元，名义增长10.5%；农村居民人均消费支出14546元，名义增长14.1%。医疗保健支出增长21.7%，教育、文化和娱乐支出增长17.8%，衣着支出增长14.3%，改善型、发展型消费方兴未艾，消费升级态势持续显现。

（三）价格运行符合预期，市场供求总体平稳

2019年，全省居民消费价格比上年上涨2.7%，符合3%左右的年度预期目标。其中，城市上涨2.7%，农村上涨2.8%。在食品烟酒价格中，猪肉价格上涨44.9%，涨幅创12年来新高，影响CPI上涨1.1个百分点，是推动居民消费价格上涨的主要因素。扣除食品和能源价格的核心CPI上涨1.3%，涨幅比上年回落0.3个百分点。全年居民消费价格月度同比涨幅前低后高、持续扩大。2019年，全省工业生产者出厂价格比上年上涨0.3%，涨幅比上年回落2.7个百分点，其中，生产资料价格上涨0.1%，生活资料价格上涨0.9%。全年工业生产者购进价格比上年下降0.1%。消费端，除生猪供应趋紧外，粮油等商品市场供需状况较好，民生消费市场运行平稳；生产端，各月制造业采购经理指数（PMI）中的生产和新订单指数，均运行在景气区间。

（四）城乡就业形势稳定，非农就业规模增加

各季度城镇劳动参与率保持在63.4%~66.0%，与上年同期相比，1—4季度分别提升0.6、3.0、2.7、1.3个百分点。城镇就业结构有所改善，第二产业就业人员比重上升0.5个百分点。省内就业空间扩大，外出农民工回流趋势进一步显现。年末全省农民工总量1977.4万人，比上年增加25万人，增长1.3%。其中，本地农民工578.2万人，增长10.5%；外出农民工1399.2万人，下降2.1%。农民工外出务工月均收入水平5231元，比上年增长9.4%。

二、民生领域的困难问题

总的来看，2019年全省城乡就业、市场物价、居民收入等民生领域保持了总体平稳、稳中有进发展态势。同时也要看到，当前全球经济贸易增长放缓，外部风险明显增多，国内结构性体制性周期性问题交织，经济下行压力依然较大，保持全省经济社会持续健康发展，仍然面临一些突出矛盾和短板。

（一）就业压力依然较大

从现状看，城镇失业群体中，45~54岁年龄段占27.9%，女性占62.6%，“40、50”群体和女性就业困难问题凸显，高校毕业生摩擦

性失业和“缓就业”现象增多，部分地区特别是贫困地区就业空间不足，部分行业高技能人才流失问题突出，导致部分行业人才供给质量、数量与产业需求衔接不畅，企业仍然面临招工难、用工贵问题。从趋势看，产业转型升级带来的劳动力市场的周期性、结构性矛盾亟待破解，中美经贸摩擦等外部风险仍然较多，世界经济贸易复苏面临不确定性，可能对省内就业市场和省外农民工就业的稳定性产生新的冲击。

（二）农业发展短板突出

从畜牧业发展看，受养殖业高防疫风险、高资金投入、高技术投入、高环保要求制约，生猪养殖产业进入门槛加快提升，大量中小养殖户退出生猪生产，生猪产能加快恢复的难度较大。从农业产业链看，由于农业产业化发展水平不高，农产品加工“中梗阻”和市场开拓“后端狭窄”并存，产业链整合再造与价值提升不够，农业全产业链运营效率和效益亟待提升，间接制约农村居民就业增收和乡村振兴战略的实施。同时，农业农村发展中，现代物流、信息网络等现代基础设施的短板日益突出。

（三）实体经济困难较多

受全球经济和贸易增长动能趋弱、内需增长动力不足等因素影响，经济下行风险加大，实体经济仍然面临较多困难，需求不足、成本上升、融资困难是影响实体经济发展的关键因素。从价格运行看，工业生产者价格涨幅持续下行，部分行业主要产品价格下滑，企业利润空间受到挤压。从融资看，在金融去杠杆、严监管等因素影响下，小微企业和民营企业承压较大。从经营成本看，人工成本与其他成本因素叠加，部分行业经营困难较大。

三、工作建议

综合来看，尽管外部环境严峻复杂，困难挑战有所增多，经济下行压力加大，但全省民生领域仍然延续了发展向好态势。做好下一步工作，要以习近平新时代中国特色社会主义思想为指导，按照省委、省政府决策部署，坚持稳中求进工作总基调，坚持新发展理念，扎实推动高质量发展，充分调动各方面积极性，紧抓“六稳”政策落实，切实做好城乡就业、居民增收、稳定物价和强农惠农工作，进一步改善和保障民生。

一是加快补齐农业农村发展短板。树立“大农业”理念，坚持全产业链发展模式，提升一、二、三产业融合发展质量。推动农产品加工业“中间突破”，强优势补短板，激发涉农产业发展活力，提升农产品供给质量，加快布局现代农产品物流、营销、研发等生产性服务业，推动实现农产品加工业规模化引领、产业化培育、品牌化驱动、体系化发展。

二是推动实体经济和服务业转型发展。持续优化营商环境，扎实落实减税降费等各项政策措施，继续提升金融、人才、劳动力等要素供给质量，加快优化产业结构，推动传统产业转型升级和生产、生活服务业健康发展，围绕主导产业和战略性新兴产业，加强供应链和产业配套能力建设，提升优势工业产品和生产性服务业供给质量。

三是切实做好稳就业和社会保障工作。密切关注高校毕业生、城乡女性和贫困家庭等重点群体人员就业状况变化，充分发挥“互联网+”政务平台作用，优化就业服务。提升

职业技能培训质量,提高劳动者适岗能力,减少结构性失业,发挥公益性岗位保障作用,精准实施就业扶贫。进一步提升政策实施的精准度、有效性,扎实做好各项社会保障工作。

撰稿：张尚豪

2019年安徽粮食生产形势分析

Analysis on the Grain Production of Anhui in 2019

2019年，安徽省以实施乡村振兴战略为统领，围绕农业供给侧结构性改革主线，以"稳产能、调结构、提质量、增效益"为主攻方向，推进优质粮食生产，调整优化粮食生产结构，落实"藏粮于地、藏粮于技"战略，克服自然灾害和不利因素影响，千方百计稳定粮食产量。据全省64个粮食调查县实施的遥感测量和对地抽样调查，经国家统计局审定，2019年安徽省全年粮食总产量4054.0万吨，同比增长1.17%，全年粮食总产位居全国第四。

一、粮食生产总体概况

（一）2019年安徽省全年粮食总产4054万吨，比上年增长1.2%。

（二）全年粮食平均亩产370.9公斤，增幅1.6%。

（三）全年粮食播种面积10930.5万亩，比上年下降0.4%。

二、粮食丰收的主要原因

（一）夏粮增产奠定丰收基础

根据国家局反馈显示，2019年安徽省夏粮总产为1657.0万吨，比上年增长3.1%。夏粮的稳定增产为全年粮食丰收奠定基础。早稻虽然受种植结构调整、收益下降等因素的影响，面积、产量双降，但在全年粮食生产中占比较小，影响微乎其微。

（二）天气因素总体有利

2019年我省秋粮生长发育期内总体天气条件适宜，以晴到多云天气为主，光照充足，前期虽略微干旱，但后期降雨较为充足，尤其是8月份台风"利奇马"带来的降水有力地缓解了皖北、江淮大部分地区的旱情，土壤墒情适宜，利于在地作物正常的光合作用和干物质积累，为丰产打下了坚实基础。

（三）种植结构进一步优化

受用工成本、市场价格和种植效益等因素影响，秋粮作物中玉米种植面积较上年增加较多，大豆和一季稻种植面积有所减少，双季晚稻的种植面积也随着早稻面积的减少而下降；夏粮作物、早稻种植面积略有下降。各品种作物种植面积有增有减，高产、高收益、易管理作物比例增大，种植结构进一步优化。

(四)病虫害防治及时到位

据了解,今年粮食作物生长期间病虫害轻度发生。主要原因有:一是各级政府及农业农村部门高度重视,积极组织筹措,做好政策引导、宣传教育、预警发布工作,并及时组织专家和农技人员深入田间地头指导喷防,扼杀病虫害苗头;二是因气候偏旱,在7月中下旬期间作物田块被动性地进行了"烤田"管理,利于减轻病虫害,以水稻为例,仅有少量调查点样方上发现稻曲病,影响不大;三是全省前期草地贪夜蛾防治有力,草地贪夜蛾在我省危害面积小,基本没有对玉米生产造成影响。

综上所述,在省委、省政府高度重视和正确领导下,全省上下共同努力,各地各部门落实政策及时到位,田间管理水平提高,加上气候条件良好,最大限度减少了种植面积下降对粮食生产带来的影响,有力地巩固了全年粮食的生产和稳定,今年安徽全年粮食喜获丰收。

三、全年粮食生产形势分析

(一)夏粮增产

2019年,安徽夏粮播种面积4254.6万亩,较上年下降1.4%;平均亩产389.47公斤,比上年增长4.5%;总产1657.0万吨,比上年增长3.1%。

主要影响因素:

1.天气影响利大于弊。虽然在2018年12月份小麦播种期间,安徽全境遭遇连续阴雨寡照低温天气,影响了冬小麦适期播种,且导致生长初期麦田苗情较弱。但自2019年3月份(3月1日至5月12日)小麦生长进入返青拔节期以来,天气逐渐转晴,全省平均气温15.1℃,较常年同期偏高1.2℃;大于3℃活动平均积温1104摄氏度·日,同比偏多140摄氏度·日;平均日照时数404小时,较常年偏多一成。光照充足、雨水适宜,加之前期降水丰富,土壤墒情较好,有利于小麦灌浆结实。

2.病虫害防治及时到位。由于4月份是安徽小麦赤霉病易发期,安徽各级政府及农业农村部门高度重视,积极组织筹措,利用电视、广播、网络、短信等多种媒介宣传病虫害防治知识、发布防控预警信息,充分发挥财政补贴政策的引导作用,并及时组织专家和农技人员深入田间地头,有针对性地开展"一喷三防"等工作,及时扼杀赤霉病苗头。据了解,夏粮主产区亳州市对全市小麦种植地块全部喷防2至3次,预防小麦赤霉病共计1472万亩次;阜阳市投入喷防财政资金6585万元,统防统治面积1407万亩次;蚌埠市统一部署植保无人机、自走式打药机、远程喷雾机等高科技手段,防治赤霉病面积达823万亩次。再加上今年全省赤霉病发生较轻,赤霉病防治效果较好,对夏粮产量影响甚微。

3.小麦品种布局合理。为确保夏粮产量,提高农民冬小麦种植收益,安徽省多地农技部门因地制宜,根据当地土壤特性、气候特征、种植习惯等多种因素及时调整小麦品种,大力加强良种推广。如濉溪县根据当地旱中茬面积大的特点,生产上以半冬性小麦品种为主导品种(即以"烟农19""烟农21""烟农5286"等为主),占播种面积的63%,搭配使用"淮麦32""淮麦33"等其他品种,占播种面积的23.7%,同时示范推广"濉1309""大地2018"等新品种。上述品种适应性强,综合抗性好,都具有550公斤/亩的生产能力,均可在10月份播种，合理利用当地光、热、水、土资源，生产上较为安全。

4.农资供给提供保障。据了解，今年安徽全省农资市场供应充足，种子、农膜等农资价格与上年持平，化肥农药价格有涨有跌，且预计近期化肥市场整体稳定运行，为夏粮生产提供保障。

5.小麦收益下降等各种因素导致小麦面积下降。一方面，受小麦国家最低收购价格下调、收购标准提高、种植成本上涨等多重因素影响，农户小麦种植的积极性下降；另一方面，受土地复垦休耕政策、土地规划变更及农业供给侧改革影响，部分农户（尤其是皖南、江淮地区）转变思路，有意调减小麦种植面积；相关部门审时度势，及时制定小麦调减方案，今年安徽冬小麦面积同比下降1.40%。

总体来说，安徽省今年小麦长势普遍较好。夏粮单产呈恢复性增长，产量水平接近常年，略差于最好年份。

（二）早稻减产

2019年，安徽早稻面积为246.9万亩，比上年下降9.9%；单产为409.10公斤/亩，比上年下降0.4%；总产为101.0万吨，下降10.3%。

主要影响因素：

1.天气因素。早稻生长前期气候条件较好，温度、雨水、光照适宜，对早稻前期生长较为有利。但进入分蘖期后，尤其是抽穗扬花期起，安徽全省出现大面积降雨天气，部分主产区日均气温、有效积温均低于上年、常年同期，加上多雨少晴导致田间湿度增加，不利于早稻的抽穗、灌浆，对后期早稻产量产生一定的影响。

2.病虫害、草害发生较轻。据各地反映，虽然部分调查点受排水不畅、施肥不均衡（氮肥过重过迟）的影响出现稻瘟病，但总体来说全省早稻种植地块病虫害发生程度较轻，特别是直播前期做好封闭和后期针对性补防工作的田块，未出现病虫草危害。

3.品种结构适当调整。为稳定粮食生产水平、提高农民种粮收益，安徽多地农技部门近年来着力于优质粮食品种的大力推广。庐江县近年培育发展建立了多个品牌粮食（优质水稻）生产基地，通过品种调优，优质早稻面积逐年增加；舒城今年农户水稻种植以优质品种“嘉兴8号”为主，该品种较少发生纹枯病等水稻病虫害，有利于保证早稻产量。但也有部分地区反映由于优质早稻引种时间较长，加上水稻本身开花授粉的生物特性、机械化混合收割、优质品种提纯复壮缺乏等因素，使得品种的优质特性无法保证，早稻存在主导品种单一老化，后备品种缺乏的现象。

（三）秋粮持平略增

2019年，全省秋粮面积6429.1万亩，比上年增长0.7%；秋粮平均亩产357.1公斤，降幅0.3%；秋粮总产2296.0万吨，增幅0.4%。

1.水稻。一是种植面积继续萎缩。受农村劳动力不足、生产成本高以及政策性粮价下调等因素影响，今年早稻、一季稻和双季晚稻的种植面积均有下降，降幅分别为9.9%、0.2%和7.0%。二是苗情长势复杂。从整体来看，今年秋粮生长期间气候偏旱，降水偏少，但几次关键节点的降雨基本满足了作物生长需要。6月5日—10日期间，我省出现间歇性降雨，为夏播一播全苗打下基础。因气候偏旱，在7月中下旬期间，作物田块被动性地进行了"烤田"管理,此时正值水稻分蘖期间,烤田导致土壤水分减少,促使作物根部向土壤深处生长,起到了壮苗的效果,能切实减少后期倒伏情况发生,在后期超强台风"利奇马"到来时,作物倒伏面积较小。同时烤田还利于减轻病虫害,从调查点上看,仅有少量样方发现有部分稻曲病,影响不大,病虫害总体发生偏轻。三是整体苗期雨水较常年偏少,达到了很好的炼苗效果,群体较大,群体发育好。七八月份的高温干旱天气影响水稻授粉扬花,穗粒数与往年相比略有下降,中后期干旱少雨影响结实灌浆,但不同区域产量差异较大,沿江沿湖排灌方便的地块今年亩产高于往年,丘陵地带排灌受限的区域今年亩产下降明显。全省一季稻单产水平较去年略降。双季晚稻受早稻收获推迟,腾茬较晚影响,移栽期比去年推迟7天左右,加上高温天气影响,苗情长势弱于去年同期,单产比上年下降。

2.玉米。一是种植面积止跌回升。结合面积调查以及遥感监测,今年我省玉米播种面积约为1794.68万亩,同比增加5.1%,这是我省玉米种植面积持续几年减少后首次回升。二是播期适宜,苗情好于上年。今年小麦收获后,我省大部分地区土壤墒情较好,玉米播种从6月5日左右开始,较2018年播种时间持平。尽管6月上中旬出现持续的少雨、高温天气,造成部分地区土地缺墒,然而6月6—7日、18—21日、29日全省范围内均出现不同程度的有效降雨,极大地缓解了旱情,有利于玉米的播种、出苗,全省夏种进度快、质量高。截至6月中下旬,全年玉米已经播种完成。适期适墒播种,为培育壮苗打下良好基础。据7月份玉米苗情调查,部分地区一类苗占93.75%,较去年高6.25个百分点,一、二类苗比例高于上年。7月20日以后全省持续出现35℃以上高温,最高气温38℃~39℃,高温伴随干旱对农业生产造成不利影响,但7月25—26日和7月30日出现两次有效降水,全省大部分地区旱情得到解除,高温干旱总体上对秋季作物生产影响有限。8月上旬,台风"利奇马"开始影响我省,晴热高温天气全部结束,我省迎来一轮大范围降雨,但由于当时夏玉米正处于吐丝至灌浆初期,受前期干旱影响,玉米根系较好,抗倒伏能力强,受台风影响不大,只有零星田块个别玉米有倒伏。总体来说,台风带来的降雨利大于弊,全省农田土壤含水量充足,旱情完全解除,为进入旺盛生长阶段补充了水分。接下来的8—9月我省以晴到多云天气为主,充足的光照,较适宜的温度,促进了玉米的生长发育。9月以来,我省天气阴晴相间,土壤墒情适宜,光照充足,加之昼夜温差大,利于植株光合干物质积累和玉米的籽粒灌浆。此外,草地贪夜蛾在我省危害面积小,基本没有对玉米生产造成影响。

3.大豆。一是种植面积略降。受机械化水平和种植效益比较低等因素影响,部分农户改种玉米,导致今年我省大豆种植面积有所下降。全省大豆种植面积为954.4万亩,较上年下降2.1%。二是生育进程正常,苗情好于上年。我省大豆主要集中在皖北地区,大豆与玉米、中稻不同,高温干旱虽然对其有一定的影响,但是敏感度低,稍微干旱的气候条件对大豆单产影响不大。高温和干旱及时有效解除后,大豆长势恢复正常。今年大豆有荚无子的现象较少，长势总体好于上年。三是单产略增。大豆整体长势较好，根系发达，叶色浓绿，病虫危害较轻。全省大豆单产较上年有所增长。

撰稿：王　奎

2019年末安徽生猪存栏降幅收窄

The Decline in Number of Hogs of Anhui Narrowed in Late 2019

全省畜牧业生产情况监测调查结果显示,2019年受非洲猪瘟影响,生猪、能繁母猪存栏持续下降,在生猪生产扶持政策密集出台及市场信心提振下,年末生猪存栏降幅收窄,能繁母猪存栏环比由降转升,稳价保供政策初见成效,生猪产能逐步恢复。

一、生猪生产形势好转

(一)年末生猪存栏降幅收窄,能繁母猪存栏环比上升

2019年第四季度末,全省生猪存栏同比下降19.5%,环比下降2.7%,降幅缩小;能繁母猪存栏能繁同比下降17.0%,环比增长0.6%。10—12月18个生猪大县能繁母猪存栏量分别为44.9万头、48.4万头、48.5万头,存栏量不断增加。表明政策效应逐渐显现,市场信心提升,养殖户生产积极性提高,生猪产能恢复势头明显。

(二)生猪出栏产量降幅同步收窄

2019年第四季度,安徽生猪出栏产量同比下降16.5%,比前三季度收窄3.7个百分点;猪肉产量同比下降15.5%,比前三季度收窄4.8个百分点。其中,10月底11月初猪价高峰回落时,中小型户因担心猪价下跌,集中出栏。

(三)生猪价格回落

2019年生猪价格一路上涨,10月底11月初达年内高峰,最高42.4元/公斤,11月中旬开始回落,12月基本稳定在33元/公斤左右,12月底回升到35元/公斤左右,同比上涨162%。

(四)生猪价格小幅波动不影响养殖户生产积极性

近期,生猪及猪肉供应紧缺矛盾并未大幅缓解,春节前需求略增,由于国家储备肉和进口肉增加,猪价新高后小幅波动。目前,猪粮比价为16.8∶1,因生猪养殖盈利空间大,每头生猪盈利到2400元左右,养猪户积极性仍较高。

(五)大型户恢复最快,生猪养殖规模化进程加速

从调查数据看,2019年末,大型养殖户存栏环比仅下降0.9%,比全省存栏平均降幅小1.8个百分点;能繁母猪环比增长11.8%,比全省平均增幅高11.2个百分点。一批大型养殖集团纷纷在安徽布局,目前在建和签约项目年出栏能力1600多万头,占正常年份出栏

量 60%。

二、建议和期盼

(一)加快中小型户复产养殖

2019 年四季度摸底调查结果显示,大型养殖户恢复较快,中小型户观望者较多,而大型户能繁母猪存栏量仅占全省存栏量21.2%。随着国家和各级政府生猪生产稳价保供政策措施落实,大型生猪养殖企业发展速度加快,而中小型户恢复较慢,重点帮助解决中小养殖户复产是加快恢复全省生猪生产的关键。

(二)加大信贷支持,保障生猪养殖用地

2019 年四季度 324 家养殖户问卷调查结果显示,47.5%被调查户反映资金短缺、土地供应不足是当前首要问题。固镇、怀远、利辛的数个被访户强烈期望金融机构给予低息或贴息贷款支持。定远齐玉种畜禽养殖合作社计划投入 100 多万元扩大养殖场,但因没有土地证等不能通过抵押获得银行贷款。佳森农牧有限公司、仓镇龙腾养殖场均反映资金不足无法改善设施条件和扩大生产规模。霍邱石店镇双庄村养殖户反映,流转 10 亩地因属于基本农田而不能用于养殖,无地扩大生产规模。利辛县沈洪养殖场因土地审批难只能维持现有生产规模。

(三)加强动物疫病防疫指导,加快非洲猪瘟疫苗研发生产

44.4%被调查户反映防疫困难,主要是没有防疫手段或防疫费用过高。不少养殖户反映养殖、防控知识不足,非洲猪瘟疫情反复无常,养殖风险大,希望疫苗研发成功,尽快投入使用,建议在一定区域内建立一个清洗消毒中心。

(四)加强市场监管,提防恶意哄抬仔猪价格

43.2%被调查户反映,养殖成本高、饲料贵、仔猪贵、买不到仔猪、人工贵是目前面临的主要问题。据了解,目前 15 公斤以内仔猪每头 1600 元起,每超过 1 公斤按每公斤 30 元计算。品种优良的大型仔猪场仔猪价格高达每头 2000 元。种猪价格更是上万元,个别地区有时仔猪有价无市。固镇养殖户刘宿县、颍上养殖户付兴启反映人工不足制约扩大生产。

(五)落实好禁养限养环保及补贴政策

39.8%被调查户反映,因环境治理、政府禁止或限制养殖、环保投入太大是目前面临的问题。利辛县阚疃镇起健养猪场反映,按上级环保部门要求,建立化粪池、晒粪池共投入 3.7 万元,经市、县两级环保部门检验合格承诺补贴 3 万元,至今还没有落实。固镇中房大龙养殖有限公司期盼生猪养殖各项补贴能及时到位。太和、固镇有些中小养殖户反映因圈舍达不到环保标准养殖而无法恢复生产。

撰稿:孔二娟

收入稳步增长 动能仍需增强

——2019 年安徽省城镇居民收入增长情况分析

Income Grow Steadily and More Energy Is Needed

——Analysis on the Growth of the Urban Residents' Income of Anhui in 2019

在安徽省委、省政府的坚强领导下，全省上下认真贯彻党的十九大和十九届二中、三中、四中全会精神，统筹做好各项工作，经济运行总体平稳、稳中有进，高质量发展迈出新步伐，全面建成小康社会和现代化五大发展美好安徽建设取得新的重大进展，民生福祉持续增进，城镇居民收入稳步增长。2019 年，安徽城镇居民人均可支配收入 37540 元，比全国低 4819 元，与全国差距比上年缩小了 39 元，此项指标是近八年首次缩小，增幅 9.1%，比全国高 1.2 个百分点，增幅同比上升 0.4 个百分点。（图 1）

一、城镇居民收入增长特点

从全年数据看，安徽城镇居民收入稳步增长，结构进一步优化，增收渠道不断增多，收入增幅居全国前列。

（一）收入稳步增长

“十三五”以来，我省经济保持稳定健康发展，供给侧结构性改革的成效不断显现，经济高质量发展的新动能日益增强，城镇居民收入实现稳步提升。从收入总量看，2016 至 2019 年，城镇居民收入由 29156 元增长到 37540 元，年均增长 2096 元，从收入增幅看，由增长 8.2%提升至 9.1%，年均增长 8.7%，高出全国 0.8 个百分点。

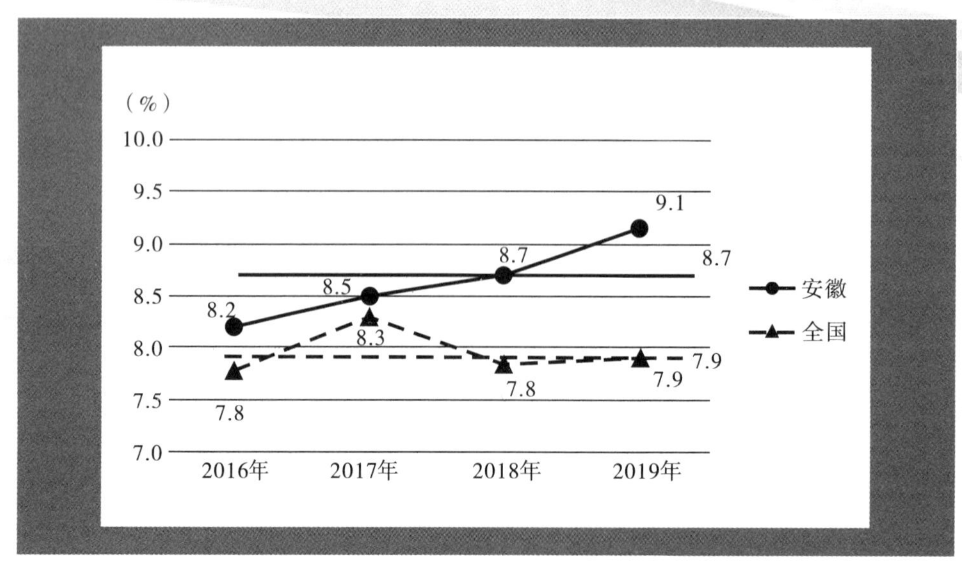

图 1 2016—2019 年安徽和全国城镇居民人均可支配收入增幅

（二）收入结构进一步优化

随着经济发展，增收渠道不断拓宽，城镇居民人均可支配收入不断提高，从收入构成看，四项收入均呈增长态势，收入结构进一步优化，其中，工资性收入对城镇收入贡献最大，财产净收入增速最快。一是工资性收入拉动可支配收入的增长的贡献最大。2019年，人均工资性收入22548元，增长7.5%，占可支配收入的比重60.1%，比去年提高0.1个百分点，对可支配收入增长的贡献率达到50.0%。二是经营净收入稳步增长。2019年，人均经营净收入5983元，增长7.8%，占可支配收入比重15.9%，对城镇居民收入增长贡献率13.8%。从产业类型看，一、二、三产业均有所增长，分别增长12.7%、0.7%、9.1%。三是财产净收入增长最快。2019年，人均财产净收入3192元，同比增长17.9%，占可支配收入的比重8.5%，比去年同期提高0.6个百分点。从现金财产性收入看，出租房屋财产性净收入、利息收入和储蓄性保险收益是现金财产性收入的重要组成部分，三项收入占现金财产性收入的89.2%，分别为55.8%、21.5%和11.9%。四是转移净收入快速增长。2019年，人均转移净收入5817元，同比增长12.7%，对城镇居民可支配收入增长贡献率20.8%。从转移性收入来源看，养老金和离退休金是城镇居民转移性收入的主要来源，占转移性收入44.9%，其次是家庭外出从业人员寄回带回收入，占转移性收入31.4%。（表1）

表1 2019年安徽城镇居民人均可支配收入

指标名称	绝对量（元）	同比增长（%）	占比（%）	贡献率（%）	拉动增长（百分点）
可支配收入	37540	9.1	100.0	100.0	9.1
工资性收入	22548	7.5	60.1	50.01	4.58
经营净收入	5983	7.8	15.9	13.80	1.26
财产净收入	3192	17.9	8.5	15.39	1.41
转移净收入	5817	12.7	15.5	20.80	1.90

（三）城镇收入居全国前列

从全国位次看，近几年，安徽城镇居民人均可支配收入增速均高于全国水平，位次也再度提速进位，并居全国前列。2019年，我省城镇居民收入再度提速进位。其中，我省城镇居民人均可支配收入37540元，居全国第14位，中部第3位。增速同比增长9.1%，居全国第2位，比去年前进1位，在中部六省中和湖北并列第一位，增速超第三位湖南0.5个百分点。（表2）

表 2 全国及中部六省城镇居民人均可支配收入增速

年 份	全国(%)	山西(%)	安徽(%)	江西(%)	河南(%)	湖北(%)	湖南(%)
2016 年	7.8	5.9	8.2	8.2	6.5	8.6	8.5
2017 年	8.3	6.5	8.5	8.8	8.5	8.5	8.5
2018 年	7.8	6.5	8.7	8.4	7.8	8.0	8.1
2019 年	7.9	7.2	9.1	8.1	7.3	9.1	8.6
年均增长	7.9	6.5	8.7	8.4	7.5	8.6	8.4

(四)城乡收入倍差逐渐缩小

城乡居民人均可支配收入倍差用来衡量城乡收入差距,是区域协调发展的一个重要指标。今年以来,全省上下着力加强结构性改革,着力增强发展整体性、平衡性,构建区域协调发展新机制,推进乡村振兴战略和区域发展重大战略实施,努力缩小城乡间、区域间发展差异,安徽城乡居民人均可支配收入稳步增长,城乡居民收入倍差再度缩小。2019 年,安徽城乡收入倍差为 2.44,同比下降 0.02,比全国低 0.2。从"十三五"以来看,安徽城乡居民收入倍差逐渐缩小,由 2016 年的 2.49 下降到 2.44,下降了 0.05。从中部六省看,安徽城乡居民收入倍差居第四位,其他省份依次为河南2.26、湖北 2.29、江西 2.31、山西 2.58、湖南 2.59。

二、城镇居民收入增长因素分析

(一)经济发展奠定增收基础

全省经济运行总体平稳、稳中有进,主要经济指标平稳增长,高质量发展迈出新步伐,为城镇居民收入水平稳步增长奠定基础。2019 年,安徽省生产总值增长 7.5%;全部财政收入 5710 亿元,增长 6.5%;规模以上工业增加值同比增长7.3%;全省固定资产投资增长 9.2%;粮食实现"十六年连丰",全年粮食产量 4054 万吨,增长 1.2%。

(二)政策性调资推动工资收入增长

一是基本工资标准提高,完成机关事业单位工资调整,人均增长 300 元。二是一次性奖励标准提高,发放驻肥省直机关在职人员一次性工作奖励。人均增长 3000 元,发放驻肥省直事业单位一次性工作奖励,人均增长 1770 元。三是安徽省提高最低工资标准,自 2018 年 11 月 1 日起,调整全省最低工资标准,调后月最低工资标准分 1180、1280、1380、1550 四个档次,四是就业人口稳中有升,1—11 月全省城镇新增就业 71 万人,其中帮扶失业人员再就业 15.7 万人,帮扶困难人员再就业 4.8 万人。

(三)创新及供给侧改革促进经营净收入增长

一是安徽大力推进大众创业、万众创新,带动城镇居民增收。各地实施创客逐梦、创业领航、创业筑巢,鼓励青年创业、高端人才创业、返乡农民工创业、大学生村官创业,积极打造创业服务云平台,为居民创业保驾护航。1—11 月,全省新登记各类市场主体共 89.02 万户,同比增长 19.3%,其中新登记注册企业 30.6 万户,同比增长 18.75%。截至 11 月底,全省实有各类市场主体 506.77 万户,同比增长 15.97%，其中企业 143.36 万户，同比增长 18.71%。二是新旧动能转化态势较明显。从制造业 PMI 指数看，12 月高技术制造业、装备制造业和消费品行业 PMI 分别为 54.2%、51.2%和 54.1%。

（四）进一步提高社会保障水平

一是提高离退休人员退休金和养老金，安徽提高企业和机关事业单位退休人员基本养老金标准，平均增幅 5%。二是安徽各地调整城镇最低生活保障标准，进一步增加低收入群体收入，月人均补助水平 467 元，同比提高 5.6%，并启动价格补贴联动机制，发放价格补贴。

三、制约安徽城镇居民增收的因素

（一）宏观经济压力仍在

2019 年，世界经济贸易增长放缓，国内经济仍面临着供给侧改革的诸多矛盾、非洲猪瘟等不确定因素，我省宏观经济压力仍在。从 CPI 数据看，全省 CPI 增幅有所放缓，初步核算，2019 年安徽生产总值 37114 亿元，按可比价格计算，比上年增长 7.5%，比去年同期下降了 0.5 个百分点。从 PPI 数据看，涨幅明显回落，安徽工业生产者出厂价格（PPI）全年累计上涨 0.3%，比去年下降 2.7 个百分点。从 CPI 数据看，仍有通胀压力，安徽居民消费价格指数（CPI）上涨 2.7%，比上年高 0.7 个百分点，创近 8 年来新高，其中 2019 年 12 月份，安徽 CPI 同比上涨 4.4%。

（二）工资性收入增收乏力

工资性收入对城镇居民可支配收入增长贡献最大，其增速直接影响可支配收入的增长。从工资性收入来源看，目前，城镇居民工资性收入增长主要原因是补发工资，提高行政事业单位工资标准、津补贴和兑现年度综合奖，因此，政策的持续性和增资力度将对城镇居民工资性收入产生较大影响。从近年数据看，工资性收入虽然一直是安徽城镇居民收入的主体，但其主体地位在逐渐下降，与 2015 年相比，安徽城镇居民工资性收入占可支配收入的比重由 62.8%下降到 60.1%，累计下降 2.7 个百分点。从和全国差距看，工资性收入 22548 元，比全国低 3017 元，是安徽城镇可支配收入低于全国的主要原因，占到和全国差距的 62.6%。

（三）调查失业率略有上涨

从城镇调查失业率看，受毕业季影响，安徽省城镇调查失业率增幅较大。第三季度安徽城镇调查失业率为 5.6%，较今年第二季度 5.2%上升 0.4 个百分点，较上年同期上升 0.4 个百分点。其中，16～29 岁青年失业人口占比最高达 35%，其次为 45～59 周岁和 30～44 周岁，分别为 29.9%和 28.9%。

（四）财产收入来源单一

财产收入一直是城镇居民收入的短板。2019 年，安徽城镇居民财产净收入比全国城镇居民平均水平低 3192 元，相当于全国平均水平 72.7%。主要原因：一是基数低，虽然增速快于全国平均水平，但增量低于平均水平。目前城镇居民拥有的有形资产、金融资产还较少。二是增收途径窄。城镇居民财产性收入主要来源是房产，来自房产的收入占财产性收入九成以上，利息、红利、保险收入微乎其微。三是房贷支出增加拉低了利息净收入。

四、城镇居民增收对策及建议

(一)稳定居民就业,健全工资增长机制

一是稳定就业,坚持就业优先战略和积极就业政策,打造多层次就业梯队,注重解决结构性就业矛盾,拓展就业途径、提供就业平台、开展技能培训、提升就业意愿、完善就业保障,为新毕业大中专学生、城镇低收入群体等提供一些适合的就业岗位,提高城镇居民就业比例。二是提高工资水平,健全普通从业人员工资增长机制,尤其是适当增加低收入人群、知识分子、工薪阶层等重点群体从业人员收入,建立起工资性收入与居民收入协调发展、工资性收入与经济发展协同发展的经济机制,实现提高劳动生产率的同时,劳动报酬同步提高,增加居民工资性收入。

(二)优化经营环境,提高经营净收入

从收入来源看,经营净收入快速增长,对可支配收入增长的拉动效果明显,其中第三产业是经营性收入的主要动力。大力扶持二、三产业发展,扎实做好强实体稳增长工作,推动制造业高质量发展,优化营商环境,强化服务理念,建设新型政务平台,提供“随时办”服务。继续推进大众创业、万众创新,落实减税降费政策措施,落实优惠政策,加大金融支持力度,搭建创业平台等,促进高层次人才、高校毕业生等青年群体、农民工多渠道就业创业,从而形成全社会自主创业的浓厚氛围,最终实现创业带动就业,稳步提高居民经营性收入。

(三)拓宽理财渠道,提高财产收入

财产性收入是衡量国民富裕程度的重要指标,十九大报告明确提出了拓宽居民财产性收入的渠道,具体包括:提高居民收入,扩大财产性收入的基础,履行好政府再分配调节职能,调整政府、企业和居民在国民收入中的分配关系,提高居民收入在国民收入分配中的比重;调整资本和劳动在初次分配中的关系,提高劳动报酬在初次分配中的比重;调整不同居民群体之间收入分配关系,提高低收入者收入,缩小收入分配差距。

(四)提高社保标准,完善社保体系建设

建立全国统一的社会保险公共服务平台,完善覆盖全民、城乡统筹、权责清晰、保障适度、可持续的多层次社会保障体系,全面实施全民参保计划,尽快实现养老保险全国统筹,完善城镇职工基本养老保险和城乡居民基本养老保险制度,失业、工伤保险制度,统一城乡居民基本医疗保险制度和大病保险制度,统筹城乡社会救助体系,提高最低生活保障水平。

撰稿:冉　地

2019年安徽农村居民收入状况分析

Analysis on the Income of Rural Residents of Anhui in 2019

根据全省居民收支调查，经国家统计局审核，2019年，我省农村常住居民人均可支配收入15416元，比上年增加1420元，增长10.1%。四大类收入全面增长，其中工资性收入5462元，同比增长8.0%，经营性净收入5953元，增长10.0%；财产性净收入283元，增长10.5%；转移性净收入3718元，增长13.7%。调查显示，我省农村居民可支配收入变化呈以下特点。

一、农村居民收入特点

总体来看，2019年安徽农村常住居民人均可支配收入呈以下特点。

（一）增收步伐加快，增速持续平稳

2019年，全省农村居民人均可支配收入增长10.1%，比全国快0.5个百分点，较上年加快0.4个百分点。近五年来，安徽农村居民可支配收入分别增长9.1%、8.3%、8.9%、9.7%和10.1%，均领先全国。（详见表1）

表1　近五年安徽与全国农村居民收入增速对比

时 间	安徽增速(%)	全国增速(%)
2015年	9.1	8.9
2016年	8.3	8.2
2017年	8.9	8.6
2018年	9.7	8.8
2019年	10.1	9.6

（二）继续领先中部，位次再度前移

2019年，我省农村常住居民人均可支配收入增速居全国第6位，中部第1位。更为可喜的是，我省农村居民人均可支配收入总量已居全国第12位，较上年再进一位，超过湖南省，这是我省农村居民可支配收入连续4年进位，即从2015年的全国第18位已跃进到目前的第12位。（详见表2、表3）

表 2　近五年安徽农村居民收入与增速在全国位次

时　间	收入位次	增速位次
2015 年	18	13
2016 年	17	16
2017 年	16	13
2018 年	13	4
2019 年	12	6

表 3　2019 年中部六省农民收入与增速一览表

地　区	收　入(元)	排　位	增　速(%)	排　位
安　徽	15416	3	10.1	1
山　西	12902	6	9.8	2
江　西	15796	2	9.2	5
河　南	15164	5	9.6	3
湖　北	16391	1	9.4	4
湖　南	15395	4	9.2	5

(三)差距持续缩小,工资仍是短板

近年我省农民收入与全国绝对差和相对差持续缩小。2019 年安徽农村居民可支配收入虽仍比全国水平低 605 元,但与上年差距比缩小了 16 元。从相对差看,目前我省农村居民可支配收入相当于全国平均水平的 96.2%,也比上年提高 0.4 个百分点。从各项收入对比来看,安徽转移性收入比全国高 420 元,经营性收入比全国高 191 元,但工资性收入比全国低 1122 元,是我省短板。(详见表 4、表 5)

表 4　近年安徽与全国农村居民收入差距对比

时　间	安徽(元)	全国(元)	绝对差(元)	相对差(%)
2015 年	10821	11422	601	94.7
2016 年	11720	12363	643	94.8
2017 年	12758	13432	674	95.0
2018 年	13996	14617	621	95.8
2019 年	15416	16021	605	96.2

表 5 2019 年安徽与全国农村居民收入分项收入对比表

指 标	安徽			全国			差距
	收入(元)	构成(%)	增速(%)	收入(元)	构成(%)	增速(%)	
可支配收入	15416	100.0	10.1	16021	100.0	9.6	-605
工资性收入	5462	35.5	8.0	6584	41.1	9.8	-1122
经营净收入	5953	38.6	10.0	5762	36.0	7.5	191
财产净收入	283	1.8	10.5	377	2.4	10.3	-94
转移净收入	3718	24.1	13.7	3298	20.6	12.9	420

(四)城乡趋向平衡,分配更为公平

近年来,我省农村居民可支配收入增长持续快于城镇居民,收入分配更趋公平。2019 年我省农村居民收入增速高于城镇 1 个百分点,安徽城乡居民人均可支配收入倍差 2.44,比上年缩小 0.02,低于全国城乡居民收入倍差 2.64,我省城乡收入结构性更优。(详见表 6)

表 6 近五年安徽城乡居民收入倍差与全国对比

时间	安徽	全国
2015 年	2.49	2.73
2016 年	2.49	2.72
2017 年	2.48	2.71
2018 年	2.46	2.69
2019 年	2.44	2.64

二、安徽及全国农村居民可支配收入走势影响因素简析

2019 年,安徽农村居民可支配收入与全国绝对差缩小的数量虽不及上年,但极为不易。除港澳台外,在统计的全国 31 个省市区中,有 21 个省的收入低于全国平均水平,其中 18 个省与全国差距仍在扩大,只有西藏、内蒙古和安徽三省缩小了与全国的差距。安徽今年差距缩小幅度小于上年,原因是全国农民可支配收入增幅提升比安徽快。安徽农村居民可支配收入增速由 2018 年的 9.7%增加到今年的 10.1%,增加 0.4 个百分点,但全国增速由 8.8%增加到 9.6%,增加了 0.8 个百分点。2019 年前三季度及全年度,安徽农村居民可支配收入增速都保持 10.1%的水平,但同期全国农村居民可支配收入增速却从 9.2%加速到 9.6%。两者之差从 0.9 个百分点下降到 0.5 个百分点。从第四季度收入总量看,安徽 3691 元,全国 4399 元,比安徽高出 708 元。(详见表 7)

2019 年,全国只有西藏(13.1%)、贵州(10.7%)、内蒙古(10.7%)、青海(10.6%)和

云南(10.5%)等五省区农村居民可支配收入增速超过我省。也就是说,从全国范围看,除边疆民族地区外,在整个中东部地区,安徽的农村居民可支配收入增速仍是第一,安徽与全国变化差异有以下原因。

表7　安徽与全国季度间农民分项收入与增幅差异对比表

指标	安徽				全国			
	前三季度		全年		前三季度		全年	
	收入(元)	增速(%)	收入(元)	增速(%)	收入(元)	增速(%)	收入(元)	增速(%)
可支配收入	11725	10.1	15416	10.1	11622	9.2	16021	9.6
工资性收入	4410	7.8	5462	8.0	5240	9.4	6584	9.8
经营净收入	4072	10.8	5953	10.0	3626	7.2	5762	7.5
财产净收入	246	14.0	283	10.5	293	9.7	377	10.3
转移净收入	2997	12.6	3718	13.7	2463	11.8	3298	12.9

(一)边疆民族地区发展相对滞后,扶贫转移支付力度大

从全国范围看,尽管我省农村居民可支配收入第四季度依旧保持10.1%的较快水平,但第四季度西南片区和"三区三州"所在的深度贫困省区增速在加快,安徽贫困发生率与之比相对较低,这些省区在国家扶贫政策大力支持下,农村居民可支配收入在加速增长。

(二)2019年持续干旱对我省农业影响高于多数省区

2019年安徽平均年降水量944毫米,较常年偏少2成,为2001年以来最少。平均无降水日数为88天,偏多15天,为1961年以来同期最多。遭遇近40年最严重的伏秋连旱,沿江至江南北部等农业主产区普遍大旱,造成各地农田失墒。旱灾对我省农村居民可支配收入影响高于全国多数省区。

(三)非洲猪瘟利好牛羊肉主产区省区

安徽的传统牧业,以生猪为主,牛、羊为辅。今年非洲猪瘟对我省生猪生产影响较大,尽管猪肉价格大涨,但生猪出栏量大幅下降,对安徽农民牧业影响整体较为负面。在猪肉价格猛涨的同时,牛羊肉价格也随之高攀,利好西部和北部牛羊肉主产区省区,使青海、内蒙古等省区的农牧民收入增长较快。

三、2020年安徽农民增收形势展望和建议

安徽农村居民可支配收入多年运行在快车道上,2020年农民增收环境更加复杂,增收难度将加大,促进增收需提前谋划,多措并举,扎实工作,埋头苦干。综合分析,保持安徽农民收入增速快于全国0.5个百分点,有压力但更要有信心。

(一)保持经济平稳较快发展

经济增长是居民收入增长的基础和前提,只有保持一定经济增长,提高经济增长质量和效益,农村居民可支配收入才有"水之源、木之根"。

(二)加速推进农业产业化

发展农业产业化经营,有利于推进农业供给侧结构性改革,延伸产业链,增加农村居民可支配收入。当前安徽必须大力推进农业产业化,拓展农业发展广度和深度,把农业打造成全产业链的“第六产业”。

(三)关注低收入群体,狠抓扶贫不放松

继续保持扶贫力度不减、政策扶持不变、资金投入加大,让贫困户得到更多的实惠,低收入群体收入有保障,脱贫攻坚取得更大成效。继续提高农民的最低生活保障水平,提高农村养老保险标准。

(四)立足乡村振兴,创新增收引擎补“短板”

要坚持实施乡村振兴战略,优先发展现代农业、休闲农业、生态农业和乡村旅游。安徽农村居民可支配收入的“短板”是工资性收入和财产性收入水平低。补“短板”需要新思路,引导全员参与创新创业,优化环境引凤还巢,拓宽农民就业渠道,提高工资性收入水平。

(五)让农民获得多元化的财产收入

深入推进“三变”改革。推动农民宅基地和房屋产权制度改革,盘活农村资产。搭建农村土地流转官方平台,加快土地流转。发展农业保险,降低农业风险。

撰稿:汪　汛

2019年安徽农民工监测调查报告

Survey and Monitoring Report of Migrant Workers of Anhui in 2019

2019年，安徽农民工就业状况良好，就业规模和务工收入平稳增长，省内就业人数上升，从事三产农民工比例增加，就业结构优化，农民工子女受教育情况良好。

一、农民工总量平稳增长

2019年末，安徽农民工1977.4万人，同比增加25万人，增幅1.3%。其中，外出农民工1399.2万人，同比减少29.9万人，下降2.1%；本地农民工578.3万人，同比增加54.9万人，增长10.5%。按性别分，男性占65.7%，女性占34.3%。从年龄结构看，19岁及以下占0.7%，20—29岁占21.3%，30—40岁占27.6%，41—50岁占24.6%，51—60岁占19.3%，60岁及以上占6.5%。从受教育程度看，未上过学及小学文化程度农民工占17.5%，初中文化程度占61.5%，高中文化程度占12%，大学专科及以上文化程度占9%。（表1）

表1　近三年安徽农民工人数　　单位：万人

指　标	2017年	2018年	2019年
农民工总人数	1918.1	1952.4	1977.4
1.外出农民工	1415.4	1429.1	1399.2
其中：省内	422.9	457.3	478.6
省外	992.5	971.8	920.6
2.本地农民工	502.7	523.3	578.2

二、外出农民工回流省内增加

2019年末，在安徽外出农民工（离开本人户籍所在的乡、镇、街道就业6个月以上）中，省内就业478.6万人，同比增加21.3万人；省外就业920.6万人，同比减少51.2万人。延续近年来外出农民工返回省内就业趋势，省外尤其是江浙沪地区的就业人数和比重逐年下降。

三、三产的比例增加

相对其他行业，安徽农民工从事制造业人数最多，占全部农民工 24.6%；其次是建筑业，占 22.3%。第三产业中，从事批发和零售业，交通运输、仓储和邮政业，住宿和餐饮业，居民服务、修理和其他服务业的农民工人数较多，分别占 12.3%、6.9%、7.6% 和 12.4%。近年来，安徽农民工从事采矿业和制造业比例逐年下降，从事建筑业和电力、热力、燃气及水的生产和供应业比例较稳定，从事住宿和餐饮业，居民服务、修理和其他服务业比例呈上升趋势，从事金融业、房地产业和信息传输、软件和信息技术服务业比例逐年提高。

四、务工收入平稳增长

2019 年，安徽农民工外出务工月均收入 5230.8 元，同比增加 451.1 元，增长 9.4%。本地务工月均收入 3437.7 元，同比增加 203.2 元，增长 6.3%。农民工外出自营月均收入 7730.5 元，本地非农自营月均收入 5141.2 元，本地农业务工月均收入 4574.4 元。

五、农民工参加技能培训和养老保险情况

参与调查的农民工中，接受过农业技能培训的占 5.2%，接受过非农职业技能培训的占 12.5%。每次培训时间平均约 6 天。培训费用由企业承担的占 40.2%，个人负担的占 26.8%，企业、政府、个人共同承担的占 6%，培训费用中由政府补贴的占 18%。93.9%接受过技能培训的农民工反映，培训对自己工作有帮助。25.2%农民工参加了城镇职工基本养老保险，68.6%农民工参加了城乡居民基本养老保险，0.8% 农民工参加了商业保险，0.3%农民工拥有企业年金，5.5%没有参加任何养老保险。

六、外出农民工缴纳五险一金和劳动合同签订情况

外出农民工中，用人单位为其缴纳养老保险的占 15.1%，缴纳工伤保险的占 25.3%，缴纳医疗保险的占 15.8%，缴纳失业保险的占 12.9%，缴纳生育保险的占 11.6%，缴纳住房公积金的占 8.2%。与用人单位签订无固定期限劳动合同的占 12.6%，签订一年及以上劳动合同的占21.9%，签订一年以下劳动合同的占 2.2%，没有签订劳动合同的占 63.3%。

七、农民工子女受教育情况良好

接受调查的 2567 名 17 周岁及以下农民工子女中，幼儿园就读 385 人，小学就读 1086 人，初中就读 447 人，高中就读 191 人，中等职业学校就读 56 人，学龄前儿童 402 人。公办学校就学占 77.6%，民办学校就学占 21.9%，其他学校占 0.5%。从上学最常用交通方式花费时间看，15 分钟之内占70.8%，15～29分钟占 23.7%，30～59 分钟占4.1%，1 小时及以上占 1.4%。到上幼儿园年龄但未入园的有 11 名儿童。其中，2 名儿童因生病或残疾等，8 名儿童因家中有人照顾，1 名儿童因其他原因。义务教育阶段和高中阶段辍学的有 7 人。其中，1 人因健康原因辍学，5 人因不愿上学辍学，1 人因其他原因辍学。5 名不愿上学的农民工子女辍学前所在年级分别是初二 1 人、初三 1 人、高一 2 人、高二 1 人。

撰稿：王　方

2019年安徽居民消费价格涨幅创八年新高

The Increase in the Consumer Price Indices of Anhui in 2019 Hits a Eight-year High

2019年安徽居民消费价格指数(CPI)上涨2.7%,比上年涨幅高0.7个百分点,涨幅创八年来新高。其中,食品烟酒价格上涨7.1%,非食品烟酒价格上涨0.9%;消费品价格上涨3.5%,服务价格上涨1.5%。扣除食品和能源价格的核心CPI上涨1.3%,涨幅比上年同期回落0.3个百分点。

一、安徽CPI运行主要情况

(一)食品烟酒类价格持续高位运行,涨幅及影响力不断扩大

2019年因猪肉、畜肉副产品和鲜果价格大幅上涨,食品烟酒价格一到四季度同比分别上涨2.1%、6.4%、7.0%和12.8%,涨幅和对CPI的影响不断扩大,全年累计上涨7.1%,高于上年同期5.0个百分点,影响CPI上涨近2.14个百分点。

(二)非食品烟酒价格涨幅较上年缩小,工业品价格涨幅创3年来新低

安徽非食品烟酒价格上涨0.9%,较上年同期回落1.0个百分点,仅影响总指数上涨0.6个百分点。其中,服务项目价格上涨1.5%,低于去年同期0.3个百分点。工业品价格上涨乏力,同比创三年来最低,全年上涨0.2%,低于去年同期1.9个百分点,仅拉动总指数上涨0.06个百分点,对总指数影响较小。

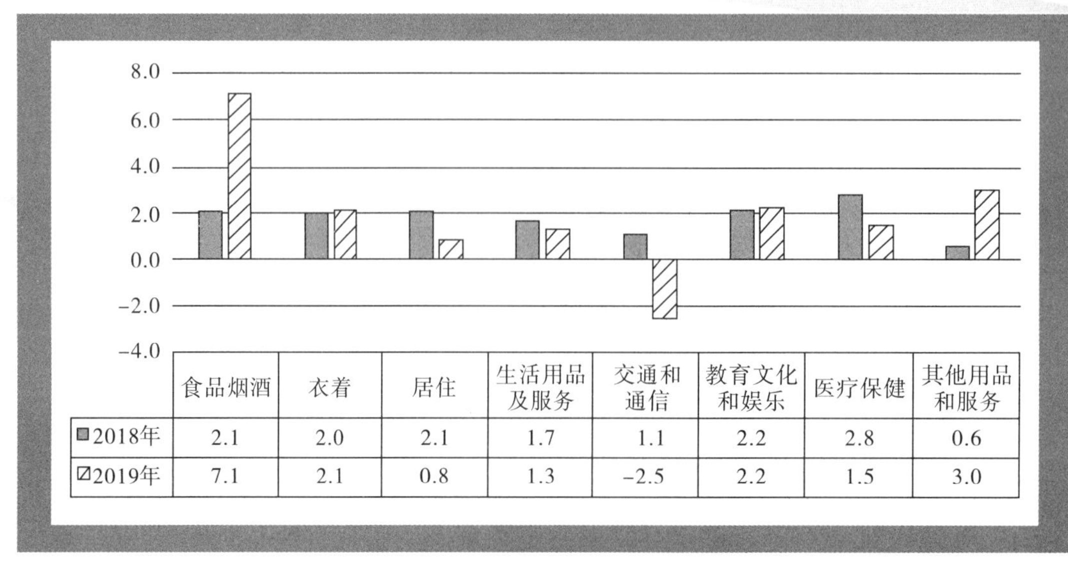

	食品烟酒	衣着	居住	生活用品及服务	交通和通信	教育文化和娱乐	医疗保健	其他用品和服务
■2018年	2.1	2.0	2.1	1.7	1.1	2.2	2.8	0.6
▨2019年	7.1	2.1	0.8	1.3	-2.5	2.2	1.5	3.0

图1 2019年与2018年安徽CPI八大类涨跌幅对比(%)

（三）八大类价格由全面上涨转变为“七涨一跌”

构成安徽 CPI 的八大类价格由 2018 年的全面上涨，转为 2019 年的“七涨一跌”，其中食品烟酒类受猪肉及其替代品价格上涨影响，上涨 7.1%；居住类涨幅最小，上涨 0.8%；交通和通信类受油价下调和安徽地区活动影响，涨幅由正转负，下跌 2.5%。（图 1）

（四）涨幅在全国位列中游

2019 年安徽 CPI 涨幅较全国平均水平低 0.2 个百分点，在全国居中游位次；按涨幅由高到低排序，与山西、重庆、天津并列全国第 16 位，居中部地区第 5 位，低于湖北 0.4 个百分点，低于河南 0.3 个百分点，低于湖南、江西 0.2 个百分点，与山西持平。分类别看，安徽食品烟酒、衣着、生活用品及服务价格指数分别高于全国 0.1、0.5、0.4 个百分点，居住、交通和通信、医疗保健、其他用品和服务价格指数低于全国 0.6、0.8、0.9、0.4 个百分点，教育文化和娱乐与全国平均水平持平。（图 2）

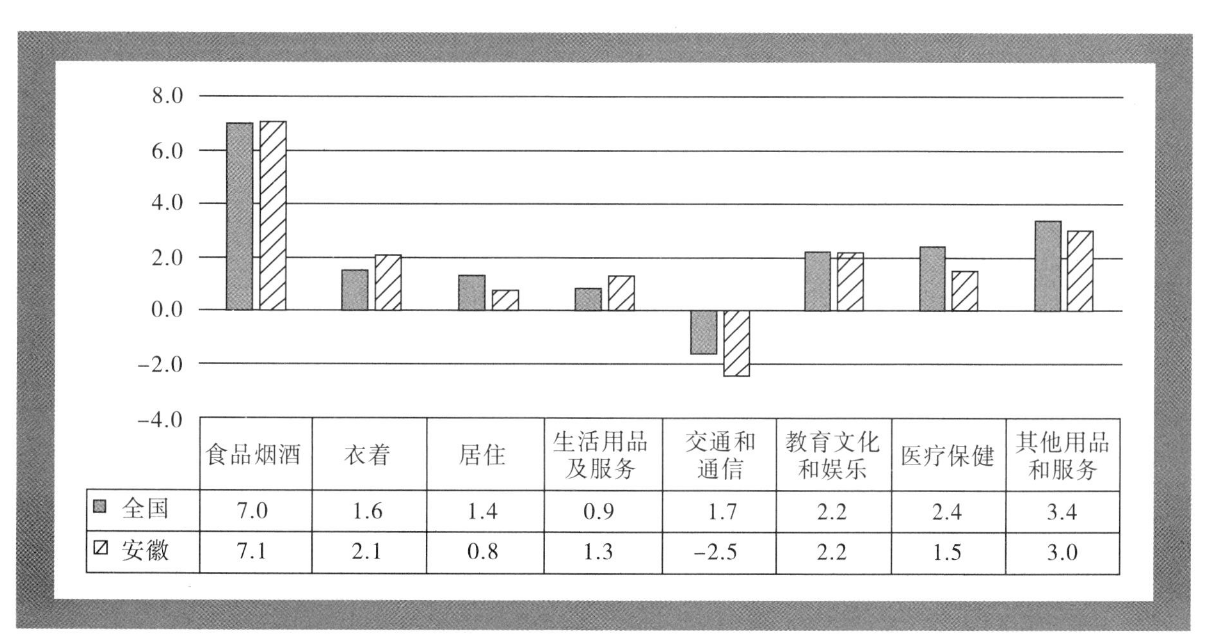

	食品烟酒	衣着	居住	生活用品及服务	交通和通信	教育文化和娱乐	医疗保健	其他用品和服务
■ 全国	7.0	1.6	1.4	0.9	1.7	2.2	2.4	3.4
▨ 安徽	7.1	2.1	0.8	1.3	−2.5	2.2	1.5	3.0

图 2　2019 年全国与安徽 CPI 八大类涨跌幅对比（%）

（五）新涨价因素是 CPI 上涨主因，2019 年农村涨幅高于城市

CPI 涨幅中，2018 年翘尾因素约 0.45 个百分点，新涨价因素约 2.25 个百分点，新涨价因素影响占八成多。其中，食品烟酒价格涨幅中新涨价因素占 93%，服务项目价格涨幅中新涨价因素占 68%。2019 年全省城市 CPI 同比上涨 2.7%，农村上涨 2.8%，差距为 0.1 个百分点。从结构上看，农村食品烟酒价格指数高于城市 0.5 个百分点，是总指数高于城市的主要原因。

二、影响 CPI 变动原因分析

（一）猪肉鲜果价格涨幅较大，食品价格涨幅持续高位运行

受“猪周期”和非洲猪瘟等因素影响，2019 年猪肉及其副产品价格大幅上涨，对总指数影响明显，同时猪肉涨价对其他食品类价格影响显著，其消费替代品价格跟风上涨，牛羊肉、禽类价格涨幅均超过 10.0%。自第二季度开始，食品类价格不断攀升，同比涨幅

连续9个月超过6.0%,全年累计上涨9.6%。其中猪肉价格上涨44.9%,涨幅创12年来新高,影响CPI上涨1.07个百分点,是2019年CPI涨幅高于2018年的主要原因;鲜瓜果价格上涨14.2%,影响CPI上涨0.24个百分点;畜肉副产品价格上涨26.6%,影响CPI上涨0.15个百分点;牛肉、羊肉和禽类价格分别上涨14.8%、10.3%和10.4%,3项合计影响CPI上涨0.23个百分点。

(二)汽、柴油等能源价格下调,工业品价格上涨乏力

2019年工业品价格上涨0.2%,低于去年同期1.9个百分点,仅拉动总指数上涨0.06个百分点。因原油价格回落,2019年国内汽、柴油价格多次下调,安徽汽、柴油长期降价促销,其价格由前两年的上涨转为下降,价格同比分别下降8.9%、6.6%,影响CPI下降0.18个百分点;液化石油气价格与上年持平,涨幅比上年回落12.9个百分点;中药、西药、住房装潢材料价格分别上涨3.4%、3.2%、0.7%,比上年同期回落3.4、3.5、3.2个百分点。

(三)教育医疗价格稳步提高,服务项目价格涨势趋缓

随着居民消费结构变化、需求增加,教育、医疗、养老、旅游、家政等服务价格稳步提高。2019年安徽服务项目价格上涨1.5%,涨势趋缓,创2013年来新低。在调查的65种服务基本分类中,价格上涨的服务项目有47种,涨价面高达72%。其中教育服务价格累计上涨2.7%,学前教育、小学初中教育和课外教育分别上涨4.0%、4.7%、5.1%。受医疗价格改革持续影响,医疗服务价格上涨0.8%,其中护理、中医治疗价格分别上涨19.5%和5.3%。

三、2020年安徽CPI走势预测

从当前情况来看,我国经济增长总体放缓,内部和外部需求对价格的拉动力仍然较弱;供给方面,原材料供给平稳,国内工业品产能充足,上游工业品价格上涨和输入性通胀对CPI上涨的推动作用较弱。但生猪产能恢复的时间和程度均存在不确定性,国际环境不稳定不确定因素增加,2020年物价走势的变数主要集中在猪肉价格和原材料价格(原油)的变化。

据测算,2020年安徽CPI的翘尾因素影响约为2.04个百分点,比2019年高1.59个百分点,将推高CPI涨幅。预计2020年安徽CPI同比涨幅高点在1月份,大概率突破5.0%,上半年CPI涨幅将在4.0%左右,全年呈“前高后低”的趋势,涨幅将高于上年。

撰稿:姚　闯

2019 年安徽 PPI 涨幅回落　预计 2020 年低位回升

The Increase of Producer Price Indices of Anhui Came Down in 2019 and Is Expected to Go up Again in 2020

2019 年，国际环境不稳定不确定因素多发，世界经济增长持续放缓；国内经济结构性矛盾比较突出，“三期叠加”影响持续深化，经济下行压力加大。安徽工业生产者出厂价格涨幅由 2018 年 3.0%回落至 0.3%。

一、2019 年 PPI 运行总体情况

(一)月度环比窄幅波动，同比起伏变化

2019 年安徽工业生产者出厂价格指数(PPI)月度环比波动幅度较窄，在 -0.3% ~ 0.4%间变动，分月呈“六涨三平三跌”态势。从各月同比看，1—2 月 PPI 同比均为下降，降幅分别为 0.1%和 0.2%，3—8 月持续上涨，涨幅在 1.0%以内，9 月转为持平，10—11 月再次转降，降幅都为 0.2%，12 月由于低基期效应，上涨 0.7%。

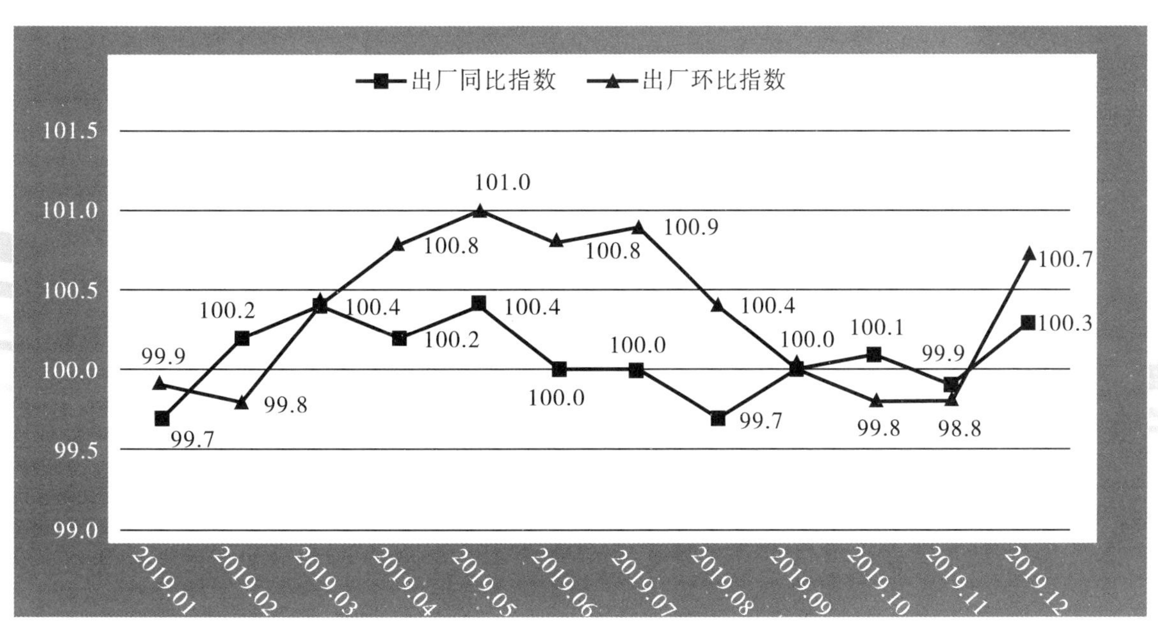

图 1　2019 年安徽工业生产者出厂价格同比与环比指数

（二）行业下跌面扩大，四行业回落明显

调查的37个行业中有15个价格同比下跌，22个上涨，下跌面四成，下跌行业比2018年增加10个。与2018年涨幅相比，非金属矿物制品业、有色金属冶炼和压延加工业、黑色金属冶炼和压延加工业、电气机械和器材制造业分别回落11.0、8.9、7.5、2.9个百分点，合计影响PPI回落2.1个百分点。

（三）新涨价因素决定PPI走势

2019年安徽PPI同比受新涨价因素影响约为0.4个百分点，上年价格变动翘尾因素影响约为-0.1个百分点。其中在生产资料0.1%涨幅中，受新涨价因素影响约为0.2个百分点；在生活资料0.9%的涨幅中，受新涨价因素影响约为0.8个百分点。

（四）涨幅居于全国靠前位次

2019年安徽PPI累计上涨0.3%，全国累计下跌0.3%，按涨幅由高到低排序，安徽位列全国第6位，在中部六省和长三角三省一市中均居第1位。与全国相比，安徽37个行业中有22个行业价格涨幅高于全国或跌幅小于全国。

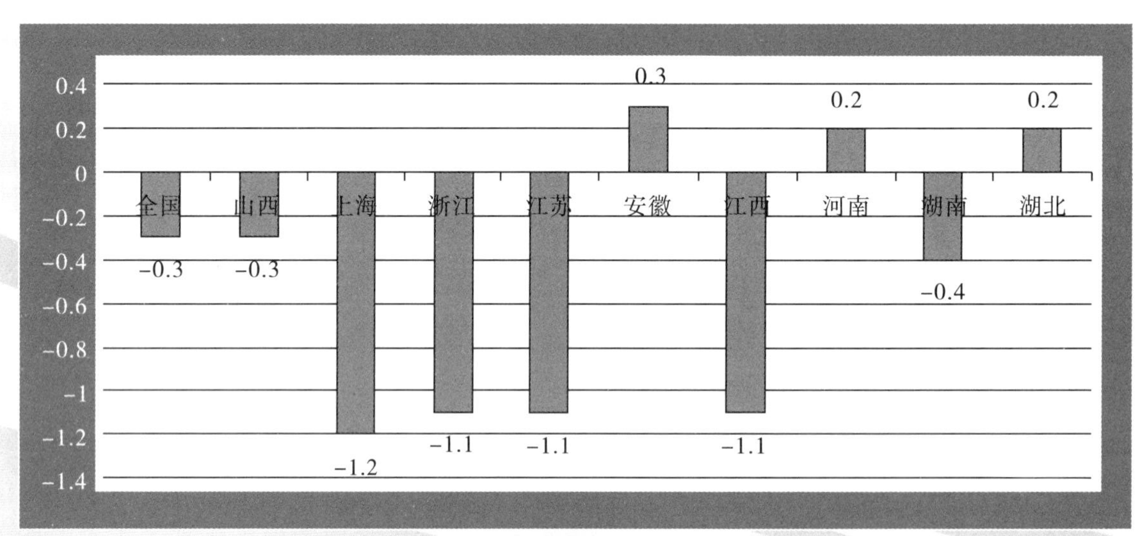

图2 2019安徽PPI涨幅与全国、中部六省和长三角三省一市对比

二、工业生产者出厂价格主要分组特征

（一）轻、重工业价格一平一涨，涨幅均回落

轻工业出厂价格持平，重工业出厂价格上涨0.5%，分别比2018年回落0.9和3.4个百分点。

（二）生产资料涨幅明显回落，生活资料涨幅扩大

2019年生产资料出厂价格上涨0.1%，涨幅比2018年回落3.8个百分点；由于猪肉价格明显上涨导致食品价格由跌转涨，生活资料出厂价格上涨0.9%，涨幅比2018年扩大0.2个百分点。

（三）三大工业门类“一涨一跌一平”，采矿业、制造业较上年同期涨跌幅度变化大

2019年采矿业上涨8.6%，较2018年扩大6.9个百分点；制造业下跌0.2%，较2018年缩小3.6个百分点；电力、热力、燃气及水生产和供应业持平，去年同期下跌0.3%。

三、对安徽PPI影响大的重点行业价格运行分析

（一）受需求增加及停限产影响水泥价格持续上涨

受环保错峰生产影响，叠加下半年基建投资加速，水泥价格向情持续向好。受水泥价格上涨影响，非金属矿物制品业全年累计上涨5.8%。影响PPI上涨约0.3个百分点。

（二）受国际市场价格及需求下降影响，黑色金属冶炼压延加工业与有色金属冶炼压延加工业价格持续回落

2019年以来钢材市场一直呈现供强需弱的格局。1—12月全国钢材产量同比增长11.3%，受房地产强监管、汽车消费疲软等内需减弱影响，钢铁整体需求进一步减弱，价格下跌。黑色金属冶炼和压延加工业同比下跌3%，比2018年回落7.5个百分点。因中美经贸摩擦等因素影响，铜、铝等基本金属2019年总体呈下行态势。有色金属冶炼和压延加工业同比下跌4.5%，比2018年回落8.9个百分点。两大类合计影响PPI下降约0.5个百分点。

（三）三大制造业受消费及贸易摩擦影响价格回落

因内需不足以及中美贸易摩擦影响，计算机通信和其他电子设备制造业、电气机械和器材制造业同比持续下跌，全年分别下跌4.9%和1.4%。2019年，汽车消费延续疲软态势，导致汽车整车及零配件生产等相关行业走弱，汽车制造业全年下跌0.5%。三大制造业合计影响PPI下降约0.4个百分点。

四、2020年安徽PPI走势预测

2020年，中国经济下行压力加大，全球动荡源和风险点显著增多，世界经济增长的不确定性增加。但中国经济稳中向好、长期向好的基本趋势没有改变。中央经济工作会议指出要在深化供给侧结构性改革上持续用力，确保经济增量提质，安徽PPI具备低位回升的基础。

（一）经济工作以稳增长为重要目标，PPI具备小幅上涨基础

2020年中央经济工作会议把稳增长放在更突出的位置，具有乘数效应的先进制造、民生建设、基础设施将成为财政发力重点。2020年初国务院常务会议确定促进制造业稳增长的措施及央行降准等，将对投资和消费形成有力支撑，提升相关工业品需求，带动工业品价格企稳回升。

从未来预期看，全国制造业PMI在2019年11、12月份连续两个月处于扩张区间，安徽PMI连续多月处于扩张区间，表明市场信心增强，带动相关中下游行业和产品需求，进而拉动PPI上涨。

从行业看，2020年地方专项债发行提速加量，基建投资增速有望加快，钢铁、水泥等商品价格存在上涨动力。

从翘尾影响看，2020年受上年价格变动的翘尾影响约为0.3个百分点，比2019年的翘尾影响高出0.4个百分点，对PPI小幅回升形成支撑。

（二）市场整体需求难以迅速走强，PPI反弹幅度有限

2019年，全国规模以上工业增加值、社会消费品零售总额同比增速均呈回落态势，工业企业利润增速持续负增长，制造业投资创有数据记录以来的新低。同时，2019年8月

起安徽工业生产者购进价格同比涨幅由正转负,实质上反映的是内需尤其是工业投资需求的不足。同时,房地产投资受融资收紧影响处在下行通道,汽车消费回暖存在压力,居民部门高杠杆率制约消费,中美贸易摩擦后期仍有反复可能,外需企稳具体不确定性。总之,市场对未来经济增长预期的不确定性或使得整体需求难以迅速走强,工业生产者价格大幅上涨动能不足。

(三)国际大宗商品价格或将继续承压,PPI 有下行压力

2020 年 1 月 9 日世界银行将 2020 年全球经济增长预期由 2.7%下调至 2.5%。原油需求受经济增长动能趋弱拖累,未来国际油价或继续承压。同样,铜、铝等有色金属需求依然疲软,铁矿石和煤炭价格也受供需基本面的制约,或将继续走弱。大宗商品弱势运行对工业生产者价格带来下行压力。

总之,在国内外经济形势、调控政策不发生较大变化的情况下,预计 2020 年 PPI 将呈低位回升走势。

撰稿:高亚奇

2019年安徽固定资产投资价格涨幅创三年新低

The Increase of the Price Indices of Investment in Fixed Assets of Anhui in 2019 Hits a Three year Low

自2017—2018年连续大幅上涨后，2019年安徽固定资产投资价格总水平明显回落，全年上涨2.3%，同比回落3.5个百分点，创3年来新低。

一、安徽固定资产投资价格指数运行情况

（一）涨幅逐季回落，下半年降速加快

第一季度固定资产投资价格总水平上涨3.1%，第二季度上涨3.4%，第三季度上涨2.0%，受基数抬高影响，第四季度仅上涨0.6%。

（二）建筑安装工程价格指数大幅回落，四季度涨幅趋“零”

2017年第四季度建筑安装工程价格指数达12.7%高点后逐步回落，2019年上涨2.7%，同比回落5.8个百分点，影响固定资产投资价格指数回落4.0个百分点。各季度涨幅分别为：第一季度上涨4.1%，第二季度上涨4.6%，第三季度上涨2.3%，第四季度仅上涨0.2%。

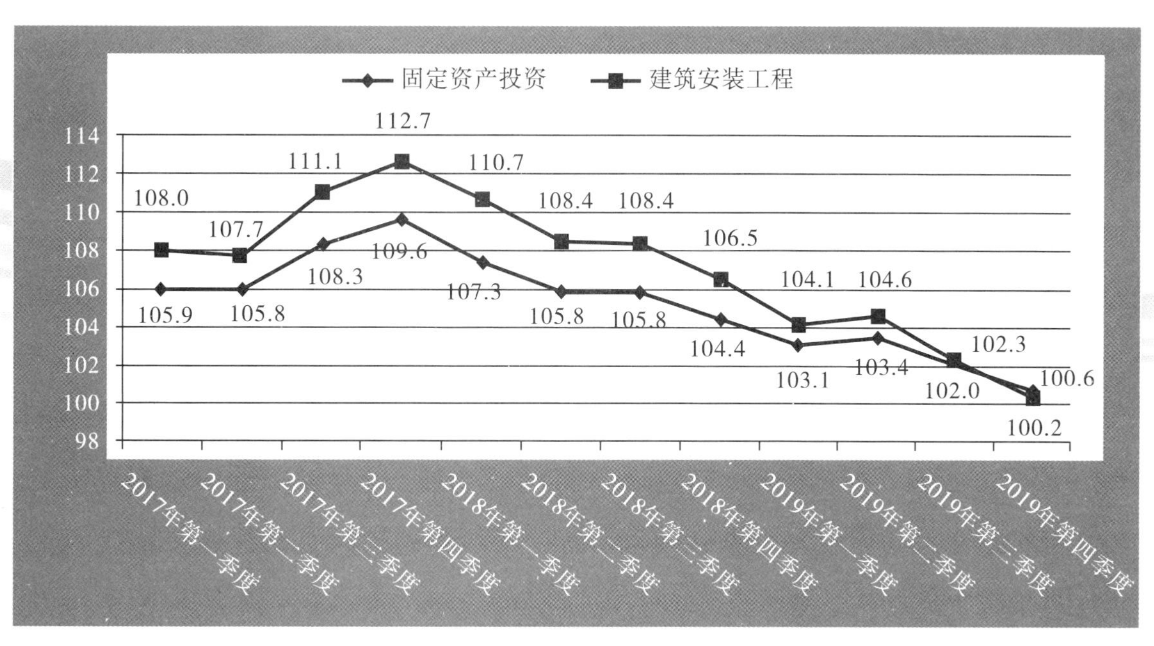

图1 2017—2019年安徽固定资产投资价格指数

1.钢材和化工产品价格同比双双由涨转跌。2019年,钢材产量同比增长6.3%,但房地产和汽车两大主流用钢行业需求不旺,钢材市场呈供强需弱的态势,钢材价格总体震荡下行。全年钢材价格指数下跌2.7%,同比回落12.3个百分点。世界经济增速下滑,原油需求疲软,国际油价持续承压,纽约西德克萨斯轻质原油价格相比2018全年均价下降约12%左右。受油价走低影响,下游塑料、合成橡胶等化工产品价格低迷,2019年化工材料价格由2018年上涨6.5%转为下降2.5%。钢材和化工产品两类合计影响建筑安装工程价格涨幅同比回落3.0个百分点,贡献率达51.7%。

2.人工费与机械费涨幅收窄。20世纪90年代以来,安徽建筑用工价格一直处于上涨态势。2017—2018年,因建筑企业招工难和生活成本增加,各季人工费涨幅基本保持在5%左右,目前,从业人员工资已达较高水平。2019年各季人工费涨幅收窄,全年上涨2.9%,同比回落2.0个百分点。分工种看,工程管理人员、工程技术人员、工人分别价格上涨3.6%、1.8%和3.0%。受人工成本、机械设备租赁费和设备使用成本上涨等因素影响,机械费价格上涨1.9%,同比回落0.5个百分点。人工费与机械费合计影响建筑安装工程价格指数回落0.6个百分点。

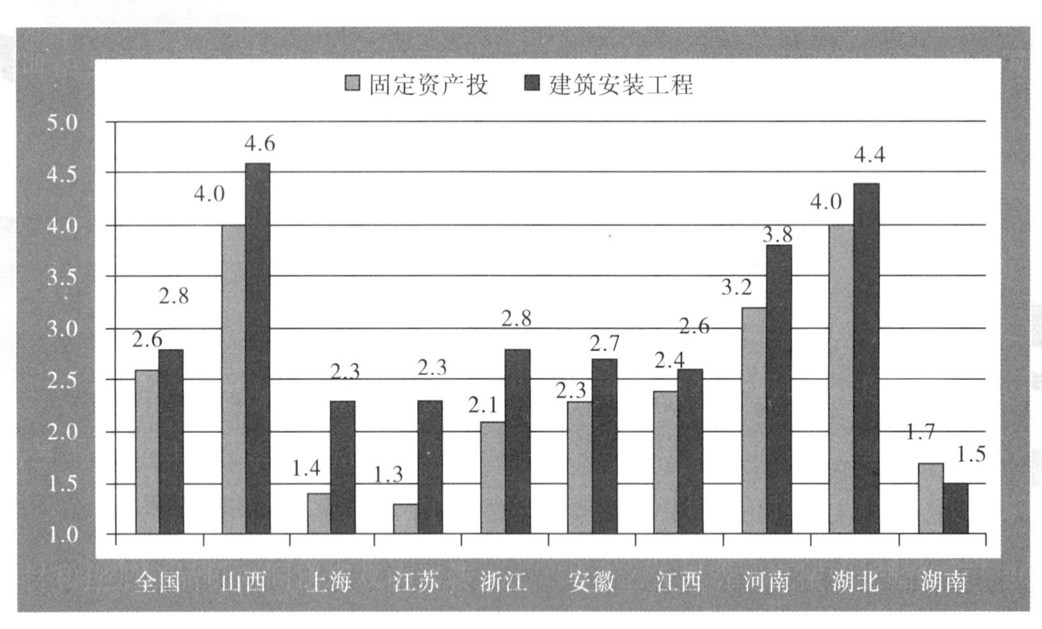

图2 2019年安徽固定资产投资、建筑安装工程价格指数涨幅与全国及相关省、市对比

3.水泥、混凝土、砂石较高涨幅是拉动建筑安装工程价格指数同比上涨的主导性因素。主要原因是天然砂石资源减少,砂石禁采、水泥环保限产,供给收缩,需求持续增长。2019年安徽基础设施投资增长13.1%,为两年来最高增速;房地产开发投资增长11.7%,比2018年增速提高5.3个百分点。需求增长和供给收缩使得供需矛盾越来越大,水泥、砂石等价格屡创新高,带动下游预拌混凝土和砂浆价格水涨船高。全年水泥价格上涨

5.9%，砖瓦沙石、预拌混凝土、预拌砂浆、道路沥青等价格分别上涨10.3%、10.6%、12.3%、5.9%，合计拉动总指数上涨1.5个百分点，拉动建筑安装工程价格上涨2.2个百分点，对建筑安装工程价格同比上涨的贡献率超过八成。

（三）设备、工器具购置价格微涨，其他费用温和上涨，合计影响总指数0.4个百分点

受上游原材料价格上升影响，设备、工器具价格同比上涨0.1%，比上年回落0.8个百分点。因利率和土地使用费用上涨，其他费用同比上涨2.3%，比上年高1.5个百分点。

二、涨幅低于全国平均水平

安徽固定资产投资价格指数和建筑安装工程价格指数涨幅分别比全国平均水平低0.3和0.1个百分点，按涨幅由高到低排序，固定资产投资价格指数涨幅居全国第17位，建筑安装工程价格指数涨幅居全国第14位。

三、2020年走势预测

2020年，地方政府专项债券发行提速加量，1月发行和使用1万亿元，全年地方专项债券规模有望扩大至3万亿元以上。在此背景下，2020年基建投资增速有望加快，对砂石、水泥等需求形成持续拉动，是砂石、水泥价格等建材价格稳定上涨的支撑力量。但对于价格已相对高位、连创新高的砂石、水泥来说，需求拉动力量有限。另外，安徽省委、省政府大力推动制造业高质量发展，推进战略性新兴产业集聚发展和传统产业改造升级，推进长三角一体化发展、推动中部地区崛起等国家战略实施，加速推进一批重点项目建设上马，将会对固定资产投资价格产生一定的支撑作用。最后，2019年上游黑色金属冶炼和压延加工业、有色金属冶炼和压延加工业价格已持续走弱，2020年与之相关的下游建筑品价格再度下跌空间缩小。但2020年世界经济增速预期下调，国际大宗商品需求疲软，价格走弱。受近期疫情影响，国内经济下行压力加大，将抑制安徽固定资产投资价格上涨。

综合以上因素，预计2020年安徽固定资产投资价格将小幅上涨。

撰稿：邓　泓

表格部分(Tables)

1-1 部分调查指标总量

指 标	Item	单 位	unit
主要农产品产量	**Output of Major Farm Products**	**(万吨)**	**(10000 tons)**
粮食	Grain		
棉花	Cotton		
油料	Oil-bearing Crop		
猪肉	Pork		
牛肉	Beef		
羊肉	Mutton		
禽肉	Poultry		
禽蛋	Poultry Egg		
城乡居民生活	**Family, People's Livelihood and Environment**		
家庭	Family		
城镇居民平均每户家庭人口	Average Household Size in Urban Areas	(人)	(person)
农村居民平均每户家庭人口	Average Household Size in Rural Areas	(人)	(person)
居住	Housing		
城镇常住居民人均住房建筑面积	Net Floor Space per Capita of Urban Residents	(平方米)	(sq.m)
农村常住居民人均住房建筑面积	Net Floor Space per Capita of Rural Residents	(平方米)	(sq.m)
生活	People's Livelihood		
城镇常住居民人均可支配收入	Annual Disposable Income per Captita of Urban Residents	(元)	(*yuan*)
农村常住居民人均可支配收入	Annual Disposable Income per Captita of Rural Residents	(元)	(*yuan*)
物价(上年=100)	Price (preceding year = 100)		
居民消费价格指数	Consumer Price Index		
商品零售价格总指数	Retail Price Index		
工业生产者出厂价格指数	Producer Price Index for Industrial Producers		
工业生产者购进价格指数	Purchasing Price Index for Industrial Producers		

Main Aggregate Indicators of Sample Survey

总量指标 Aggregate Indicaters							
1978	1990	2000	2005	2010	2015	2018	2019
1482.0	2457.2	2472.1	2605.3	3207.7	4077.2	4007.3	4054.0
11.5	23.6	27.4	32.5	25.8	14.8	8.9	5.6
32.6	129.1	285.1	270.7	176.1	171.4	158.0	161.4
				238.8	259.1	243.9	197.8
				18.3	16.2	8.7	9.5
				14.2	16.6	17.1	18.8
				104.1	126.0	150.7	174.6
				119.0	134.7	158.3	168.7
		3.08	2.95	2.84	2.95	2.96	2.98
				4.03	3.02	3.08	3.10
					34.71	41.19	41.83
					46.76	52.94	53.52
					26935.76	34393	37540
					10820.73	13996	15416
	102.7	100.7	101.4	103.1	101.3	102.0	102.7
100.0	101.9	98.0	100.6	103.2	99.7	101.9	101.9
		98.9	103.3	109.0	93.9	103.0	100.3
		102.6	107.2	111.8	93.5	105.3	99.9

主要统计指标解读

Explanatory Notes on Main Statistical Indicators

粮食产量 指农业生产经营者日历年度内生产的全部粮食数量。按收获季节包括夏收粮食、早稻和秋收粮食,按作物品种包括谷物、薯类和豆类。其中谷物包括小麦、玉米、早稻、中稻和一季晚稻、双季晚稻、大麦、高粱、谷子、荞麦等禾本科和蓼科粮食作物;薯类只包括马铃薯、甘薯,木薯统计在其他农作物,芋头等其他薯统计在其他蔬菜;豆类包括大豆、绿豆、红小豆、杂豆等。谷物产量按脱粒后的原粮计算,薯类按鲜薯重量的 5∶1 折算,豆类按去豆荚后的干豆计算。

可支配收入 指调查户在调查期内获得的、可用于最终消费支出和储蓄的总和,即调查户可以用来自由支配的收入。可支配收入既包括现金,也包括实物收入。按照收入的来源,可支配收入包含五项,分别为:工资性收入、经营净收入、财产净收入、转移净收入和自有住房折算净租金。按居民类型划分,有居民可支配收入、城镇常住居民可支配收入、农村常住居民可支配收入。

居民消费价格指数(CPI) 反映一定时期内居民所消费商品及服务项目的价格水平变动趋势和变动程度。居民消费价格水平的变动率在一定程度上反映了通货膨胀(或紧缩)的程度。编制居民消费价格指数的目的,是了解全国各地价格变动的基本情况,分析研究价格变动对社会经济和居民生活的影响,满足各级政府制定政策和计划、进行宏观调控的需要,以及为国民经济核算提供参考依据。

工业生产者价格 包括工业企业产品第一次出售时的出厂价格(简称工业生产者出厂价格)和企业作为中间投入的原材料、燃料、动力购进价格(简称工业生产者购进价格)。工业生产者价格调查的目的在于及时、准确、科学地反映各工业行业产品价格水平及其变动趋势和幅度,为国民经济核算、计算工业发展速度、宏观经济分析和调控、理顺价格体系等提供科学、准确的依据。

农业调查

AGRICULTURAL SURVEY

简 要 说 明

一、本篇资料内容主要包括农村社会经济主要指标，主要年份农作物播种面积、农作物总产量，畜牧业生产情况，农户固定资产投资情况，各调查县(区)农村基本情况等。

二、农作物播种面积及产量调查根据国家统计局《种植业抽样调查制度》，由安徽调查总队组织实施，目前抽选的调查县为64个。

三、畜牧业生产情况调查根据国家统计局《农林牧渔业统计报表制度》，由安徽调查总队组织实施，主要畜禽按照抽样调查方案实行分季监测调查，生猪调出大县实行月度监测调查与季度监测调查相结合，生猪监测数据开展月度调查。

本版责任编辑：王　奎　戴月萍　孔二娟　赵颐轩

2-1 历年农业生产情况
Output of Agriculture in Main Years

年份 Year	播种面积（千公顷） Sown Area (1000 hectares)	#粮食 #Grain Crops	#棉花 #Cotton	#油料 #Oil-crops	粮食产量（万吨） Output of Grain Crops (10000 tons)	#小麦 #Wheat	稻谷 Barley	棉花产量（万吨） Output of Cotton (10000 tons)	油料产量（万吨） Output of Oil-bearing Crops (10000 tons)	蔬菜产量（万吨） Output of Vegetables (10000 tons)
1978	8013.0	6186.7	326.9	400.1	1482.0	279.0	856.5	11.5	32.6	
1979	8005.0	6288.0	299.1	508.5	1609.5	390.0	889.5	9.7	44.7	
1980	7740.0	6025.9	323.4	570.4	1454.0	340.5	773.0	12.2	49.8	
1981	7880.0	6024.2	329.1	774.9	1787.5	435.5	945.0	15.6	99.3	
1982	8007.0	6032.7	327.9	919.8	1933.0	554.0	1043.5	15.8	125.5	
1983	7895.0	6085.8	321.3	773.3	2010.5	572.5	960.0	19.0	96.5	
1984	7967.0	6192.3	333.7	746.4	2202.5	646.5	1136.0	23.4	97.2	
1985	8186.0	5898.6	235.1	1089.8	2168.0	605.9	1162.9	16.7	145.7	
1986	8163.0	6051.6	205.9	1103.8	2371.9	656.6	1222.3	16.3	131.6	
1987	8372.0	6151.0	224.2	1247.1	2432.6	717.9	1189.2	18.6	151.1	
1988	8169.0	6155.1	270.1	947.1	2296.4	677.5	1159.7	20.6	88.1	
1989	8239.0	6203.8	252.3	990.7	2383.5	591.8	1282.6	17.0	101.7	
1990	8314.0	6246.1	293.1	999.3	2457.2	598.0	1340.1	23.6	129.1	
1991	8196.0	5954.5	405.5	1083.1	1781.5	315.4	1058.0	27.1	97.1	
1992	8155.0	5873.0	420.0	1047.7	2325.1	611.8	1223.5	26.3	140.0	
1993	8265.0	6038.2	353.2	997.1	2569.9	716.9	1248.6	26.0	157.2	
1994	8264.0	5796.5	443.3	1088.3	2330.3	710.2	1187.5	25.8	154.5	
1995	8354.0	5852.5	443.2	1263.5	2580.7	699.1	1269.9	30.1	191.8	1006.9
1996	8361.5	6029.0	413.7	1098.8	2674.1	748.3	1327.4	27.0	177.2	1195.7

2-1 续表 Continued

年份 Year	播种面积（千公顷） Sown Area (1000 hectares)	#粮食 #Grain Crops	#棉花 #Cotton	#油料 #Oil-crops	粮食产量（万吨） Output of Grain Crops (10000 tons)	#小麦 #Wheat	稻谷 Barley	棉花产量（万吨） Output of Cotton (10000 tons)	油料产量（万吨） Output of Oil-bearing Crops (10000 tons)	蔬菜产量（万吨） Output of Vegetables (10000 tons)
1997	8488.9	6030.6	399.4	1135.1	2802.7	941.2	1290.2	30.1	205.0	1780.0
1998	8564.2	5991.0	395.5	1225.3	2591.0	599.1	1390.2	29.0	176.5	1792.0
1999	8582.1	5934.9	303.2	1334.5	2771.2	852.5	1300.6	19.5	268.1	
2000	9005.8	6183.8	308.4	1457.4	2472.1	707.1	1221.6	27.4	285.1	1509.2
2001	8733.1	5841.7	363.0	1415.4	2500.3	741.9	1174.3	35.7	298.8	1439.7
2002	8997.6	6091.9	321.2	1453.2	2765.0	683.7	1327.5	33.7	282.3	1618.2
2003	9124.7	6157.2	390.0	1412.6	2214.8	642.8	963.7	24.1	231.4	1513.5
2004	9200.4	6312.2	398.9	1380.2	2743.0	790.1	1292.1	41.2	299.7	1656.5
2005	9172.5	6410.9	375.7	1303.1	2605.3	808.1	1250.8	32.5	270.7	1671.2
2006	8790.0	6443.4	360.9	935.4	2853.7	1039.0	1333.1	35.3	210.4	1726.5
2007	8210.5	6596.4	357.2	623.2	2974.0	1179.8	1356.9	35.5	153.8	1319.9
2008	8354.9	6710.5	352.2	659.6	3140.9	1259.2	1406.9	32.8	175.0	1350.0
2009	8576.1	6938.1	301.7	697.0	3168.9	1187.8	1470.9	29.7	182.4	1414.7
2010	8579.3	6947.7	280.8	691.9	3207.7	1242.4	1440.2	25.8	176.1	1524.3
2011	8582.9	6991.0	271.4	652.3	3314.0	1294.5	1450.7	29.3	167.0	1564.8
2012	8537.4	6988.7	224.4	628.8	3542.9	1423.3	1466.7	21.6	171.6	1638.6
2013	8545.2	7044.6	199.4	591.2	3540.9	1460.6	1426.6	17.6	169.5	1735.0
2014	8669.4	7183.6	176.2	582.0	3830.5	1581.1	1523.6	17.5	172.5	1775.3
2015	8780.8	7280.7	167.5	574.9	4077.2	1661.1	1616.8	14.8	171.4	1877.4
2016	8790.1	7359.0	110.1	542.7	3961.8	1635.5	1570.0	11.1	159.5	1936.6
2017	8726.7	7321.8	88.1	518.3	4019.7	1644.5	1647.5	8.6	154.7	2019.6
2018	8771.1	7316.3	86.3	520.2	4007.3	1607.5	1681.2	8.9	158.0	2118.2
2019	8782.0	7287.0	60.3	528.2	4054.0	1656.9	1630.0	5.6	161.4	2213.6

2-2 农作物播种面积
Total Sown Areas of Farm Crops

单位：千公顷 (1000 hectares)

指标	Item	2016	2017	2018	2019
农作物总播种面积	**Total Sown Area of Farm Crops**	**8790.1**	**8726.7**	**8771.1**	**8782.0**
一、粮食作物总计	**Grain Crops**	**7359.0**	**7321.8**	**7316.3**	**7287.0**
其中：夏收粮食	Of Which：Summer Grain	2888.1	2823.4	2876.3	2836.4
秋收粮食	Autumn Grain	4245.5	4291.0	4257.3	3550.1
（一）谷物	Cereals	6651.2	6597.8	6568.6	6551.1
1. 稻谷	Barley	2537.4	2605.1	2544.8	2509.0
（1）早稻	Early-season Rice	225.4	207.4	182.7	164.6
（2）中稻	Semilate Rice	2096.3	2190.1	2172.8	2168.5
（3）双季晚稻	Double-cropping Late Rice	215.6	207.7	189.3	176.0
2. 小麦	Wheat	2887.6	2822.8	2875.9	2835.6
3. 玉米	Corn	1203.3	1160.1	1138.6	1196.5
4. 谷子	Millet	22.1	8.8	6.5	1.2
5. 高粱	Jowar	0.3	0.3	0.3	5.7
6. 其他谷物	Other Cereals	0.1	0.1	0.5	2.1
其中：大麦	Of Which：Barley	0.4	0.5	2.1	0.8
（二）豆类	Beans	637.1	658.7	687.6	673.0
大豆	Soybean	599.5	620.5	649.9	636.2
绿豆	Mung Bean	31.1	31.6	31.3	30.2
红小豆	Red Bean	6.6	6.5	6.4	6.5
（三）薯类	Tubers	70.6	65.3	60.2	63.0
其中：马铃薯	Of Which：Potato	6.5	2.4	4.8	4.8

2-2 续表

指 标	Item	2016	2017	2088	2019
二、油料作物	**Oil-bearing Crops**	**542.7**	**518.3**	**520.2**	**528.2**
其中:花生	Of Which:Peanut	138.7	138.9	144.2	142.2
油菜籽	Rapeseed	375.3	354.1	357.0	363.9
芝麻	Sesame	5.0	4.5	7.3	11.0
三、棉花	**Cotton**	**110.1**	**88.1**	**86.3**	**60.3**
四、麻类	**Fiber Crops**	**0.9**	**0.9**	**1.0**	**2.1**
其中:黄红麻	Of Which:Jute and Ambary Hemp	0.3	0.3	0.3	0.7
苎麻	Ramee	0.0	0.0	0.1	0.1
大麻(线麻)	Hemp	0.6	0.6	0.6	1.3
五、糖料合计	**Sugar Crops**	**2.9**	**2.9**	**2.6**	**2.8**
甘蔗	Sugar Cane	2.9	2.9	1.7	2.0
六、烟叶合计	**Tobacco**	**8.8**	**8.3**	**8.1**	**8.7**
其中:烤烟	Of Which:Flue-cured Tobacco	8.7	8.2	8.0	7.2
七、药材类合计	**Medicinal Materials**	**68.7**	**71.0**	**85.2**	**95.1**
八、蔬菜(含菜用瓜)	**Vegetables**	**610.9**	**628.2**	**652.2**	**682.7**
九、瓜果类(含果用瓜)	**Melons**	**74.1**	**74.9**	**80.0**	**90.2**
#西瓜	#Watermelon	59.8	60.7	64.5	71.3
甜瓜	Muskmelon	1.5	1.6	2.7	3.4
草莓	Strawberry	8.5	9.0	9.1	10.7
十、其他作物	**Other Farm Crops**	**12.1**	**12.4**	**19.2**	**24.9**
#青饲料	#Succulence	4.6	4.6	9.2	9.8

2-3 农作物种植结构
Planting Structure of Crops

单位:%　　　　　　　　　　　　　　　　　　　　　　　　　　　　　　　　(%)

指　标	Item	2016	2017	2018	2019
农作物总播种面积	**Total Sown Area of Farm Crops**	**100.0**	**100.0**	**100.0**	**100.0**
一、粮食作物总计	**Grain Crops**	**83.7**	**83.9**	**83.4**	**83.0**
其中:夏收粮食	Of Which:Summer Grain	39.2	38.6	39.3	38.9
秋收粮食	Autumn Grain	57.7	58.6	58.2	48.7
(一)谷物	Cereals	90.4	90.1	89.8	89.9
1. 稻谷	Barley	38.1	39.5	38.7	38.3
(1)早稻	Early-season Rice	8.9	8.0	7.2	6.6
(2)中稻	Semilate Rice	82.6	84.1	85.4	86.4
(3)双季晚稻	Double-cropping Late Rice	8.5	8.0	7.4	7.0
2. 小麦	Wheat	43.4	42.8	43.8	43.3
3. 玉米	Corn	18.1	17.6	17.3	18.3
4. 谷子	Millet	0.3	0.1	0.1	0.0
5. 高粱	Jowar	0.0	0.0	0.0	0.1
6. 其他谷物	Other Cereals	0.0	0.0	0.0	0.0
其中:大麦	Of Which:Barley	0.0	0.0	0.0	0.0
(二)豆类	Beans	8.7	9.0	9.4	9.2
大豆	Soybean	94.1	94.2	94.5	94.5
绿豆	Mung Bean	4.9	4.8	4.6	4.5
红小豆	Red Bean	1.0	1.0	0.9	1.0
(三)薯类	Tubers	1.0	0.9	0.8	0.9
其中:马铃薯	Of Which:Potato	9.2	3.7	7.9	7.7

2-3 续表

指　标	Item	2016	2017	2018	2019
二、油料作物	**Oil-bearing Crops**	**6.2**	**5.9**	**5.9**	**6.0**
其中：花生	Of Which：Peanut	25.6	26.8	27.7	26.9
油菜籽	Rapeseed	69.2	68.3	68.6	68.9
芝麻	Sesame	0.9	0.9	1.4	2.1
三、棉花	**Cotton**	**1.3**	**1.0**	**1.0**	**0.7**
四、麻类	**Fiber Crops**	**0.0**	**0.0**	**0.0**	**0.0**
其中：黄红麻	Of Which：Jute and Ambary Hemp	31.0	30.5	29.4	33.3
苎麻	Ramee	0.6	0.6	11.6	4.8
大麻（线麻）	Hemp	66.6	68.6	59.1	61.9
五、糖料合计	**Sugar Crops**	**0.0**	**0.0**	**0.0**	**0.0**
甘蔗	Sugar Cane	99.6	99.0	67.8	71.4
六、烟叶合计	**Tobacco**	**0.1**	**0.1**	**0.1**	**0.1**
其中：烤烟	Of Which：Flue-cured Tobacco	98.6	98.5	98.6	82.8
七、药材类合计	**Medicinal Materials**	**0.8**	**0.8**	**1.0**	**1.1**
八、蔬菜（含菜用瓜）	**Vegetables**	**6.9**	**7.2**	**7.4**	**7.8**
九、瓜果类（含果用瓜）	**Melons**	**0.8**	**0.9**	**0.9**	**1.0**
#西瓜	#Watermelon	80.7	81.0	80.5	79.0
甜瓜	Muskmelon	2.1	2.1	3.3	3.8
草莓	Strawberry	11.4	12.0	11.4	11.9
十、其他作物	**Other Farm Crops**	**0.1**	**0.1**	**0.2**	**0.3**
#青饲料	#Succulence	38.2	37.4	48.0	39.4

2-4 主要农作物总产量
Output of Main Crops

单位:万吨 (10000 tons)

指 标	Item	2016	2017	2018	2019
农作物总产量	**Output of Farm Crops**	**6365.8**	**6506.0**	**6622.8**	**6853.2**
一、粮食作物总计	**Grain Crops**	**3961.8**	**4019.7**	**4007.3**	**4054.0**
其中:夏收粮食	Of Which:Summer Grain	1635.6	1644.6	1607.5	1657.0
秋收粮食	Autumn Grain	2200.8	2248.7	2287.1	2176.9
(一)谷物	Cereals	3852.4	3907.7	3889.3	3935.0
1. 稻谷	Barley	1570.0	1647.5	1681.2	1630.0
(1)早稻	Early-season Rice	125.3	126.4	112.6	101.0
(2)中稻	Semilate Rice	1333.9	1414.6	1469.4	1438.7
(3)双季晚稻	Double-cropping Late Rice	110.9	106.4	99.2	90.4
2. 小麦	Wheat	1635.5	1644.5	1607.5	1656.9
3. 玉米	Corn	634.5	610.7	595.6	642.8
4. 谷子	Millet	12.1	4.8	2.9	0.6
5. 高粱	Jowar	0.1	0.2	0.2	3.2
6. 其他谷物	Other Cereals	0.1	0.1	0.1	1.2
其中:大麦	Of Which:Barley	0.1	0.1	2.0	0.2
(二)豆类	Beans	93.6	97.1	103.0	100.8
大豆	Soybean	90.5	94.0	97.5	95.7
绿豆	Mung Bean	2.5	2.5	4.4	4.1
红小豆	Red Bean	0.7	0.6	1.1	1.0
(三)薯类	Tubers	15.7	14.8	14.9	18.2
其中:马铃薯	Of Which:Potato	1.7	1.4	1.6	1.4

2-4 续表

指　标	Item	2016	2017	2018	2019
二、油料作物	**Oil-bearing Crops**	**159.5**	**154.7**	**158.0**	**161.4**
其中:花生	Of Which:Peanut	68.7	68.8	71.1	70.6
油菜籽	Rapeseed	87.6	83.2	84.3	87.3
芝麻	Sesame	0.8	0.7	1.1	1.7
三、棉花	**Cotton**	**32.5**	**11.1**	**8.6**	**8.9**
四、麻类	**Fiber Crops**	**0.3**	**0.3**	**0.3**	**1.0**
其中:黄红麻	Of Which:Jute and Ambary Hemp	0.1	0.1	0.1	0.2
苎麻	Ramee	0.0	0.0	0.0	0.0
大麻(线麻)	Hemp	0.2	0.2	0.2	0.8
五、糖料合计	**Sugar Crops**	**11.2**	**11.2**	**10.1**	**10.9**
甘蔗	Sugar Cane	6.2	6.2	7.1	7.9
六、烟叶合计	**Tobacco**	**2.0**	**2.1**	**2.0**	**2.1**
其中:烤烟	Of Which:Flue-cured Tobacco	1.9	2.1	2.0	1.8
七、药材类合计	**Medicinal Materials**	**0.0**	**0.0**	**0.0**	**48.7**
八、蔬菜(含菜用瓜)	**Vegetables**	**1936.6**	**2019.6**	**2118.2**	**2213.6**
九、瓜果类(含果用瓜)	**Melons**	**283.4**	**289.7**	**317.9**	**355.9**
#西瓜	#Watermelon	245.8	250.8	270.9	298.6
甜瓜	Muskmelon	4.9	5.1	8.4	10.7
草莓	Strawberry	20.6	22.5	22.7	28.0

2-5 主要农作物单位面积产量
Yield per Unit Area of Main Crops

单位:千克/公顷 (kg/hectare)

指 标	Item	2016	2017	2018	2019
一、粮食作物总计	**Grain Crops**	**5383.5**	**5490.1**	**5477.1**	**5563.3**
其中:夏收粮食	Of Which:Summer Grain	5663.3	5825.0	5588.8	5842.1
秋收粮食	Autumn Grain	5184.0	5240.5	5372.2	6132.0
(一)谷物	Cereals	5792.1	5922.8	5921.1	6006.6
1. 稻谷	Barley	6187.6	6323.9	6606.6	6496.5
(1)早稻	Early-season Rice	5558.0	6094.1	6163.7	6136.8
(2)中稻	Semilate Rice	6363.0	6459.3	6762.6	6634.5
(3)双季晚稻	Double-cropping Late Rice	5140.8	5125.6	5242.5	5133.2
2. 小麦	Wheat	5663.9	5825.7	5589.5	5843.2
3. 玉米	Corn	5272.8	5264.0	5231.3	5372.5
4. 谷子	Millet	5481.9	5451.5	4459.9	5565.2
5. 高粱	Jowar	5127.5	4782.6	5000.0	5549.7
6. 其他谷物	Other Cereals	5416.1	5417.2	1333.3	5613.2
其中:大麦	Of Which:Barley	1513.9	2259.7	9158.9	1923.1
(二)豆类	Beans	1468.9	1474.7	1497.8	1498.5
大豆	Soybean	1509.5	1515.3	1500.1	1504.5
绿豆	Mung Bean	787.8	779.6	1404.7	1369.5
红小豆	Red Bean	992.4	987.0	1714.5	1512.3
(三)薯类	Tubers	2228.2	2270.6	2482.1	2889.2
其中:马铃薯	Of Which:Potato	2603.8	5846.2	3262.3	2859.5
二、油料作物	**Oil-bearing Crops**	**2938.3**	**2983.9**	**3037.8**	**3055.2**
其中:花生	Of Which:Peanut	4955.1	4951.1	4929.2	4962.3

2-5 续表

指 标	Item	2016	2017	2018	2019
油菜籽	Rapeseed	2333.4	2348.1	2361.1	2398.5
芝麻	Sesame	1528.9	1565.3	1540.5	1567.5
三、棉花	**Cotton**	**1006.5**	**975.8**	**1031.3**	**921.0**
四、麻类	**Fiber Crops**	**3424.4**	**3469.4**	**3276.6**	**4802.4**
其中:黄红麻	Of Which:Jute and Ambary Hemp	3772.4	3894.0	4017.2	3168.6
苎麻	Ramee	1697.1	1740.5	1394.7	1900.0
大麻(线麻)	Hemp	3357.5	3218.3	3276.2	5905.4
五、糖料合计	**Sugar Crops**	**38649.8**	**38323.7**	**39346.8**	**38927.1**
甘蔗	Sugar Cane	21365.6	21443.2	40825.2	39684.0
六、烟叶合计	**Tobacco**	**2259.2**	**2527.3**	**2480.7**	**2442.6**
其中:烤烟	Of Which:Flue-cured Tobacco	2244.2	2513.9	2472.0	2474.2
七、药材类合计	**Medicinal Materials**	**0.0**	**0.0**	**0.0**	**5116.3**
八、蔬菜(含菜用瓜)	**Vegetables**	**31703.4**	**32150.9**	**32480.0**	**32424.3**
九、瓜果类(含果用瓜)	**Melons**	**38273.4**	**38701.8**	**39718.1**	**39461.5**
#西瓜	#Watermelon	41126.1	41349.3	42032.4	41878.3
甜瓜	Muskmelon	31662.1	32117.7	31618.5	31486.2
草莓	Strawberry	24354.1	25090.6	24869.6	26184.3

2-6 主要农作物播种面积比上年增长情况

Rate of Increase of Total Sown Areas of Main Crops over Preceding Year

单位:% (%)

指 标	Item	2016	2017	2018	2019
农作物总播种面积	**Total Sown Area of Farm Crops**	**0.1**	**-0.7**	**0.5**	**0.1**
一、粮食作物总计	**Grain Crops**	**1.1**	**-0.5**	**-0.1**	**-0.4**
其中:夏收粮食	Of Which:Summer Grain	1.0	-2.2	1.9	-1.4
秋收粮食	Autumn Grain	1.5	1.1	-0.8	-16.6
(一)谷物	Cereals	1.3	-0.8	-0.4	-0.3
1. 稻谷	Barley	2.5	2.7	-2.3	-1.4
(1)早稻	Early-season Rice	-5.2	-8.0	-11.9	-9.9
(2)中稻	Semilate Rice	4.0	4.5	-0.8	-0.2
(3)双季晚稻	Double-cropping Late Rice	-3.1	-3.7	-8.9	-7.0
2. 小麦	Wheat	1.0	-2.2	1.9	-1.4
3. 玉米	Corn	-0.2	-3.6	-1.9	5.1
4. 谷子	Millet	-0.7	-60.3	-26.3	-82.3
5. 高粱	Jowar	3.2	15.0	-4.5	1810.0
6. 其他谷物	Other Cereals	-66.6	-3.7	336.2	371.1
其中:大麦	Of Which:Barley	-17.1	34.8	300.6	-63.6
(二)豆类	Beans	-0.1	3.4	4.4	-2.1
大豆	Soybean	-0.3	3.5	4.7	-2.1
绿豆	Mung Bean	2.6	1.7	-0.9	-3.5
红小豆	Red Bean	3.8	-0.2	-1.8	1.0
(三)薯类	Tubers	-10.6	-7.6	-7.9	4.7
其中:马铃薯	Of Which:Potato	-4.8	-62.3	95.5	1.2
二、油料作物	**Oil-bearing Crops**	**-5.6**	**-4.5**	**0.4**	**1.5**
其中:花生	Of Which:Peanut	-1.2	0.1	3.8	-1.4

2-6 续表

指　标	Item	2016	2017	2018	2019
油菜籽	Rapeseed	-8.3	-5.6	0.8	1.9
芝麻	Sesame	-26.9	-10.2	62.1	50.2
三、棉花	**Cotton**	**-34.3**	**-19.9**	**-2.1**	**-30.1**
四、麻类	**Fiber Crops**	**-18.5**	**-1.3**	**12.1**	**112.8**
其中：黄红麻	Of Which: Jute and Ambary Hemp	-57.7	-3.1	8.1	141.4
苎麻	Ramee	-96.0	-1.1	2081.3	-12.3
大麻(线麻)	Hemp	105.4	1.8	-3.5	123.0
五、糖料合计	**Sugar Crops**	**-4.7**	**0.8**	**-12.3**	**9.1**
甘蔗	Sugar Cane	48.8	0.2	-39.9	15.0
六、烟叶合计	**Tobacco**	**-14.4**	**-5.7**	**-2.2**	**7.5**
其中：烤烟	Of Which: Flue-cured Tobacco	-12.7	-5.7	-2.2	-9.7
七、药材类合计	**Medicinal Materials**	**17.9**	**3.2**	**20.1**	**11.6**
八、蔬菜(含菜用瓜)	**Vegetables**	**1.9**	**2.8**	**3.8**	**4.7**
九、瓜果类(含果用瓜)	**Melons**	**0.9**	**1.1**	**6.9**	**12.7**
#西瓜	#Watermelon	-1.4	1.5	6.3	10.6
甜瓜	Muskmelon	-3.7	2.9	67.9	28.2
草莓	Strawberry	5.6	6.1	1.8	17.2
十、其他作物	**Other Farm Crops**	**1.6**	**2.0**	**55.0**	**29.9**
#青饲料	#Succulence	-1.9	-0.2	98.8	6.5

2-7 主要农作物产量比上年增长情况
Rate of Increase of Output of Main Crops over Preceding Year

单位:% (%)

指 标	Item	2016	2017	2018	2019
农作物总产量	**Output of Farm Crops**	**-1.0**	**2.2**	**1.8**	**3.5**
一、粮食作物总计	**Grain Crops**	**-2.8**	**1.5**	**-0.3**	**1.2**
其中:夏收粮食	Of Which:Summer Grain	-1.5	0.6	-2.3	3.1
秋收粮食	Autumn Grain	-3.4	2.2	1.7	-4.8
(一)谷物	Cereals	-2.8	1.4	-0.5	1.2
1. 稻谷	Barley	-2.9	4.9	2.0	-3.0
(1)早稻	Early-season Rice	-8.4	0.8	-10.9	-10.3
(2)中稻	Semilate Rice	-2.1	6.1	3.9	-2.1
(3)双季晚稻	Double-cropping Late Rice	-6.3	-4.0	-6.8	-8.9
2. 小麦	Wheat	-1.5	0.5	-2.3	3.1
3. 玉米	Corn	-6.6	-3.8	-2.5	7.9
4. 谷子	Millet	136.7	-60.5	-39.7	-77.9
5. 高粱	Jowar	-37.8	7.3	-0.1	2020.0
6. 其他谷物	Other Cereals	9.3	-3.6	7.4	1883.3
其中:大麦	Of Which:Barley		101.2	1523.8	-92.3
(二)豆类	Beans	-2.2	3.8	6.0	-2.1
大豆	Soybean	-1.7	3.9	3.7	-1.8
绿豆	Mung Bean	-15.8	0.6	78.5	-5.9
红小豆	Red Bean	-10.1	-0.8	70.5	-10.9
(三)薯类	Tubers	-18.3	-5.8	0.7	21.9
其中:马铃薯	Of Which:Potato	6.3	-15.4	9.1	-11.5
二、油料作物	**Oil-bearing Crops**	**-7.0**	**-3.0**	**2.2**	**2.1**
其中:花生	Of Which:Peanut	-1.9	0.1	3.3	-0.7

2-7 续表

指 标	Item	2016	2017	2018	2019
油菜籽	Rapeseed	-9.3	-5.1	1.4	3.5
芝麻	Sesame	-25.5	-8.1	59.5	52.8
三、棉花	**Cotton**	**-24.9**	**-22.4**	**3.5**	**-37.6**
四、麻类	**Fiber Crops**	**-16.1**	**0.0**	**5.9**	**211.8**
其中：黄红麻	Of Which:Jute and Ambary Hemp	-43.3	0.0	11.5	90.4
苎麻	Ramee	-95.9	1.5	1648.0	19.5
大麻(线麻)	Hemp	119.1	-2.4	-1.8	301.9
五、糖料合计	**Sugar Crops**	**-5.8**	**0.0**	**-9.9**	**8.0**
甘蔗	Sugar Cane	-22.0	0.5	14.4	11.8
六、烟叶合计	**Tobacco**	**-24.5**	**5.5**	**-4.0**	**5.8**
其中：烤烟	Of Which:Flue-cured Tobacco	-23.1	5.6	-3.8	-9.7
七、药材类合计	**Medicinal Materials**				
八、蔬菜(含菜用瓜)	**Vegetables**	**3.2**	**4.3**	**4.9**	**4.5**
九、瓜果类(含果用瓜)	**Melons**	**2.8**	**2.2**	**9.7**	**12.0**
#西瓜	#Watermelon	2.8	2.0	8.0	10.2
甜瓜	Muskmelon	-1.6	4.4	65.3	27.6
草莓	Strawberry	6.0	9.3	0.9	23.4

2-8 主要农作物单位面积产量比上年增减情况
Rate of Increase of Yield per Unit Area of Main Crops over Preceding Year

单位:% (%)

指 标	Item	2016	2017	2018	2019
一、粮食作物总计	**Grain Crops**	**-3.9**	**2.0**	**-0.2**	**1.6**
其中:夏收粮食	Of Which:Summer Grain	-2.5	2.9	-4.1	4.5
秋收粮食	Autumn Grain	-4.8	1.1	2.5	14.1
(一)谷物	Cereals	-4.0	2.3	0.0	1.4
1. 稻谷	Barley	-5.2	2.2	4.5	-1.7
(1)早稻	Early-season Rice	-3.3	9.6	1.1	-0.4
(2)中稻	Semilate Rice	-5.8	1.5	4.7	-1.9
(3)双季晚稻	Double-cropping Late Rice	-3.2	-0.3	2.3	-2.1
2. 小麦	Wheat	-2.5	2.9	-4.1	4.5
3. 玉米	Corn	-6.3	-0.2	-0.6	2.7
4. 谷子	Millet	138.3	-0.6	-18.2	24.8
5. 高粱	Jowar	-39.7	-6.7	4.5	11.0
6. 其他谷物	Other Cereals	227.0	0.0	-75.4	321.0
其中:大麦	Of Which:Barley		49.3	305.3	-79.0
(二)豆类	Beans	-2.1	0.4	1.6	0.0
大豆	Soybean	-1.4	0.4	-1.0	0.3
绿豆	Mung Bean	-18.0	-1.0	80.2	-2.5
红小豆	Red Bean	-13.3	-0.5	73.7	-11.8
(三)薯类	Tubers	-8.6	1.9	9.3	16.4
其中:马铃薯	Of Which:Potato	11.6	124.5	-44.2	-12.3
二、油料作物	**Oil-bearing Crops**	**-1.5**	**1.6**	**1.8**	**0.6**
其中:花生	Of Which:Peanut	-0.6	-0.1	-0.4	0.7

2-8 续表

指 标	Item	2016	2017	2018	2019
油菜籽	Rapeseed	-1.1	0.6	0.6	1.6
芝麻	Sesame	1.9	2.4	-1.6	1.7
三、棉花	**Cotton**	**14.2**	**-3.1**	**5.7**	**-10.7**
四、麻类	**Fiber Crops**	**2.9**	**1.3**	**-5.6**	**46.6**
其中:黄红麻	Of Which:Jute and Ambary Hemp	34.1	3.2	3.2	-21.1
苎麻	Ramee	2.5	2.6	-19.9	36.2
大麻(线麻)	Hemp	6.7	-4.1	1.8	80.3
五、糖料合计	**Sugar Crops**	**-1.2**	**-0.8**	**2.7**	**-1.1**
甘蔗	Sugar Cane	-47.6	0.4	90.4	-2.8
六、烟叶合计	**Tobacco**	**-11.8**	**11.9**	**-1.8**	**-1.5**
其中:烤烟	Of Which:Flue-cured Tobacco	-11.9	12.0	-1.7	0.1
七、药材类合计	**Medicinal Materials**				
八、蔬菜(含菜用瓜)	**Vegetables**	**1.3**	**1.4**	**1.0**	**-0.2**
九、瓜果类(含果用瓜)	**Melons**	**1.9**	**1.1**	**2.6**	**-0.6**
#西瓜	#Watermelon	4.3	0.5	1.7	-0.4
甜瓜	Muskmelon	2.2	1.4	-1.6	-0.4
草莓	Strawberry	0.4	3.0	-0.9	5.3

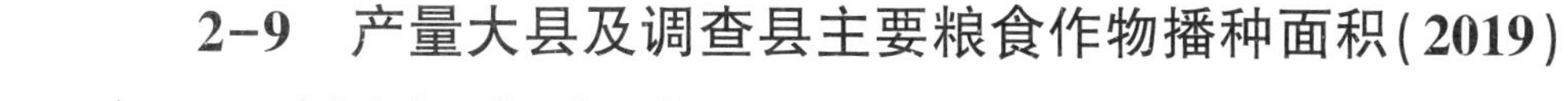

2-9 产量大县及调查县主要粮食作物播种面积(2019)

Sown Areas of Main Grain Crops in Major Grain-producing Counties and Surveyed Counties(2019)

单位:千公顷 (1000 hectares)

县(市、区)名称	County (District)	粮食播种面积 Sown Areas of Grain Crops	其中(Of Which) 水稻 Barley	小麦 Wheat	玉米 Corn	大豆 Soybean
肥东县	Feidong	111.59	77.20	23.13	5.33	3.04
长丰县	Changfeng	114.70	73.92	32.48	2.95	1.86
巢湖市	Chaohu	73.89	52.28	16.70	3.75	0.54
肥西县	Feixi	72.98	53.52	15.96	0.74	0.90
庐江县	Lujiang	130.80	91.14	30.38	4.87	1.49
濉溪县	Suixi	226.43	0.00	113.98	64.20	47.38
杜集区	Duji	13.52	0.00	7.09	4.91	1.51
烈山区	Lieshan	28.11	0.00	12.49	5.10	10.42
利辛县	Lixin	220.59	1.14	108.52	88.57	19.87
蒙城县	Mengcheng	238.44	3.10	117.28	96.37	16.00
涡阳县	Guoyang	247.71	0.00	121.78	46.23	75.07
埇桥区	Yongqiao	276.80	0.00	141.48	81.42	53.44
灵璧县	Lingbi	227.61	0.00	109.87	85.77	31.75
泗　县	Sixian	210.41	1.30	101.44	47.78	45.41
萧　县	Xiaoxian	151.26	0.00	75.28	65.86	8.72
五河县	Wuhe	117.54	32.31	56.13	17.64	10.98
固镇县	Guzhen	109.58	1.70	56.45	48.14	2.34
怀远县	Huaiyuan	224.84	55.28	112.07	51.76	5.73
临泉县	Linquan	184.89	0.00	106.29	68.43	8.33
太和县	Taihe	194.96	0.00	96.70	28.88	67.31
颍上县	Yingshang	179.29	35.07	93.58	30.99	18.24
阜南县	Funan	162.24	30.67	82.27	42.20	5.52
颍泉区	Yingquan	66.77	0.00	30.43	17.07	18.75
界首市	Jieshou	65.40	0.31	31.84	27.73	4.98
颍州区	Yingzhou	44.62	0.00	24.18	18.70	1.52
颍东区	Yingdong	69.38	0.00	32.82	22.90	13.49
潘集区	Panji	54.24	22.92	26.62	1.04	3.50
凤台县	Fengtai	94.71	43.31	45.22	2.04	3.98
谢家集区	Xiejiaji	21.30	14.05	6.13	0.38	0.40
定远县	Dingyuan	209.91	102.68	84.45	11.70	8.38

2-9 续表 Continued

县(市、区)名称	County (District)	粮食播种面积 Sown Areas of Grain Crops	其中(Of Which) 水稻 Barley	小麦 Wheat	玉米 Corn	大豆 Soybean
来安县	Laian	77.57	49.41	24.08	2.10	0.62
凤阳县	Fengyang	146.58	61.26	63.95	10.93	9.04
全椒县	Quanjiao	75.42	51.84	20.20	2.26	0.88
南谯区	Nanqiao	37.99	23.04	11.85	2.45	0.16
明光市	Mingguang	133.91	47.49	59.81	10.89	14.06
天长市	Tianchang	142.44	78.03	63.17	0.67	0.48
寿　县	Shouxian	302.67	168.13	116.11	5.17	11.76
霍邱县	Huoqiu	301.14	177.24	111.91	5.96	5.01
裕安区	Yu'an	76.80	57.96	10.08	5.49	1.81
金安区	Jin'an	87.48	66.11	10.68	6.06	2.89
舒城县	Shucheng	62.26	44.68	10.06	5.00	2.20
金寨县	Jinzhai	25.02	17.39	3.70	1.97	0.96
当涂县	Dangtu	51.80	29.75	16.87	2.15	2.25
和　县	Hexian	66.24	45.61	18.15	0.56	0.62
含山县	Hanshan	39.99	28.79	8.91	0.27	0.23
芜湖县	Wuhu	30.96	18.24	10.81	0.78	0.46
无为县	Wuwei	82.85	56.74	18.72	4.19	0.82
南陵县	Nanling	55.55	48.32	3.44	2.17	0.78
郎溪县	Langxi	48.76	29.24	15.68	0.54	0.80
宣州区	Xuanzhou	86.39	62.36	18.54	2.39	1.18
广德县	Guangde	36.99	27.54	6.62	0.49	0.61
贵池区	Guichi	43.75	31.76	6.22	3.90	1.74
东至县	Dongzhi	51.99	37.58	6.49	4.19	2.39
桐城市	Tongcheng	52.14	39.48	7.90	3.43	0.64
望江县	Wangjiang	56.18	32.13	10.63	5.89	4.87
怀宁县	Huaining	55.29	43.26	2.80	6.05	0.84
太湖县	Taihu	39.28	26.77	6.53	2.95	1.63
潜山县	Qianshan	35.48	31.31	2.25	0.89	0.30
宿松县	Susong	77.02	45.66	13.51	3.90	8.94
枞阳县	Zongyang	74.89	59.41	9.75	2.29	2.46
青阳县	Qingyang	18.95	16.37	0.45	0.28	1.43
歙　县	Shexian	13.62	5.44	0.00	4.76	1.78
祁门县	Qimen	5.84	4.13	0.00	0.59	0.59

2-10 产量大县及调查县主要粮食作物产量(2019)
Output of Grain Crops in Major Grain-producing Counties and Surveyed Counties(2019)

单位:万吨 (10000 tons)

县(市、区)名称	County (District)	粮食总产量 Output of Grain Crops	其中(Of Which) 水稻 Barley	小麦 Wheat	玉米 Corn	大豆 Soybean
肥东县	Feidong	62.25	48.61	9.70	2.98	0.42
长丰县	Changfeng	64.30	46.37	14.94	1.54	0.38
巢湖市	Chaohu	42.50	33.45	7.01	1.82	0.08
肥西县	Feixi	47.20	38.52	7.91	0.34	0.14
庐江县	Lujiang	76.30	60.15	13.23	2.03	0.21
濉溪县	Suixi	123.98	0.00	84.21	33.01	6.57
杜集区	Duji	7.99	0.00	5.24	2.53	0.22
烈山区	Lieshan	13.35	0.00	9.18	2.59	1.55
谯城区	Qiaocheng	88.92	0.00	59.40	24.87	4.07
利辛县	Lixin	133.63	0.57	79.45	50.08	2.45
蒙城县	Mengcheng	150.90	1.43	86.36	58.81	2.10
涡阳县	Guoyang	126.25	0.00	88.89	25.42	10.05
埇桥区	Yongqiao	133.03	0.00	83.79	41.72	7.44
灵璧县	Lingbi	107.93	0.00	61.25	42.03	4.57
泗　县	Sixian	90.96	0.83	55.86	23.57	6.60
萧　县	Xiaoxian	76.34	0.00	42.62	32.07	1.37
五河县	Wuhe	64.33	20.97	32.30	9.50	1.44
固镇县	Guzhen	61.42	0.84	34.04	25.90	0.34
怀远县	Huaiyuan	124.43	34.53	64.66	24.42	0.82
临泉县	Linquan	103.34	0.00	65.45	36.20	1.25
太和县	Taihe	96.74	0.00	69.34	16.54	10.34
颍上县	Yingshang	99.49	24.15	55.89	16.26	2.77
阜南县	Funan	89.50	17.85	48.31	22.16	0.74
颍泉区	Yingquan	32.31	0.00	19.24	9.49	3.47
界首市	Jieshou	39.79	0.17	23.46	15.25	0.73
颍州区	Yingzhou	25.79	0.00	14.50	10.95	0.26
颍东区	Yingdong	35.83	0.00	20.36	13.39	2.03
潘集区	Panji	33.28	16.74	15.41	0.55	0.55
凤台县	Fengtai	63.50	33.28	28.33	1.20	0.64
谢家集区	Xiejiaji	13.08	9.14	3.58	0.24	0.06
定远县	Dingyuan	116.24	64.70	42.28	7.49	1.29

2-10 续表 Continued

县(市、区)名称	County (District)	粮食播种面积 Sown Areas of Grain Crops	其中:(Of Which) 水稻 Barley	小麦 Wheat	玉米 Corn	大豆 Soybean
来安县	Laian	45.99	32.12	12.37	0.99	0.10
凤阳县	Fengyang	81.97	39.47	36.02	4.36	1.89
全椒县	Quanjiao	43.79	31.44	10.43	1.72	0.15
南谯区	Nanqiao	21.50	14.09	6.11	1.12	0.02
明光市	Mingguang	67.40	28.83	30.70	4.92	2.56
天长市	Tianchang	84.40	49.07	34.92	0.32	0.07
寿　县	Shouxian	176.34	113.47	58.40	2.37	1.75
霍邱县	Huoqiu	168.38	112.00	51.21	4.07	0.86
裕安区	Yu' an	44.99	36.37	4.36	3.63	0.33
金安区	Jin' an	52.73	44.44	4.66	2.84	0.48
舒城县	Shucheng	36.52	30.36	3.23	2.44	0.40
金寨县	Jinzhai	13.57	11.12	1.12	0.85	0.17
当涂县	Dangtu	31.51	21.64	8.38	0.90	0.37
和　县	Hexian	39.82	30.15	8.98	0.27	0.09
含山县	Hanshan	26.58	21.77	4.27	0.12	0.03
芜湖县	Wuhu	19.96	12.52	6.67	0.52	0.07
无为县	Wuwei	55.57	44.31	8.18	2.38	0.16
南陵县	Nanling	36.37	33.03	1.48	1.58	0.12
郎溪县	Langxi	26.81	18.73	7.09	0.34	0.13
宣州区	Xuanzhou	50.40	39.42	8.95	1.44	0.18
广德县	Guangde	23.34	18.65	3.21	0.36	0.77
贵池区	Guichi	25.40	20.77	2.18	2.12	0.29
东至县	Dongzhi	27.47	21.98	2.61	2.05	0.50
桐城市	Tongcheng	31.77	26.45	2.87	2.22	0.10
望江县	Wangjiang	31.10	21.90	3.71	4.04	0.84
怀宁县	Huaining	31.73	26.22	1.03	3.93	0.12
太湖县	Taihu	22.18	16.53	3.15	1.79	0.28
潜山县	Qianshan	21.27	19.74	0.80	0.51	0.05
宿松县	Susong	40.90	30.98	5.07	2.35	1.43
枞阳县	Zongyang	43.58	37.00	4.30	1.69	0.35
青阳县	Qingyang	10.39	9.27	0.17	0.26	0.57
歙　县	Shexian	7.22	3.72	0.00	2.81	0.28
祁门县	Qimen	3.23	2.67	0.00	0.31	0.12

2-11 小麦中间消耗
Mid-consumption of Wheat

单位：元/亩 (yuan/mu)

指标	Item	2016	2017	2018	2019
平均每单位产值	Output Value per Unit	786.46	979.59	743.15	970.22
平均每单位中间消耗	Intermediate Consumption per Unit	343.97	358.99	369.84	388.97
物质消耗	Material Consumption	260.25	264.89	277.56	287.49
用种量	Seed Quantity	69.84	79.60	80.06	87.61
饲料	Forages				
肥料	Fertilizers	145.88	136.71	144.82	146.51
燃料	Fuels	13.69	8.33	14.47	9.86
农膜	Farm Plastic Film	0.02	0.03		
农药	Pesticides	28.84	32.75	37.03	41.17
养殖用药	Pesticides for Cultivation				
水费	Water Fee	0.14			
用电量	Electricity Consumption	0.52	5.80	0.24	0.41
棚架材料费	Scaffold Material Cost				
小农具	Small Farm Implements	1.24	0.79	0.71	1.24
办公用品	Office Supplies	0.08	0.20	0.18	0.40
其他	Others		0.68	0.05	0.29
生产服务支出	Cost of Production Services	83.72	94.10	92.28	101.48
外雇运输费	Transport Fee	2.42	1.81	1.43	2.33
外雇排灌费	Irrigation and Drainage Fee	0.24		0.31	0.73
外雇机械作业费	Mechanical Work Fee	74.57	87.64	86.40	94.55
其他	Others	2.60	4.65	4.14	3.87

2-12 中单晚及双晚稻中间消耗
Mid-consumption of Middle-season and Late Rice

单位：元/亩 (yuan/mu)

指标	Item	2016	2017	2018	2019
平均每单位产值	Output Value per Unit	1297.04	1301.45	1274.93	1315.18
平均每单位中间消耗	Intermediate Consumption per Unit	425.53	430.68	457.73	489.56
物质消耗	Material Consumption	296.70	302.59	321.85	334.98
用种量	Seed Quantity	66.05	63.98	62.95	67.10
饲料	Forages				
肥料	Fertilizers	138.88	142.53	157.00	156.87
燃料	Fuels	17.59	13.60	14.44	12.82
农膜	Farm Plastic Film	1.53	1.25	0.21	0.04
农药	Pesticides	62.65	69.68	78.90	86.63
养殖用药	Pesticides for Cultivation				
水费	Water Fee	1.90	4.06	0.92	1.44
用电量	Electricity Consumption	5.71	5.37	6.32	9.02
棚架材料费	Scaffold Material Cost	0.07			
小农具	Small Farm Implements	2.28	1.87	0.80	0.95
办公用品	Office Supplies	0.04	0.03	0.01	
其他	Others		0.22	0.30	0.11
生产服务支出	Cost of Production Services	128.83	128.09	135.88	154.58
外雇运输费	Transport Fee	2.11	1.22	2.68	3.45
外雇排灌费	Irrigation and Drainage Fee	6.21	3.61	5.62	4.25
外雇机械作业费	Mechanical Work Fee	108.73	109.68	121.16	139.26
其他	Others	4.95	13.58	6.42	7.62

2-13 玉米中间消耗
Mid-consumption of Corn

单位:元/亩　　(*yuan/mu*)

指标	Item	2016	2017	2018	2019
平均每单位产值	Output Value per Unit	751.61	691.14	711.25	800.68
平均每单位中间消耗	Intermediate Consumption per Unit	281.76	286.81	302.30	322.36
物质消耗	Material Consumption	208.96	210.05	222.88	241.44
用种量	Seed Quantity	47.95	53.30	57.35	61.06
饲料	Forages				
肥料	Fertilizers	125.01	120.09	130.03	143.29
燃料	Fuels	9.48	10.29	8.49	8.43
农膜	Farm Plastic Film	0.02			0.02
农药	Pesticides	24.61	23.30	24.77	26.72
养殖用药	Pesticides for Cultivation				
水费	Water Fee				
用电量	Electricity Consumption	0.17	0.59	0.23	0.57
棚架材料费	Scaffold Material Cost				
小农具	Small Farm Implements	1.31	1.35	1.19	1.33
办公用品	Office Supplies	0.41	1.13	0.81	0.02
其他	Others			0.01	
生产服务支出	Cost of Production Services	72.80	76.76	79.42	80.92
外雇运输费	Transport Fee	1.15	1.22	0.42	1.14
外雇排灌费	Irrigation and Drainage Fee				0.57
外雇机械作业费	Mechanical Work Fee	68.26	67.93	75.57	77.32
其他	Others	1.52	7.61	3.43	1.89

2-14 油菜籽中间消耗

Mid-consumption of Rapeseeds

单位:元/亩 (*yuan/mu*)

指标	Item	2016	2017	2018	2019
平均每单位产值	Output Value per Unit	646.75	792.22	843.54	818.60
平均每单位中间消耗	Intermediate Consumption per Unit	256.18	257.94	255.10	273.76
物质消耗	Material Consumption	175.80	184.29	175.16	193.70
用种量	Seed Quantity	25.33	30.99	27.58	24.08
饲料	Forages				
肥料	Fertilizers	110.37	118.23	113.48	126.93
燃料	Fuels	5.74	3.28	2.41	6.91
农膜	Farm Plastic Film	0.12	1.01		
农药	Pesticides	23.43	25.18	31.26	34.61
养殖用药	Pesticides for Cultivation				
水费	Water Fee	2.78			
用电量	Electricity Consumption	1.17	0.19	0.13	0.55
棚架材料费	Scaffold Material Cost	0.33			
小农具	Small Farm Implements	6.53	5.41	0.30	0.62
办公用品	Office Supplies				
其他	Others				
生产服务支出	Cost of Production Services	80.38	73.65	79.94	80.06
外雇运输费	Transport Fee	0.19			0.51
外雇排灌费	Irrigation and Drainage Fee	0.47		0.70	0.70
外雇机械作业费	Mechanical Work Fee	76.85	70.42	76.50	74.35
其他	Others	1.80	3.23	2.74	4.50

2-15 棉花中间消耗
Mid-consumption of Cotton

单位:元/亩 (*yuan/mu*)

指标	Item	2016	2017	2018	2019
平均每单位产值	Output Value per Unit	1266.69	929.86	1248.53	1120.69
平均每单位中间消耗	Intermediate Consumption per Unit	330.77	288.18	311.25	365.26
物质消耗	Material Consumption	283.66	270.36	296.90	355.81
用种量	Seed Quantity	87.63	52.10	59.98	63.50
饲料	Forages				
肥料	Fertilizers	136.30	129.84	156.98	188.04
燃料	Fuels	2.55	1.03	0.09	0.69
农膜	Farm Plastic Film	7.85	11.45	5.10	11.99
农药	Pesticides	45.21	60.37	73.54	88.11
养殖用药	Pesticides for Cultivation				
水费	Water Fee				
用电量	Electricity Consumption				3
棚架材料费	Scaffold Material Cost				
小农具	Small Farm Implements	4.12	1.28	1.21	0.48
办公用品	Office Supplies				
其他	Others		14.29		
生产服务支出	Cost of Production Services	47.11	17.82	14.35	9.45
外雇运输费	Transport Fee				
外雇排灌费	Irrigation and Drainage Fee	0.16	0.71	0.77	
外雇机械作业费	Mechanical Work Fee	44.41	14.52	10.24	4.96
其他	Others	0.82	2.59	3.34	4.49

2-16 主要畜禽生产情况
Number of Livestock and Poultry

指 标	Item	单位	Unit	2016	2017	2018	2019
畜禽存栏	**Number of Livestock and Poultry in Stock**						
猪	Hogs	万头	10000 heads	1410.1	1417.2	1356.3	1091.8
其中:能繁殖母猪	Of Which:Sow	万头	10000 heads	122.5	120.5	116.2	96.5
牛	Cattle and Buffaloes	万头	10000 heads	68.2	80.6	79.6	87.8
羊	Sheep and Goats	万只	10000 heads	376.9	505.1	500.6	548.1
家禽	Poultry	万只	10000 heads	28904.6	23018.5	23524.9	27406.5
畜禽出栏	**Number of Slaughtered Livestock and Poultry**						
猪	Hogs	万头	10000 heads	2760.4	2828.9	2837.4	2292.6
牛	Cattle and Buffaloes	万头	10000 heads	55.0	53.1	56.7	61.8
羊	Sheep and Goats	万只	10000 heads	693.5	1170.3	1197.2	1314.1
家禽	Poultry	万只	10000 heads	91376.8	87351.9	89361.0	103151.2
畜禽产品产量	**Output of Livestock and Poultry**						
猪肉	Pork	万吨	10000 tons	235.1	242.7	243.9	197.8
牛肉	Beef	万吨	10000 tons	7.9	8.1	8.7	9.5
羊肉	Mutton	万吨	10000 tons	10.0	16.5	17.1	18.8
禽肉	Poultry	万吨	10000 tons	154.0	146.4	150.7	174.6
禽蛋	Poultry Eggs	万吨	10000 tons	163.2	154.7	158.3	168.7
牛奶	Cow Milk	万吨	10000 tons	30.5	29.8	30.8	33.8

2-17 生猪调出大县年末生猪存栏
Number of Hogs in Stock of Major Hog-Contributed Counties at Year-end

单位:万头 (10000 heads)

地　区	Region	2016	2017	2018	2019
长丰县	Changfeng	38.54	37.00	33.81	6.48
肥东县	Feidong	41.06	39.42	37.54	9.90
怀远县	Huaiyuan	38.35	36.82	28.50	33.53
固镇县	Guzhen	43.61	41.87	37.40	19.20
太湖县	Taihu	29.99	28.80	24.48	3.98
定远县	Dingyuan	53.32	51.18	53.78	11.02
临泉县	Linquan	58.52	56.18	48.98	33.96
太和县	Taihe	50.66	48.63	40.23	48.77
阜南县	Funan	49.56	47.57	37.80	24.74
颍上县	Yingshang	50.15	48.15	39.00	17.87
埇桥区	Yongqiao District	57.59	55.28	52.91	44.96
萧　县	Xiaoxian	52.77	50.66	46.90	42.13
灵璧县	Lingbi	57.76	55.45	50.79	13.81
泗　县	Sixian	49.01	47.05	45.02	13.48
寿　县	Shouxian	46.90	45.03	35.72	14.96
霍邱县	Huoqiu	50.38	48.36	44.31	15.90
蒙城县	Mengcheng	46.84	44.97	35.46	30.68
利辛县	Lixin	46.32	44.47	32.82	24.26

2-18 生猪调出大县能繁殖母猪年末存栏
Number of Sows in Stock of Major Large Hog-Contributed Counties at Year-end

单位:万头 (10000 heads)

地 区	Region	2016	2017	2018	2019
长丰县	Changfeng	4.72	4.53	3.66	0.96
肥东县	Feidong	4.43	4.25	4.06	0.61
怀远县	Huaiyuan	4.11	3.94	3.11	3.67
固镇县	Guzhen	3.99	3.83	3.45	1.78
太湖县	Taihu	2.79	2.68	1.78	0.52
定远县	Dingyuan	6.32	6.07	4.87	1.05
临泉县	Linquan	5.67	5.44	4.62	3.85
太和县	Taihe	4.82	4.63	4.03	4.99
阜南县	Funan	5.75	5.52	3.89	2.65
颍上县	Yingshang	5.77	5.54	4.38	2.02
埇桥区	Yongqiao District	6.39	6.13	5.92	4.93
萧 县	Xiaoxian	5.26	5.05	3.85	4.63
灵璧县	Lingbi	5.41	5.20	3.61	1.97
泗 县	Sixian	5.81	5.57	4.20	1.74
寿 县	Shouxian	5.51	5.29	4.06	4.49
霍邱县	Huoqiu	4.34	4.17	3.61	0.97
蒙城县	Mengcheng	5.22	5.01	3.61	4.13
利辛县	Lixin	5.03	4.83	4.22	3.53

2-19 生猪调出大县生猪出栏
Number of Slaughtered Hogs in Major Hog-Contributed Counties

单位:万头　　　　(10000 heads)

地　区	Region	2016	2017	2018	2019
长丰县	Changfeng	77.18	74.09	74.31	52.31
肥东县	Feidong	79.17	76.00	79.57	60.18
怀远县	Huaiyuan	68.96	66.20	59.23	37.43
固镇县	Guzhen	63.90	61.34	69.70	51.30
太湖县	Taihu	53.78	51.63	51.93	36.76
定远县	Dingyuan	102.76	98.65	102.00	88.39
临泉县	Linquan	90.93	87.29	86.60	90.12
太和县	Taihe	85.93	82.49	76.55	106.19
阜南县	Funan	83.39	80.05	71.59	54.06
颍上县	Yingshang	84.78	81.39	77.73	57.12
埇桥区	Yongqiao District	103.46	99.32	100.52	95.64
萧　县	Xiaoxian	68.40	65.66	65.24	62.67
灵璧县	Lingbi	90.11	86.51	80.81	50.85
泗　县	Sixian	78.41	75.28	78.73	72.36
寿　县	Shouxian	82.24	78.95	76.29	63.88
霍邱县	Huoqiu	101.67	97.61	91.64	54.92
蒙城县	Mengcheng	73.09	70.16	65.43	72.79
利辛县	Lixin	85.81	82.38	66.55	58.64

2-20 生猪调出大县猪肉产量
Output of Pork in Major Hog-Contributed Counties

单位:万吨 (10000 tons)

地　区	Region	2016	2017	2018	2019
长丰县	Changfeng	6.69	6.42	6.46	4.52
肥东县	Feidong	6.69	6.42	6.78	5.19
怀远县	Huaiyuan	5.47	5.25	4.95	3.29
固镇县	Guzhen	5.04	4.84	5.60	4.40
太湖县	Taihu	4.47	4.29	4.55	3.14
定远县	Dingyuan	8.63	8.29	8.58	7.63
临泉县	Linquan	7.48	7.18	7.47	7.75
太和县	Taihe	6.93	6.65	6.37	8.97
阜南县	Funan	6.93	6.65	6.11	4.66
颍上县	Yingshang	6.98	6.70	6.56	4.90
埇桥区	Yongqiao District	8.69	8.34	8.39	8.17
萧　县	Xiaoxian	5.62	5.40	5.42	5.48
灵璧县	Lingbi	7.49	7.19	7.23	4.38
泗　县	Sixian	6.22	5.97	6.00	6.25
寿　县	Shouxian	6.82	6.54	6.35	5.48
霍邱县	Huoqiu	8.66	8.32	7.94	4.75
蒙城县	Mengcheng	6.21	5.97	5.52	6.27
利辛县	Lixin	7.18	6.89	5.56	5.04

2-21 历年全国粮食作物播种面积
Sown Area of Grain Crops of China

单位：千公顷 (1000 hectares)

年份 Year	粮食作物播种面积 Sown Area of Grain Crops	稻谷 Rice	小麦 Wheat	玉米 Corn	大豆 Soybean	薯类 Tubers
1949	109959	25709	12515	12915	8319	7011
1952	123979	28382	24780	12566	11679	8688
1957	133633	32241	27542	14943	12748	10495
1962	121621	26935	24075	12819	9504	12171
1965	119627	29825	24709	15671	8593	11175
1970	119267	32358	25458	15831	7985	10717
1975	121062	35729	27661	18598	6999	10969
1978	120587	34421	29183	19961	7144	11796
1979	119263	33873	29357	20133	7247	10952
1980	117234	33878	28844	20087	7226	10153
1981	114958	33295	28307	19425	8024	9620
1982	113462	33071	27955	18543	8419	9370
1983	114047	33136	29050	18824	7567	9402
1984	112884	33178	29576	18537	7286	8988
1985	108845	32070	29218	17694	7718	8572
1986	110933	32266	29616	19124	8295	8685
1987	111268	32193	28798	20212	8445	8868
1988	110123	31987	28785	19692	8120	9054
1989	112205	32700	29841	20353	8057	9097
1990	113466	33064	30753	21401	7560	9121
1991	112314	32590	30948	21574	7041	9078
1992	110560	32090	30496	21044	7221	9057
1993	110509	30355	30235	20694	9454	9220
1994	109544	30171	28981	21152	9222	9270
1995	110060	30744	28860	22776	8127	9519
1996	112548	31406	29611	24498	7471	9797
1997	112912	31765	30057	23775	8346	9785
1998	113787	31214	29774	25239	8500	10000
1999	113161	31283	28855	25904	7962	10355
2000	108463	29962	26653	23056	9307	10538
2001	106080	28812	24664	24282	9482	10217
2002	103891	28202	23908	24634	8720	9881
2003	99410	26508	21997	24068	9313	9702
2004	101606	28379	21626	25446	9589	9457
2005	104278	28847	22793	26358	9591	9503
2006	104958	28938	23613	28463	9304	7877
2007	105638	28919	23721	29478	8801	8082
2008	106793	29241	23617	29864	9225	8427
2009	108986	29627	24291	31183	9339	8636
2010	109876	29873	24257	32500	8700	8750
2011	110573	30057	24270	33542	8103	8906
2012	111205	30137	24268	35030	7405	8886
2013	111956	30312	24117	36318	7050	8963
2014	112723	30310	24069	37123	7098	8940
2015	113343	30216	24141	38119	6827	8839
2016	113034	30178	24187	36768	7599	8941
2017	117989	30747	24508	42399	8245	7173
2018	117038	30189	24266	42130	8413	7180
2019	116064	29690	23730	41280		

2-22 历年全国粮食作物总产量
Total Output of Grain Crops of China

单位：万吨 (10000 tons)

年份 Year	粮食作物总产量 Total Output of Grain Crops	稻谷 Rice	小麦 Wheat	玉米 Corn	大豆 Soybean	薯类 Tubers
1949	11318	4865	1381	1242	509	985
1952	16392	6843	1813	1685	952	1633
1957	19505	8678	2364	2144	1005	2192
1962	15441	6299	1667	1626	651	2345
1965	19453	8772	2522	2366	614	1986
1970	23996	10999	2919	3303	871	2668
1975	28452	12556	4531	4722	724	2857
1978	30477	13693	5384	5595	757	3174
1979	33212	14375	6273	6004	746	2846
1980	32056	13991	5521	6260	794	2873
1981	32502	14396	5964	5921	933	2597
1982	35450	16160	6847	6056	903	2705
1983	38728	16887	8139	6821	976	2925
1984	40731	17826	8782	7341	970	2848
1985	37911	16857	8581	6383	1050	2604
1986	39151	17222	9004	7086	1161	2534
1987	40298	17426	8590	7924	1247	2821
1988	39408	16911	8543	7735	1165	2697
1989	40755	18013	9081	7893	1023	2730
1990	44624	18933	9823	9682	1100	2743
1991	43529	18381	9595	9877	971	2716
1992	44266	18622	10159	9538	1030	2844
1993	45649	17751	10639	10270	1531	3181
1994	44510	17593	9930	9928	1600	3025
1995	46662	18523	10221	11199	1350	3263
1996	50454	19510	11057	12747	1322	3536
1997	49417	20073	12329	10431	1473	3192
1998	51230	19871	10973	13295	1515	3604
1999	50839	19849	11388	12809	1425	3641
2000	46218	18791	9964	10600	1541	3685
2001	45264	17758	9387	11409	1541	3563
2002	45706	17454	9029	12131	1651	3666
2003	43070	16066	8649	11583	1539	3513
2004	46947	17909	9195	13029	1740	3558
2005	48402	18059	9745	13937	1635	3469
2006	49804	18172	10847	15160	1508	2701
2007	50160	18603	10930	15230	1279	2808
2008	52871	19190	11246	16591	1570.9	2980
2009	53082	19510	11512	16397	1522.42	2995
2010	54648	19576	11518	17725	1540.99	3114
2011	57121	20100	11740	19278	1487.85	3273
2012	58958	20424	12102	20561	1343.59	3293
2013	60194	20361	12193	21849	1240.71	3329
2014	60703	20651	12621	21565	1268.57	3336
2015	62142	20823	13019	22463	1236.74	3324
2016	61625	20708	12885	21955	1359.55	3356
2017	66161	21268	13433	25907	1528.25	2799
2018	65789	21213	13144	25717	1597	2865
2019	66384	20961	13360	26078		2883

2-23 全国及分省(区、市)粮食作物总产量
Total Output of Grain Crops by Province and Region

单位:万吨 (10000 tons)

地区	Region	2016	2017	2018	2019
全　国	**National**	**66043.5**	**66160.72**	**65789.22**	**66384.34**
北　京	Beijing	52.8	41.1	34.1	28.8
天　津	Tianjin	200.4	212.3	209.7	223.3
河　北	Hebei	3783.0	3829.3	3700.9	3739.2
山　西	Shanxi	1380.3	1355.1	1380.4	1361.8
内蒙古	Inner Mongolia	3263.3	3254.5	3553.3	3652.5
辽　宁	Liaoning	2315.6	2330.7	2192.5	2430.0
吉　林	Jilin	4150.7	4154.0	3632.7	3877.9
黑龙江	Heilongjiang	7416.1	7410.3	7506.8	7503.0
上　海	Shanghai	111.8	99.8	103.7	95.9
江　苏	Jiangsu	3542.4	3610.8	3660.3	3706.2
浙　江	Zhejiang	564.8	580.1	599.1	592.2
安　徽	**Anhui**	**3961.8**	**4019.7**	**4007.3**	**4054.0**
福　建	Fujian	477.3	487.2	498.6	493.9
江　西	Jiangxi	2234.4	2221.7	2190.7	2157.5
山　东	Shandong	5332.3	5374.3	5319.5	5357.0
河　南	Henan	6498.0	6524.3	6648.9	6695.4
湖　北	Hubei	2796.4	2846.1	2839.5	2725.0
湖　南	Hunan	3052.3	3073.6	3022.9	2974.8
广　东	Guangdong	1204.2	1208.6	1193.5	1240.8
广　西	Guangxi	1419.0	1370.5	1372.8	1332.0
海　南	Hainan	146.1	138.1	147.1	145.0
重　庆	Chongqing	1078.2	1079.9	1079.3	1075.2
四　川	Sichuan	3469.9	3488.9	3493.7	3498.5
贵　州	Guizhou	1264.3	1242.5	1059.7	1051.2
云　南	Yunnan	1815.1	1843.4	1860.5	1870.0
西　藏	Tibet	103.9	106.5	104.4	103.9
陕　西	Shaanxi	1264.0	1194.2	1226.0	1231.1
甘　肃	Gansu	1117.5	1105.9	1151.4	1162.6
青　海	Qinghai	104.8	102.6	103.1	105.5
宁　夏	Ningxia	370.7	370.1	392.6	373.2
新　疆	Xinjiang	1552.3	1484.7	1504.2	1527.1
安徽居全国位次	**Order of Precedence of Anhui in the Country**	**5**	**5**	**4**	**4**

2-24 全国及分省(区、市)棉花产量
Output of Cotton by Provinces and Region

单位:万吨 (10000 tons)

地区	Region	2016	2017	2018	2019
全 国	**National**	**534.3**	**565.3**	**610.3**	**588.9**
北 京	Beijing	…	…	…	…
天 津	Tianjin	2.1	2.5	1.8	1.8
河 北	Hebei	23.9	24.0	23.9	22.7
山 西	Shanxi	0.5	0.4	0.4	0.3
内蒙古	Inner Mongolia	…	…	…	…
辽 宁	Liaoning	…	…	…	…
吉 林	Jilin	…	…	…	…
黑龙江	Heilongjiang	…	…	…	…
上 海	Shanghai	0.1	…	…	…
江 苏	Jiangsu	3.7	2.6	2.1	1.6
浙 江	Zhejiang	0.8	0.6	0.8	0.8
安 徽	**Anhui**	**11.1**	**8.6**	**8.9**	**5.6**
福 建	Fujian	…	…	…	…
江 西	Jiangxi	10.0	10.5	7.2	6.6
山 东	Shandong	32.9	20.7	21.7	19.6
河 南	Henan	4.9	4.4	3.8	2.7
湖 北	Hubei	19.0	18.4	14.9	14.4
湖 南	Hunan	12.6	11.0	8.6	8.2
广 东	Guangdong	…	…	…	…
广 西	Guangxi	0.2	0.1	0.1	0.1
海 南	Hainan	…	…	…	…
重 庆	Chongqing	…	…	…	…
四 川	Sichuan	0.5	0.4	0.4	0.3
贵 州	Guizhou	0.2	0.1	0.1	…
云 南	Yunnan	…	…	…	…
西 藏	Tibet	…	…	…	…
陕 西	Shaanxi	1.7	1.2	1.0	0.8
甘 肃	Gansu	2.3	3.2	3.5	3.3
青 海	Qinghai	…	…	…	…
宁 夏	Ningxia	…	…	…	…
新 疆	Xinjiang	407.8	456.7	511.1	500.2
安徽居全国位次	**Order of Precedence of Anhui in the Country**	**6**	**7**	**5**	**7**

主要统计指标解读

Explanatory Notes on Main Statistical Indicators

粮食产量 指农业生产经营者日历年度内生产的全部粮食数量。按收获季节包括夏收粮食、早稻和秋收粮食,按作物品种包括谷物、薯类和豆类。其中谷物包括小麦、玉米、早稻、中稻和一季晚稻、双季晚稻、大麦、高粱、谷子、荞麦等禾本科和蓼科粮食作物;薯类只包括马铃薯、甘薯,木薯统计在其他农作物,芋头等其他薯统计在其他蔬菜;豆类包括大豆、绿豆、红小豆、杂豆等。谷物产量按脱粒后的原粮计算,薯类按鲜薯重量的5∶1折算,豆类按去豆荚后的干豆计算。

猪、牛、羊肉产量 指当年出栏并已屠宰、除去头蹄下水后带骨肉(即胴体重)的重量。包括全社会范围内的产量。

期初(末)畜禽存栏头(只)数 指报告期初(末)养殖户(单位)饲养的大牲畜、猪、羊、家禽等畜禽的存栏数。

当年出栏头数 指养殖户(单位)饲养的、供屠宰并已出栏的全部牲畜头数。

常用耕地 指耕地总资源中专门种植农作物并经常进行耕种、能够正常收获的土地。包括当年实际耕种的熟地;弃耕、休闲不满三年,随时可以复耕的地;开荒利用三年以上的土地。在统计口径上包括南方小于1米、北方小于2米宽的沟、渠、路和田埂。不包括临时种植农作物的坡度在25度以上的陡坡地;在河套、湖畔、库区临时开发的成片或零星土地;也不包括已列为国家和省(区、市)退耕计划但临时耕种的土地。常用耕地是国家需要重点保护的耕地,是反映我国农业综合生产能力的一个重要指标。

农作物播种面积 指实际播种或移植有农作物的面积。凡是实际种植有农作物的面积,不论种植在耕地上还是种植在非耕地上,均包括在农作物播种面积中。在播种季节基本结束后,因遭灾而重新改种和补种的农作物面积,也包括在内。它是反映我国耕地面积利用情况的一个重要指标。目前,农作物播种面积主要包括粮食、棉花、油料、糖料、麻类、烟叶、蔬菜和瓜类、药材及其他农作物九大类。

农林牧渔业中间消耗 指在一定时期内农林牧渔业生产过程中所消耗的物质产品和劳务价值。中间消耗包括物质产品消耗和生产服务支出两个部分。

物质消耗 指在一定时期内农林牧渔业生产过程中消耗的各种农业生产资料和发生的各项支出的市场价值。主要包括用种、饲料饲草、肥料、燃料、农药、农膜、小农具、养殖用药、水费、电费、棚架材料费、办公费用以及其他物质消耗。

生产服务支出 指在一定时期内农林牧渔业生产过程中各部门对农林牧渔业生产提供的劳动服务的价值。包括修理费、外雇运输费、生产性邮电费、外雇排灌费、外雇机械作业费、配种费、防疫费、技术服务费、上缴管理费、保险费、职工教育费、差旅费、会议费和其他服务费用等。

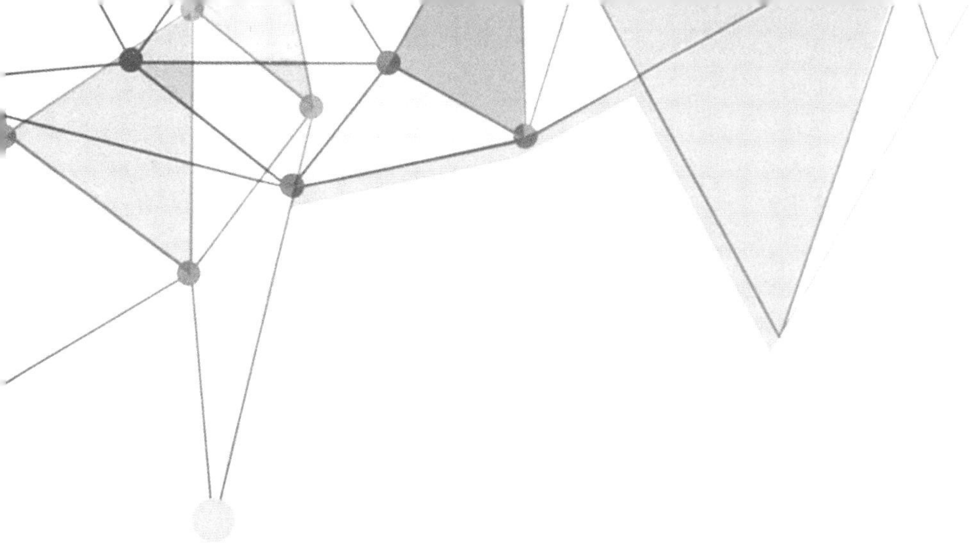

人民生活

PEOPLE'S LIVING CONDITIONS

简 要 说 明

一、本篇资料内容主要反映城乡居民收支和生活状况，包括居民家庭基本情况、居民收支、消费水平、居住状况及主要消费品拥有量等。

二、本篇资料来源于城乡一体化住户调查，自2013年以来，城乡一体化住户调查整合城乡住户调查资源，统一调查指标、统一抽样方法、统一调查过程、统一数据处理和统一数据发布，更加全面准确地反映居民收入分配格局，根据国家统计局《住户收支与生活状况调查方案》，由安徽调查总队组织实施，调查目的是为全面了解全省和分市、县（区）城乡常住居民收入、生活现状及变化情况，满足各级政府制定政策计划和进行宏观管理的需要，以及社会各界的信息需求，为国民经济核算提供基础数据。

本版责任编辑：冉　地　张　怡

3-1 全体常住居民调查户基本情况
Basic Conditions of Urban Households Surveyed

指标名称	Item	单位	2018	2019
一、基本情况	**Basic Conditions**			
调查户数	Number of Households Surveyed	(户)	—	
(一)户均常住人口	Permanent Residents per Household	人	3.0	
户均常住从业人口	Permanent Employees per Household	人	1.7	1.7
平均每一从业人口负担人数(包括从业者本人)	Number of Dependents per Employee Including Oneself (person)		1.8	1.8
恩格尔系数	Engel's Coefficient of Households	(%)	31.8	31.8
(二)性别	Gender	—		
1.男性	Male	%	49.7	49.4
2.女性	Female	%	50.3	50.6
(三)户口状况	Residence Registration	—		
1.农业	Agricultural Account	%	73.5	72.7
2.非农业	Non-agricultural Account	%	26.3	27.1
3.其他	Others	%	0.2	0.2
(四)6岁及以上常住成员受教育程度	Education Level of Residents Aged 6 and Above	—		
1.未上过学	Not Been to School	%	7.4	7.0
2.小学	Primary School	%	28.8	28.3
3.初中	Junior Secondary School	%	35.8	35.8
4.高中	Senior Secondary School	%	13.6	13.7
5.大学专科	Junior College	%	7.4	7.9
6.大学本科	Undergraduate College	%	6.3	6.6
7.研究生	Postgraduate	%	0.7	0.7
二、常住从业人员情况	**Employment**	—		
(一)户均常住从业人数	Permanent Employees per Household	人	1.7	1.7
(二)就业状况	Job Situation	—		
1.雇主	Employer	%	1.4	1.0
2.公职人员	Public Officer	%	2.3	2.1
3.事业单位人员	Institution Worker	%	5.5	5.6

3-1 续表 Continued

指标名称	Item	单位	2018	2019
4.国有企业雇员	State-owned Enterprise Employee	%	3.8	3.9
5.其他雇员	Other Employee	%	44.0	47.4
6.农业自营	Agricultural Self-employed	%	28.8	25.5
7.非农自营	Non-agricultural Self-employed	%	14.1	14.5
(三)主要从事行业	Industries Engaged	0.0		
1.第一产业	Primary Industry	%	30.5	27.7
2.第二产业	Secondary Industry	%	24.3	23.9
3.第三产业	Tertiary Industry	%	45.2	48.4
三、户主文化程度	**Education Level of Householder**	—		
1.未上过学	Not Been to School	%	3.7	3.4
2.小学	Primary School	%	21.5	20.9
3.初中	Junior Secondary School	%	46.9	47.0
4.高中	Senior Secondary School	%	13.9	13.8
5.大学专科	Junior College	%	7.7	8.1
6.大学本科	Undergraduate College	%	5.7	6.0
7.研究生	Postgraduate	%	0.6	0.6

3-2 居民家庭收入和消费情况
Income and Consumption of Households

项 目	Item	2017	2018	2019
一、可支配收入及构成	**Disposable Income and Its Composition**			
可支配收入(元)	**Disposable Income(*yuan*)**	**21863.3**	**23983.6**	**26415.1**
工资性收入	Wages Income	11920.9	12851.4	13956.5
经营净收入	Net Income from Business	4878.9	5478.4	5967.5
财产净收入	Net Property Income	1227.7	1456.8	1729.4
转移净收入	Net Transfer Income	3835.8	4197.1	4761.7
可支配收入构成(%)	**Composition of per Capita Disposable Income(%)**	**100.0**	**100.0**	**100**
工资性收入	Wages Income	54.5	53.6	52.8
经营净收入	Net Income from Business	22.3	22.8	22.6
财产净收入	Net Property Income	5.6	6.1	6.5
转移净收入	Net Transfer Income	17.5	17.5	18.0
二、消费支出及构成	**Annual Living Expenditures for Consumption and Its Composition**			
平均每人消费性支出(元)	**Per Capita Annual Living Expenditures for Consumption (*yuan*)**	**15751.7**	**17044.6**	**19137.4**
一、食品	Food	5143.4	5414.7	6080.8
二、衣着	Clothing	1037.5	1137.4	1300.6
三、居住	Residence	3397.6	3941.9	4281.3
四、生活用品及服务	Household Facilities, Articles and Service	890.8	1041.2	1154.3
五、交通通信	Traffic and Communications	2102.3	2082.1	2286.6
六、教育文化娱乐	Education and Cultural Recreation	1700.5	1810.4	2132.8
七、医疗保健	Medicine and Medical Service	1135.9	1224.0	1489.9
八、其他用品和服务	Miscellaneous Commodities and Services	343.8	392.8	411.2
平均每人消费性支出构成(%)	**Composition of per Capita Annual Living Expenditures for Consumption(%)**	**100.0**	**100.0**	**100**
一、食品	Food	32.7	31.8	31.8
二、衣着	Clothing	6.6	6.7	6.8
三、居住	Residence	21.6	23.1	22.4
四、生活用品及服务	Household Facilities, Articles and Service	5.7	6.1	6.0
五、交通通信	Traffic and Communication	13.3	12.2	11.9
六、教育文化娱乐	Education and Cultural Recreation	10.8	10.6	11.1
七、医疗保健	Medicine and Medical Service	7.2	7.2	7.8
八、其他用品和服务	Miscellaneous Commodities and Services	2.2	2.3	2.1

3-3 居民家庭人均收入情况
Annual Income per Capita of Households

单位:元 (yuan)

项目	Item	2017	2018	2019
总收入(未扣除生产费用)	**Total Income (Not Deduct the Production Cost)**	**25512.7**	**28324.4**	**31005.3**
工资性收入	Income from Wages and Salaries	11920.9	12851.4	13956.5
经营性收入	Business Income	7335.3	8550.3	9240.3
财产性收入	Property Income	1320.7	1616.5	1901.3
转移性收入	Transfer Income	4935.8	5306.3	5907.3
现金可支配收入	**Cash Disposable Income**	**20619.5**	**23041.0**	**24844.9**
现金工资性收入	Cash Wages Income	11829.6	12760.1	13859.5
现金经营净收入	Net Cash Income from Business	4862.7	5907.6	5966.0
现金财产净收入	Net Cash Property Income	389.7	435.5	572.4
现金转移净收入	Net Cash Transfer Income	3537.5	3937.8	4447.1
总支出	**Total Expenditures**	**23147.6**	**25876.4**	**28370.0**
其中:消费支出	Of Which:Expenditure for Consumption	15751.7	17044.6	19137.4
生产经营费用支出	Expenditure for Business	2048.6	2499.3	2834.0
财产性支出	Property Expenditure	93.0	159.7	171.9
转移性支出	Transfer Expenditure	1100.9	1109.3	1145.5
现金支出	**Cash Expenditure**	**20399.7**	**22607.1**	**24702.6**
其中:现金消费支出	Of Which:Cash Expenditure for Consumption	13037.1	13809.7	15499.4
生产经营费用支出	Cash Expenditure for Business	2015.4	2465.0	2804.7
现金财产性支出	Cash Property Expenditure	93.0	159.7	171.9
现金转移性支出	Cash Transfer Expenditure	1100.9	1109.3	1145.5
可支配收入	**Disposable Income**	**21863.3**	**23983.6**	**26415.1**
一、工资性收入	Income from Wages and Salaries	11920.9	12851.4	13956.5
(一)工资	Wages	11229.8	12361.6	13383.8
1.按月发放的工资	Monthly Salaries	8742.2	9013.5	9867.0
2.补发工资	Reissued Salaries	166.9	406.7	370.5
3.不按月发放的奖金、津贴、过节费等	Unmonthly Paid Bonus, Allowance and Holiday Fee	2320.7	2941.5	3146.2
(二)实物福利	Benefits in Kind	91.3	91.2	97.0
1.从单位或雇主得到的实物产品折价	Cash Calculated from Physical Products Paid by Unit or Employer	17.4	26.9	26.4
2.从单位或雇主得到的服务折价	Cash Calculated from Services by Unit or Employer	73.9	64.3	70.6
(三)其他	Others	599.7	398.5	475.7
1.住房公积金	Housing Accumulation Fund	548.5	352.7	432.4

3-3 续表1 Continued 1

项　目	Item	2017	2018	2019
2.辞退金	Dismissal Costs	33.9	9.9	22.0
3.自由职业劳动所得(如稿费、翻译费)	Income on Freelance Business (Such as Remuneration or Translation Fees)	15.5	27.4	20.5
4.安家费	Settling-in Allowance	0.4	6.2	0.0
5.股票期权	Stock Options	0.8	0.0	0.4
6.其他劳动所得	Other Labor Income	0.7	2.4	0.5
二、经营净收入	Net Business Income	4878.9	5478.4	5967.5
(一)第一产业经营净收入	Primary Industry	1974.7	2074.6	2217.7
1.农业	Farming	1622.7	1659.5	1794.0
2.林业	Forestry	112.3	142.9	134.6
3.牧业	Animal Husbandry	167.7	184.0	186.4
4.渔业	Fishery	72.0	88.2	102.7
(二)第二产业经营净收入	Secondary Industry	611.9	683.5	746.0
1.采矿业	Mining	1.5	18.6	15.6
2.制造业	Manufacturing	333.2	302.4	354.8
3.电力、热力、燃气及水生产和供应业	Production and Supply of Electricity, Heating, Gas and Water	0.2	-3.4	-0.7
4.建筑业	Construction	277.0	365.8	376.2
(三)第三产业经营净收入	Tertiary Industry	2292.3	2720.3	3003.8
1.批发和零售业	Wholesale and Retail Trades	1226.1	1518.5	1781.4
2.交通运输、仓储和邮政业	Transport, Storage and Post	383.2	363.4	289.5
3.住宿和餐饮业	Hotels and Catering Services	245.0	396.1	342.2
4.房地产业	Real Estate	1.1	-2.2	-0.7
5.租赁和商务服务业	Leasing and Business Services	32.2	10.2	8.9
6.居民服务、修理和其他服务业	Resident Services, Repair and Other Services	284.2	316.6	386.6
7.其他	Others	53.2	61.3	127.9
8.农林牧渔服务业	Agricultural Services	67.2	56.4	68.0
三、财产净收入	Net Property Income	1227.7	1456.8	1729.4
(一)利息净收入	Net Interest Income	26.1	-40.5	-14.4
(二)红利收入	Dividend Income	48.6	84.2	102.0
1.集体分配的红利	Collective Dividends	19.4	14.9	13.0
2.其他红利收入	Other Dividend Income	29.2	69.8	89.0
(三)储蓄性保险净收益	Net Income of Savings Insurance	3.4	2.2	4.4

3-3 续表2 Continued 2

项目	Item	2017	2018	2019
（四）转让承包土地经营权租金净收入	Net Income from Transfer of Right to Contracted Management of Rural Land	69.4	66.3	106.0
（五）出租房屋财产性收入	Property Income from Rental Accommodation	233.2	276.3	335.8
（六）出租机械、专利、版权等资产的收入	Income from Rental Machinery, Patent, Copyright and the Like	6.5	28.2	18.2
（七）其他财产净收入	Other Net Property Income	2.6	18.8	20.5
（八）房屋虚拟租金	Virtual Housing Rent	838.0	1021.3	1157.1
四、转移净收入	Net Transfer Income	3835.8	4197.1	4761.7
（一）转移性收入	Transfer Income	4935.9	5306.3	5907.2
1.养老金或离退休金	Pension or Retirement Pension	2608.7	2525.9	2654.6
（1）离退休金	Pensions of Retirees	2394.3	2288.9	2359.1
（2）（城镇）居民社会养老保险	Social Old-age Insurance for Residents (Urban)	79.3	51.3	69.9
（3）新型农村养老保险	New System of Old-age Insurance for Rural Residents	94.3	138.1	154.4
（4）其他养老金	Other Old-age Pension	40.8	47.6	71.2
2.社会救济和补助	Social Welfare or Aid	109.8	167.2	238.2
（1）最低生活保障费	Guaranteed Minimum Income	41.3	62.9	80.6
（2）五保户救助金	Aids to Households Enjoying the Five Guarantees	5.6	7.6	9.7
（3）扶贫款	Poverty Relief Funds	22.1	19.6	24.5
（4）救灾款	Disaster Relief Funds	2.5	0.8	1.2
（5）抚恤金	Pension	19.7	31.9	53.8
（6）医疗救助专项补贴	Special Subsidies for Medical Assistance	—	4.0	6.5
（7）教育救助专项补贴	Special Subsidies for Educational Assistance	—	5.7	9.2
（8）其他社会救济收入	Other Income from Social Welfare	18.6	34.7	52.7
3.政策性生活补贴	Policy Living Allowance	37.2	52.7	64.6
（1）家电补贴	Subsidies for Home Appliances	1.0	0.9	0.0
（2）能源补贴	Subsidies for Energy	1.3	1.2	0.7
（3）免费或低价提供的住宿（廉租房）	Free or Cheap Accommodation	0.2	0.3	0.2
（4）居住专项补贴	Special Subsidies for Residence	—	2.9	1.5
（5）建房改造专项补贴	Special Subsidies for Home Building and Renovation	—	11.7	15.4
（6）其他生活补贴	Other Living Allowance	34.9	36.0	47.0

3-3 续表 3 Continued 3

项 目	Item	2017	2018	2019
4.报销医疗费	Reimbursement of Medical Expenses	284.1	217.5	298.9
5.家庭外出从业人员寄回带回收入	Sent Back by Family Outings Employees	1259.5	1531.9	1857.4
6.赡养收入	Alimony Income	422.0	549.5	572.4
7.其他经常转移收入	Other Regular Transfer Income	100.0	141.9	83.3
(1)失业保险金	Unemployment Insurance Benefits	4.1	7.5	4.0
(2)经常性捐赠收入	Regular Donation Income	17.2	9.7	10.9
(3)经常性赔偿收入	Regular Compensation Income	6.3	12.9	0.0
(4)社保支出专项补贴	Special Subsidy for Social Insurance Expenditure	—	1.6	1.1
(5)扶贫补助金孳息收入	Subsidy Yields Income from Poverty Alleviation	—	0.1	0.4
(6)扶贫贷款利息补助收入	Income of Interest Subsidy for Poverty Alleviation Loans	—	0.7	0.4
(7)其他转移性收入	Other Transfer Income	70.7	109.4	66.6
8.从政府和组织得到的实物产品和服务折价	Cash Calculated from Physical Products and Service Paid by Government and Organizations	13.3	41.8	15.7
9.现金政策性惠农补贴	Policy Agricultural Subsidies in Cash	101.2	77.9	122.0
(二)转移性支出	Transfer Expenditure	1100.0	1109.3	1145.5
1.个人所得税	Personal Income Tax	39.0	58.2	50.7
2.社会保障支出	Social Security Expentiduture	883.5	892.4	947.7
(1)个人缴纳的养老保险	Individual Endowment Insurance	606.6	581.3	595.0
(2)个人缴纳的医疗保险	Individual Medical Treatment Insurance	230.0	266.4	295.0
(3)个人缴纳的失业保险	Individual Unemployment Insurance	29.1	21.8	24.8
(4)其他社会保障支出	Other Social Security Expenditure	17.8	22.9	32.8
3.外来从业人员寄给家人的支出	Sent Home to Their Families by Migrant Workers	12.2	5.0	5.6
4.赡养支出	Alimony Expentiduture	78.3	100.3	90.8
5.其他转移性支出	Other Transfer Expenditure	86.9	53.4	50.7
(1)经常性捐赠支出	Regular Donation Expenditure	5.0	2.8	2.2
(2)经常性赔偿支出	Regular Compensation Expenditure	0.0	0.1	0.0
(3)其他经常转移支出	Other Regular Transfer Expenditure	82.0	50.6	48.4
现金可支配收入	**Cash Disposable Income**	**20619.5**	**23041.0**	**24844.9**
一、现金工资性收入	Cash Income from Wages and Salaries	11829.6	12760.1	13859.5
(一)工资	Wages	11229.8	12361.6	13383.8

3-3 续表4 Continued 4

项　　目	Item	2017	2018	2019
1.按月发放的工资	Monthly Salaries	8742.2	9013.5	9867.0
2.补发工资	Reissued Salaries	166.9	406.7	370.5
3.不按月发放的奖金、津贴、过节费等	Unmonthly Paid Bonus, Allowance and Holiday Fee	2320.7	2941.5	3146.2
(二)其他工资性收入	Other Income from Wages and Salaries	599.7	398.5	475.7
1.住房公积金	Housing Accumulation Fund	548.5	352.7	432.4
2.辞退金	Dismissal Costs	33.9	9.9	22.0
3.自由职业劳动所得(如稿费、翻译费)	Income on Freelance Business (Such as Remuneration or Translation Fees)	15.5	27.4	20.5
4.安家费	Settling-in Allowance	0.4	6.2	0.0
5.股票期权	Stock Options	0.8	0.0	0.4
6.其他劳动所得	Other Labor Income	0.7	2.4	0.5
二、现金经营净收入	Net Cash Business Income	4862.7	5907.6	5966.0
(一)第一产业现金经营净收入	Primary Industry	1638.8	2048.8	1883.7
1.农业	Farming	1333.5	1667.3	1511.3
2.林业	Forestry	66.3	96.8	77.4
3.牧业	Animal Husbandry	167.2	195.7	190.7
4.渔业	Fishery	71.7	88.9	104.3
(二)第二产业现金经营净收入	Secondary Industry	695.1	828.7	809.9
1.采矿业	Mining	6.9	19.8	17.5
2.制造业	Manufacturing	376.7	364.9	384.5
3.电力、热力、燃气及水生产和供应业	Production and Supply of Electricity, Heating, Gas and Water	0.2	-0.4	0.3
4.建筑业	Construction	311.4	444.3	407.7
(三)第三产业现金经营净收入	Tertiary Industry	2528.8	3030.2	3272.3
1.批发和零售业	Wholesale and Retail Trades	1336.5	1658.1	1914.0
2.交通运输、仓储和邮政业	Transport, Storage and Post	436.8	442.3	355.9
3.住宿和餐饮业	Hotels and Catering Services	267.2	423.1	375.4
4.房地产业	Real Estate	1.1	-2.2	-0.7
5.租赁和商务服务业	Leasing and Business Services	37.5	33.1	10.3
6.居民服务、修理和其他服务业	Resident Services, Repair and Other Services	306.5	344.5	413.0
7.其他行业	Others	70.5	71.4	131.4
8.农林牧渔服务业	Agricultural Services	72.6	59.9	73.0
三、现金财产净收入	Net Cash Property Income	389.7	435.5	572.4
(一)利息净收入	Net Interest Income	26.1	-40.5	-14.4

3-3 续表 5 Continued 5

项　目	Item	2017	2018	2019
(二)红利收入	Dividend Income	48.6	84.2	102.0
1.集体分配的红利	Collective Dividends	19.4	14.8	13.0
2.其他红利收入	Other Dividend Income	29.2	69.4	89.0
(三)储蓄性保险净收益	Net Income of Savings Insurance	3.4	2.2	4.4
(四)转让承包土地经营权租金净收入	Net Income from Transfer of Right to Contracted Management of Rural Land	69.4	66.3	106.0
(五)出租房屋财产性收入	Property Income from Rental Accommodation	233.2	276.3	335.8
(六)出租机械、专利、版权等资产的收入	Income from Rental Machinery, Patent, Copyright and the Like	6.5	28.2	18.2
(七)其他财产净收入	Other Net Property Income	2.6	18.8	20.5
四、现金转移净收入	Net Cash Transfer Income	3537.5	3937.8	4447.1
(一)现金转移性收入	Cash Transfer Income	4638.4	5047.0	5592.6
1.养老金或离退休金	Pension or Retirement Pension	2608.7	2525.9	2654.6
(1)离退休金	Pensions of Retirees	2394.3	2288.9	2359.1
(2)(城镇)居民社会养老保险	Social Old-age Insurance for Residents (Urban)	79.3	51.3	69.9
(3)新型农村养老保险	New System of Old-age Insurance for Rural Residents	94.3	138.1	154.4
(4)其他养老金	Other Old-age Pension	40.8	47.6	71.2
2.社会救济和补助	Social Welfare or Aid	109.8	167.2	238.2
(1)最低生活保障费	Guaranteed Minimum Income	41.3	62.9	80.6
(2)五保户救助金	Aids to Households Enjoying the Five Guarantees	5.6	7.6	9.7
(3)扶贫款	Poverty Relief Funds	22.1	19.6	24.5
(4)救灾款	Disaster Relief Funds	2.5	0.8	1.2
(5)抚恤金	Pension	19.7	31.9	53.8
(6)医疗救助专项补贴	Special Subsidies for Medical Assistance	—	4.0	6.5
(7)教育救助专项补贴	Special Subsidies for Educational Assistance	—	5.7	9.2
(8)其他社会救济收入	Other Income from Social Welfare	18.6	4.0	52.7
3.政策性生产补贴	Policy Production Allowance	—	77.9	122.0
4.政策性生活补贴	Policy Living Allowance	37.2	52.7	64.6
5.家庭外出从业人员寄回带回收入	Sent Back by Family Outings Employees	1259.5	1531.9	1857.4
6.赡养收入	Alimony Income	422.0	549.5	572.4
7.其他经常转移收入	Other Regular Transfer Income	100.0	141.9	83.3

3-3 续表6 Continued 6

项　目	Item	2017	2018	2019
(1)失业保险金	Unemployment Insurance Benefits	4.1	1.2	4.0
(2)经常性捐赠收入	Regular Donation Income	17.2	0.1	10.9
(3)经常性赔偿收入	Regular Compensation Income	6.3	0.9	0.0
(4)社保支出专项补贴	Special Subsidy for Social Insurance Expenditure	—	1.6	1.1
(5)扶贫补助金孳息收入	Subsidy Yields Income from Poverty Alleviation	—	0.1	0.4
(6)扶贫贷款利息补助收入	Income of Interest Subsidy for Poverty Alleviation Loans	—	0.7	0.4
(7)其他转移性收入	Other Transfer Income	72.3	109.4	66.6
(二)现金转移性支出	Cash Transfer Expenditure	1100.9	1109.3	1145.5
1.个人所得税	Personal Income Tax	39.0	58.2	50.7
2.个人缴纳的社会保障支出	Individual Social Security Expenditure	883.5	892.4	947.7
(1)个人缴纳的养老保险	Individual Endowment Insurance	606.6	581.3	595.0
(2)个人缴纳的医疗保险	Individual Medical Treatment Insurance	230.0	266.4	295.0
(3)个人缴纳的失业保险	Individual Unemployment Insurance	29.1	21.8	24.8
(4)其他社会保障支出	Other Social Security Expenditure	17.8	22.9	32.8
(5)个人缴纳的住房公积金	Individual Housing Accumulation fund	—	427.8	509.2
3.外来从业人员寄给家人的支出	Sent Home to Their Families by Migrant Workers	12.2	5.0	5.6
4.赡养支出	Alimony Expenditure	78.3	100.3	90.8
5.其他转移性支出	Other Transfer Expenditure	87.8	53.4	50.7
(1)经常性捐赠支出	Regular Donation Expenditure	5.0	2.8	2.2
(2)经常性赔偿支出	Regular Compensation Expenditure	0.0	0.1	0.0
(3)其他经常转移支出	Other Regular Transfer Expenditure	82.8	50.6	48.4

3-4 居民家庭人均支出情况
Annual Expenditure per Capita of Households

单位:元 (yuan)

项 目	Item	2017	2018	2019
总支出	**Total Expenditure**	**23147.6**	**25876.4**	**28370.0**
其中:消费支出	**Of Which:Consumption Expenditure**	**15751.7**	**17044.6**	**19137.4**
(一)食品烟酒	Food,Tobacco and Liquor	5143.4	5414.7	6080.8
1.食品	Food	3481.1	3519.5	3776.5
(1)谷物	Cereals	680.6	582.4	590.7
(2)薯类	Tubers	47.7	52.7	56.6
(3)豆类	Beans	64.0	63.0	68.6
(4)食用油	Edible Oil	143.9	129.0	118.3
(5)蔬菜和食用菌	Vegetables and Edible Fungus	439.8	404.8	425.9
(6)肉类	Meat	729.5	751.3	802.4
(7)禽类	Poultry	211.0	250.0	323.1
(8)水产品	Aquatic Products	209.9	222.0	271.9
(9)蛋类	Eggs	112.9	117.2	130.7
(10)奶类	Milk	287.5	324.9	316.4
(11)干鲜瓜果类	Fresh,Dried Melons and Fruits	301.1	333.8	385.8
(12)糖果糕点类	Confectioneries	120.5	144.9	149.6
(13)其他食品	Other Foods	132.9	143.7	136.6
2.烟酒	Tobacco and Liquor	791.6	825.9	922.5
(1)烟草	Tobacco	446.1	476.8	557.8
(2)酒类	Liquor	345.4	349.1	364.7
3.饮料	Drinks	141.3	134.0	155.4
4.饮食服务	Diet Service	729.4	935.3	1226.4
(1)食堂用餐	Cafeteria Food	88.3	68.5	93.0
(2)其他在外饮食	Dining Out	630.7	860.1	1126.8
(3)食品加工服务费	Food Processing and Service Fee	10.4	6.7	6.5
(二)衣着	Clothing	1037.5	1137.4	1300.6
1.衣类	Clothing	805.4	909.2	1049.8
2.鞋类	Footwear	232.0	228.2	250.8
(三)居住	Residence	3397.6	3941.9	4281.3
1.租赁房房租	Rent of Rentable Housing	136.3	145.7	155.2
2.住房维修及管理	Management and Maintenance of Housing	455.3	404.3	486.7
3.水电燃料及其他	Water,Electricity,Fuels and Others	687.4	686.2	676.2
4.自有住房折算租金	Converted Rent for Private Housing	2118.6	2705.7	2963.2

3-4 续表 Continued

项 目	Item	2017	2018	2019
(四)生活用品及服务	Household Facilities, Articles and Service	890.8	1041.2	1154.3
1.家具及室内装饰品	Furniture and Interior Decorations	129.6	130.9	157.0
2.家用器具	Household Facilities	256.6	301.5	322.1
3.家用纺织品	Home Textiles	55.7	75.6	86.4
4.家庭日用杂品	Daily-use Household Articles	257.9	279.0	281.7
5.个人用品	Personal Products	153.7	206.0	260.3
6.家庭服务	Household Service	37.3	48.3	46.7
(五)交通通信	Traffic and Communications	2102.3	2082.1	2286.6
1.交通	Transportation	1406.1	1440.4	1691.6
(1)交通工具	Transportation Facility	771.3	556.4	640.0
(2)交通费	Traffic Fare	187.8	243.3	260.6
(3)交通工具用燃料	Fuels for Vehicles	260.1	350.4	430.4
(4)交通工具使用及维修	Use and Maintenance for Vehicles	186.8	290.3	360.6
其中:车辆保险支出	Of Which: Vehicle Insurance Expenditure	65.0	107.3	132.6
2.通信	Communications	696.2	641.8	595.1
(1)通信工具	Communication Facility	219.8	218.6	206.6
(2)通信服务	Communication Services	476.4	423.1	388.5
(六)教育文化娱乐	Education and Cultural Recreation	1700.5	1810.4	2132.8
1.教育	Education	1156.5	1257.7	1526.7
(1)学前教育	Preschool Education	103.1	171.3	200.6
(2)小学教育	Primary Education	137.8	156.4	206.2
(3)初中教育	Secondary Education	191.0	157.5	182.2
(4)高中教育	High School Education	222.9	243.0	275.1
(5)中专职高教育	Vocational Senior and Specialized Secondary Education	27.1	18.4	18.8
(6)大专及以上教育	College Education or Above	403.5	413.3	532.4
(7)成人教育	Adult Education	71.1	98.0	111.3
2.文化娱乐	Cultural Recreation	544.0	552.6	606.1
(1)文娱耐用消费品	Cultural and Recreational Durable Consumer Goods	90.1	100.5	98.5
(2)其他文娱用品	Other Cultural Articles	125.4	174.7	183.0
(3)文化娱乐服务	Cultural Recreation Service	328.4	277.4	324.5
(七)医疗保健	Medicine and Medical Service	1135.9	1224.0	1489.9
1.医疗器具及药品	Medical Instruments and Articles	338.2	340.2	267.2
2.医疗服务	Medical Service	797.7	883.9	1222.7
(1)门诊总费用	Outpatient Costs	232.8	359.4	435.8
(2)住院总费用	Hospitalization Expenses	564.9	524.5	786.9
(八)其他用品和服务	Miscellaneous Commodities and Services	343.8	392.8	411.2
1.其他用品	Miscellaneous Commodities	207.9	218.5	224.7
2.其他服务	Miscellaneous Services	135.9	174.3	186.5

3-5 居民家庭人均主要食品消费量(含自产自用)
Per Capita Main Food Consumption of Households

单位:千克　　　　(kg)

项　目	Item	2017	2018	2019
一、粮食消费量	Grain	137.3	139.5	147.3
(一)谷物消费量	Cereals	125.6	126.1	131.5
1.小麦	Wheat	45.0	48.7	52.8
2.稻谷	Barley	74.9	68.9	69.8
3.玉米	Corn	2.7	3.6	3.7
4.其他谷物	Other Cereals	2.9	4.9	5.2
(二)薯类消费量	Tubers	2.2	2.3	2.7
1.红薯	Sweet Potato	1.0	1.0	1.1
2.马铃薯	Potato	0.8	0.9	1.2
3.其他薯类	Other Tubers	0.4	0.5	0.4
(三)豆类消费量	Beans	9.5	11.1	13.0
1.大豆	Soybean	0.6	0.9	1.1
2.其他豆类	Other Beans	8.9	10.2	12.0
二、油脂类消费量	Oil and Fats	10.0	9.5	8.8
(一)植物油	Edible Vegetable Oil	9.4	8.5	8.1
(二)动物油	Edible Animal Oil	0.6	0.9	0.8
三、蔬菜及菜制品消费量	Vegetables and Processed Products	99.8	95.3	102.7
(一)鲜菜	Fresh Vegetables	97.0	92.2	98.9
(二)干菜及菜制品	Dried Vegetables and Processed Products	1.1	1.3	1.5
(三)鲜菌	Fresh Edible Fungus	1.5	1.5	2.1
(四)干菌及菌制品	Dried Edible Fungus and Processed Products	0.2	0.2	0.2
四、肉类	Meat and Processed Products	23.6	28.3	27.1
(一)猪肉	Pork	18.4	22.1	20.6
(二)牛肉	Beef	1.9	2.2	2.3
(三)羊肉	Mutton	0.9	0.9	0.9
(四)其他肉类及制品	Others	2.4	3.1	3.2
五、禽类	Poultry and Processed Products	10.2	12.0	14.7
(一)鸡	Chicken	6.7	7.8	9.6
(二)鸭	Duck	1.6	1.7	2.1

3-5 续表 Continued

项　目	Item	2017	2018	2019
(三)鹅	Goose	0.3	0.3	0.4
(四)其他禽类及制品	Others	1.6	2.2	2.6
六、水产品	Aquatic Products	10.8	12.0	15.2
(一)鱼类	Fish	8.9	9.7	12.2
(二)虾、贝、蟹类	Shrimps, Shells and Crabs	1.1	1.5	2.1
(三)藻类	Algae	0.4	0.4	0.5
(四)其他	Others	0.4	0.4	0.4
七、蛋类及蛋制品	Eggs and Processed Products	11.6	11.3	12.5
(一)鲜蛋	Fresh Eggs	11.1	10.8	11.9
(二)蛋制品	Egg Products	0.6	0.5	0.6
八、奶和奶制品	Milk and Dairy Products	11.0	11.7	12.0
(一)鲜奶	Fresh Milk	4.3	5.8	6.8
(二)酸奶	Yogurt	4.3	3.5	3.4
(三)奶粉	Milk Powder	0.8	1.1	1.0
(四)其他奶制品	Others	1.6	1.4	0.8
九、干鲜瓜果类	Dried, Fresh Melons and Fruits	48.2	52.6	63.7
(一)鲜瓜果	Fresh Melons and Fruits	44.4	48.2	58.6
(二)瓜果制品	Melon and Fruit Products	0.9	1.1	1.4
(三)坚果类	Nuts and Grain Products	2.9	3.3	3.8
十、糖果糕点类	Confectioneries	5.5	7.3	7.7
(一)食糖	Sugar	1.0	1.0	1.0
(二)糖果	Candy	0.5	0.8	0.8
(三)糕点	Pastry	3.3	4.4	4.9
(四)其他糖果糕点	Other Confectioneries	0.7	1.2	1.0
十一、饮料	Beverage	0.3	0.3	0.3
茶叶	Tea	0.3	0.3	0.3
十二、烟叶消费量	Tobacco	30.1	31.3	35.4
十三、酒	Liquor and Drinks	10.7	11.8	11.7
(一)白酒	White Spirits	3.6	4.0	4.5
(二)啤酒	Beer	7.0	7.7	7.1
(三)果酒	Fruit Wine	0.1	0.1	0.1

3-6 居民家庭第一产业经营收支
Per Capita Household Income and Expenditure of Primary Industry

项　　目	Item	2017	2018	2019
一、第一产业经营收入(不含惠农补贴)	Income of Primary Industry Business (Excluding Agricultural Subsidies)	3526.5	3774.5	4154.0
(1)农业	Farming	2594.9	2712.0	3049.1
(2)林业	Forestry	126.5	172.4	154.1
(3)牧业	Animal Husbandry	592.8	704.4	752.6
(4)渔业	Fishery	212.2	185.7	198.2
二、第一产业现金经营收入	Cash Income of Primary Industry Business	3069.3	3596.8	3684.4
1.农业	Farming	2221.1	2616.2	2684.7
2.林业	Forestry	80.0	125.4	96.1
3.牧业	Animal Husbandry	557.8	671.2	707.9
4.渔业	Fishery	210.4	184.1	195.7
三、第一产业经营费用支出	Expenditure of Primary Industry Business	1463.7	1582.4	1830.0
1.农业	Farming	897.3	961.7	1180.0
2.林业	Forestry	13.7	28.5	18.7
3.牧业	Animal Husbandry	413.9	495.8	537.9
4.渔业	Fishery	138.8	96.4	93.4
四、第一产业经营现金费用支出	Cash Expenditure of Primary Industry Business	1430.5	1548.0	1800.7
1.农业	Farming	887.6	948.9	1173.4
2.林业	Forestry	13.7	28.5	18.7
3.牧业	Animal Husbandry	390.5	475.4	517.2
4.渔业	Fishery	138.7	95.2	91.4
五、现金政策性惠农补贴	Policy Agricultural Subsidies in Cash	101.2	77.9	122.0

3-7 居民家庭每百户耐用消费品拥有量
Ownership of Major Durable Consumer Goods per 100 Households

项　目	Item	2017	2018	2019
一、主要消费品拥有量(辆、台)	**Ownership of Major Durable Consumer Goods(unit)**			
1.家用汽车	Household Automobile	21.4	27.4	29.9
2.摩托车	Motorcycle	27.6	25.1	22.0
3.助力车	Man-drawn Vehicle	87.7	100.5	107.4
4.洗衣机	Washing Machine	90.3	92.0	94.8
5.电冰箱(柜)	Refrigerator	99.0	101.2	103.1
6.微波炉	Microwave Oven	44.0	43.6	45.2
7.彩色电视机	Color TV	130.6	131.0	135.4
8.空调	Air Conditioner	121.3	142.0	152.3
9.热水器	Water Heater	91.1	98.1	97.4
10.其中:太阳能热水器	Of Which:Solar Heater	68.9	67.7	—
11.洗碗机	Dishwasher	1.2	1.1	1.3
12.排油烟机	Kitchen Ventilator	44.6	54.0	57.6
13.固定电话	Telephone	34.0	24.1	12.8
14.移动电话	Mobile Telephone	230.0	255.8	261.4
15.计算机	Computer	46.2	45.8	45.6
16.照相机	Camera	11.9	8.9	9.1
17.中高档乐器	Medium Upscale Musical Instrument	2.9	4.4	4.8
18.健身器材	Fitness Equipment	3.0	4.6	4.6
19.空气净化器	Air Cleaner	—	2.5	2.8
20.吸尘器	Vacuum Cleaner	—	6.6	7.6
二、信息化调查情况	**Informatization**			
接入有线电视网络的电视机(台)	Cable Televison(set)	68.1	52.8	—
接入互联网的移动电话(部)	Network-connected Hand Telephone(unit)	129.4	186.3	208.3
接入互联网的计算机(台)	Network-connected Computer(set)	37.0	33.1	35.2

3-8 居民家庭居住情况
Living Conditions of Households

项　目	Item	2017	2018	2019
现住房建筑面积(平方米/人)	Total Floor Space of Current Housing(sq.m/person)	44.3	47.2	47.7
(一)本住户居住类型(%)	Type of Residence(%)			
1.普通住宅	Ordinary House	99.4	99.8	99.9
2.集体宿舍和工棚	Dormitory and Work Shed	0.5	0.2	0.1
3.工作地住宿	Accommodation at Workplace	0.1	0.0	0.0
(二)本住户居住空间样式(%)	House Styles(%)			
1.单栋楼房	Single Building	41.2	47.8	48.0
2.单栋平房	Single Bungalow	19.6	16.1	15.3
3.四居室及以上单元房	Unit with Four Rooms and Over	1.8	1.4	1.1
4.三居室单元房	Unit with Three Rooms	16.4	17.9	19.0
5.二居室单元房	Unit with Two Rooms	16.5	13.3	13.6
6.一居室单元房	Unit with One Room	1.2	0.8	0.8
7.筒子楼或连片平房	Tube-shaped Apartments or Rows of Bungalow	1.7	1.2	1.3
8.其他	Others	1.6	1.6	1.0
(三)主要建筑材料(%)	Main Architecture Materials(%)			
1.钢筋混凝土	Reinforced Concrete	35.5	49.5	50.8
2.砖混材料	Brick-concrete-structured Materials	50.6	41.0	40.7
3.砖瓦砖木	Tile and Wood	13.7	9.2	8.3
4.竹草土坯	Bamboo,Grass and Adobe	0.1	0.0	0.0
5.其他	Others	0.2	0.2	0.2
(四)现住房房屋来源(%)	Source of Current Housing(%)			
1.租赁公房	Rental Public Housing	0.4	0.3	0.5
2.租赁私房	Rental Privately Owned Housing	4.3	2.6	2.4
3.自建住房	Self Help Housing	59.7	63.7	62.3
4.购买商品房	Purchase of Merchandise Housing	20.3	20.0	21.3

3-8 续表1 Continued 1

项　　目	Item	2017	2018	2019
5.购买房改住房	Privately Owned House After Housing Reform	8.1	4.2	4.3
6.购买保障性住房	Purchase of Social Housing	0.4	0.3	0.4
7.拆迁安置房	Resettlement Housing	5.2	7.2	7.3
8.继承或获赠住房	Inherited or Received Housing	0.2	0.4	0.5
9.免费借用房	Free Borrowed Housing	0.4	0.5	0.5
10.雇主提供免费住房	Free Housing Provided by Employer	0.1	0.1	0.1
11.其他来源	Others	0.8	0.5	0.4
(五)现住房建筑面积(%)	Floor Space of Current Housing(%)			
1.10平方米以内	Below 10 sq.m	0.0	0.0	0.0
2.10~20平方米	10~20 sq.m	0.3	0.1	0.0
3.20~30平方米	20~30 sq.m	0.8	0.2	0.0
4.30~60平方米	30~60 sq.m	10.8	8.2	7.4
5.60~90平方米	60~90 sq.m	26.1	20.4	20.2
6.90~120平方米	90~120 sq.m	25.2	27.3	27.1
7.120~200平方米	120~200 sq.m	23.2	27.7	28.5
8.200平方米以上	Above 200 sq.m	13.6	16.1	16.7
(六)住宅外道路路面情况(%)	Pavement Conditions out of the House(%)			
1.水泥或柏油路面	Cement or Asphalt Pavement	76.0	84.6	86.6
2.沙石或石板等硬质路面	Sand or Stone Pavement	19.0	12.5	10.9
3.其他	Others	5.0	2.9	2.4
(七)住宅有管道供水情况(%)	Conditions of Piped Water Supply(%)			
1.管道供水入户	Piped Water Supply into People's Homes	79.2	86.6	13.7
2.管道供水至公共取水点	Piped Water Supply to Watering Points	0.7	1.2	4.1
3.没有管道设施	No Pipeline Facilities	20.2	12.2	69.2
(八)住户主要饮用水来源情况(%)	Source of Drinking Water(%)			
1.经过净化处理的自来水	Purified Tap Water	75.5	82.5	86.1
2.受保护的井水和泉水	Protected Wells and Springs	15.0	14.3	11.5
3.不受保护的井水和泉水	Unprotected Wells and Springs	8.6	1.9	1.5

3-8 续表 2 Continued 2

项 目	Item	2017	2018	2019
4.江河湖泊水	Rivers and Lakes	0.2	0.8	0.5
5.收集雨水	Collected Rainwater	0.0	0.0	0.0
6.桶装水	Barreled Water	0.2	0.1	0.1
7.其他水源	Others	0.4	0.4	0.4
(九)住户获取饮用水的主要困难(%)	Difficulties to Get Drinking Water(%)			
1.单次取水往返时间超过半小时	Taking More than a Half-hour to Get Water	0.1	0.1	0.3
2.间断或定时供水	Intermittent or Timing Water Supply	2.0	1.1	1.2
3.当年连续缺水时间超过 16 天	Longer than 16 Days of Shortage of Water	0.5	0.2	0.1
4.无上述困难	No Such Difficulties	97.5	98.5	98.4
(十)住户饮用水使用前采取的主要处理措施(%)	Treatments Before Drinking Water(%)			
1.煮沸	Boiling	90.3	90.4	92.3
2.加漂白剂/氯等	Adding Bleach/Chloride,etc.	0.6	0.8	0.8
3.使用水过滤器	Using Water Filter	1.2	3.6	2.9
4.其他处理措施	Other Treatments	0.8	0.9	0.9
5.没有任何水处理措施	No Treatments	7.1	4.2	3.2
(十一)住户厕所类型(%)	Type of Toilet(%)			
1.水冲式卫生厕所	Flush Sanitary Toilets	51.0	60.8	54.2
2.水冲式非卫生厕所	Flush Insanitary Toilets	2.5	3.6	16.5
3.卫生旱厕	Sanitary Dry Latrines	9.4	11.0	7.8
4.普通旱厕	Ordinary Dry Latrines	35.6	23.8	8.7
5.无厕所	No Toilet	1.5	0.9	4.7
(十二)住户厕所使用情况(%)	Use of Toilet(%)			
1.本住户独用	Private Toilet	95.1	96.7	87.3
2.几户合用	Toilet Shared by Several Households	2.7	1.6	1.6
3.公用厕所	Public Toilets	2.2	1.7	4.4
(十三)住户洗澡设施情况(%)	Facilities for Bathing(%)			
1.统一供热水	Unified Hot Water Supply	1.6	2.9	1.6
2.家庭自装热水器	Installation of Water Heater	80.2	86.9	89.2

3-8 续表3 Continued 3

项　　目	Item	2017	2018	2019
3.其他	Others	4.0	4.3	4.0
4.无洗澡设施	No Facilities for Bathing	14.2	5.9	5.1
(十四)住户主要取暖设备状况(%)	Heating Equipment(%)			
1.由市政或小区集中供暖	Municipal or District Central Heating	0.4	1.5	1.0
2.自行供暖	Self Heating	65.3	77.1	81.1
3.无取暖设备	No Heating Equipment	34.2	21.4	18.0
(十五)住户主要取暖用能源状况(%)	Heating Energy(%)			
1.柴草	Firewood	8.7	6.4	5.4
2.煤炭	Coal	0.5	0.4	0.3
3.罐装液化石油气	Canned Liquified Petroleum Gas	3.6	3.1	2.1
4.管道液化石油气	Pipeline Liquified Petroleum Gas	0.2	0.3	0.3
5.管道煤气	Pipeline Gas	0.1	0.3	0.2
6.管道天然气	Pipeline Natural Gas	2.0	2.9	2.6
7.电	Electricity	62.4	73.2	77.2
8.燃料用油	Fuel Oil	0.00	0.00	0.00
9.沼气	Methane	0.0	0.0	0.0
10.其他	Others	1.4	1.3	1.4
11.无取暖行为	No Heating Behavior	21.0	12.1	10.6
(十六)主要炊用能源状况(%)	Cooking Energy(%)			
1.柴草	Firewood	27.7	17.5	15.0
2.煤炭	Coal	0.7	0.3	0.3
3.罐装液化石油气	Canned Liquified Petroleum Gas	31.8	36.5	35.7
4.管道液化石油气	Pipeline Liquified Petroleum Gas	1.6	1.1	1.4
5.管道煤气	Pipeline Gas	1.3	1.2	0.9
6.管道天然气	Pipeline Natural Gas	21.8	23.9	25.9
7.电	Electricity	14.6	19.0	20.2
8.燃料用油	Fuel Oil	0.1	0.0	0.0
9.沼气	Methane	0.1	0.1	0.1
10.其他	Others	0.2	0.4	0.5
11.无炊用行为	No Cooking Behavior	0.2	0.1	0.1

3-9 分城乡居民家庭生活基本情况
Basic Conditions of Urban and Rural Households

指 标	Item	2017	2018	2019
户均常住人口(人)	**Household Size (person)**			
城镇	Urban	2.87	2.96	2.98
农村	Rural	2.95	3.08	3.10
就业	**Employment**			
城镇户均常住从业人口	Permanent Employees per Urban Household	—	1.63	1.61
农村户均常住从业人口	Permanent Employees per Rural Household	—	1.76	1.70
城镇平均每一从业人口负担人数(包括从业者本人)	Number of Dependents per Urban Employee (Including Oneself)	—	1.81	1.86
农村平均每一从业人口负担人数(包括从业者本人)	Number of Dependents per Rural Employee (Including Oneself)	—	1.75	1.82
收入与支出	**Income and Expenditure**			
城镇常住居民人均可支配收入(元)	Annual per Captita Disposable Income of Urban Residents (*yuan*)	31640	34393	37540
农村常住居民人均可支配收入(元)	Annual per Captita Disposable Income of Rural Residents (*yuan*)	12758	13996	15416
城镇常住居民人均消费支出(元)	Annual per Capita Consumption Expenditure of Urban Residents (*yuan*)	20740	21523	23782
农村常住居民人均消费支出(元)	Annual per Capita Consumption Expenditure of Rural Residents (*yuan*)	11106	12748	14546
生活质量	**Life Quality**			
居民家庭恩格尔系数(%)	Engel's Coefficient of Households(%)			
城镇	Urban	32.14	31.00	31.20
农村	Rural	33.50	33.01	32.70
居住条件	Residence Condition			
城镇常住居民人均现住房建筑面积(平方米)	Per Capita Floor Space of Urban Residents (sq.m)	39.13	41.19	41.83
农村常住居民人均现住房建筑面积(平方米)	Per Capita Floor Space of Rural Residents (sq.m)	51.16	52.94	53.52
交通条件	Traffic Condition			
城镇常住居民百户家用汽车拥有量(辆)	Number of Automobile per 100 Urban Households (unit)	9.95	31.98	34.94
农村常住居民百户家用汽车拥有量(辆)	Number of Automobile per 100 Rural Households (unit)	14.85	22.83	24.67
移动电话普及率	Popularizing Rate of Mobile Telephone			
城镇常住居民(部/百户)	Urban (set/100 Households)	229.82	246.01	251.40
农村常住居民(部/百户)	Rural (set/100 Households)	230.10	265.59	271.69

3-10 城镇常住居民调查户基本情况
Basic Conditions of Urban Permanent Households Surveyed

指标名称	Item	单位	2017	2018	2019
一、期末常住成员情况	**Conditions of Urban Residents**	—			
(一)户均常住成员	Permanent Residents per Household	人	2.9	3.0	3.0
(二)性别	Gender	—			
1.男性	Male	%	50.0	49.9	49.7
2.女性	Female	%	50.0	50.1	50.3
(三)户口状况	Residence Registration	—			
1.农业	Agricultural Account	%	30.9	47.8	47.1
2.非农业	Non-agricultural Account	%	68.8	51.8	52.6
3.其他	Others	%	0.3	0.3	0.3
(四)6岁及以上常住成员受教育程度	Education Level of Residents Aged 6 and Above	—			
1.未上过学	Not Been to School	%	3.3	4.6	4.3
2.小学	Primary School	%	16.7	20.0	20.0
3.初中	Junior Secondary School	%	32.9	33.2	32.9
4.高中	Senior Secondary School	%	21.8	18.5	18.2
5.大学专科	Junior College	%	13.3	11.7	12.3
6.大学本科	Undergraduate college	%	11.2	10.7	11.2
7.研究生	Postgraduate	%	0.8	1.2	1.1
二、常住从业人员情况	**Employment**	—			
(一)户均常住从业人数	Permanent Employees per Household	人	1.6	1.6	1.6
(二)就业状况	Job Situation	—			
1.雇主	Employer	%	1.5	1.9	1.5
2.公职人员	Public Officer	%	5.9	3.8	3.6
3.事业单位人员	Institution Worker	%	12.8	9.8	9.7

3-10 续表 Continued

指标名称	Item	单位	2017	2018	2019
4.国有企业雇员	State-owned Enterprise Employee	%	9.2	7.4	7.5
5.其他雇员	Other Employee	%	51.4	50.4	52.5
6.农业自营	Agricultural Self-employed	%	4.0	10.6	8.6
7.非农自营	Non-agricultural Self-employed	%	15.2	16.2	16.5
(三)主要从事行业	Industries Engaged	—			
1.第一产业	Primary Industry	%	5.0	11.5	9.9
2.第二产业	Secondary Industry	%	22.4	23.5	22.9
3.第三产业	Tertiary Industry	%	72.7	65.0	67.2
三、调查户基本情况	**Basic Conditions of Surveyed Households**	—			
户主文化程度	Education Level of Householder	—			
1.未上过学	Not Been to School	%	2.1	2.7	2.5
2.小学	Primary School	%	8.6	12.6	11.9
3.初中	Junior Secondary School	%	37.3	39.1	39.5
4.高中	Senior Secondary School	%	22.9	19.8	19.4
5.大学专科	Junior College	%	15.3	13.3	13.7
6.大学本科	Undergraduate College	%	12.9	11.2	11.7
7.研究生	Postgraduate	%	0.9	1.2	1.3

3-11 城镇常住居民家庭基本情况

Basic Conditions of Urban Permanent Households

项　　目	Item	2017	2018	2019
调查户数(户)	**Number of Households Surveyed (household)**			
户均常住人口	Permanent Residents per Household		3.0	3.0
户均常住从业人口	Permanent Employees per Household		1.6	1.6
城镇居民家庭恩格尔系数(%)	Engel's Coefficient of Urban Households(%)	32.14	31.00	31.20
可支配收入(元)	**Disposable Income(*yuan*)**	**31640.3**	**34393.1**	**37540.0**
工资性收入	Wages Income	19756.2	20974.0	22547.6
经营净收入	Net Income from Business	4720.7	5548.1	5982.5
财产净收入	Net Property Income	2310.9	2708.3	3192.4
转移净收入	Net Transfer Income	4852.5	5162.8	5817.5
平均每人消费性支出(元)	**Per Capita Annual Living Expenditures for Consumption(*yuan*)**	**20740.2**	**21522.7**	**23781.5**
一、食品	Food	6665.3	6672.1	7421.0
二、衣着	Clothing	1544.1	1661.1	1763.5
三、居住	Residence	4234.6	4909.9	5262.3
四、生活用品及服务	Household Facilities, Articles and Service	1215.0	1321.3	1465.8
五、交通通信	Traffic and Communications	2914.3	2630.3	2870.5
六、教育文化娱乐	Education and Cultural Recreation	2372.2	2372.4	2802.4
七、医疗保健	Medicine and Medical Service	1274.5	1419.3	1658.2
八、其他用品和服务	Miscellaneous Commodities and Services	520.1	536.3	537.8
平均每人消费性支出构成(人均消费性支出=100)(%)	**Composition of per Capita Annual Living Expenditures for Consumption(%)**	**100.0**	**100.0**	**100.0**
一、食品	Food	32.1	31.0	31.2
二、衣着	Clothing	7.4	7.7	7.4
三、居住	Residence	20.4	22.8	22.1
四、生活用品及服务	Household Facilities, Articles and Service	5.9	6.1	6.2
五、交通通信	Traffic and Communications	14.1	12.2	12.1
六、教育文化娱乐	Education and Cultural Recreation	11.4	11.0	11.8
七、医疗保健	Medicine and Medical Service	6.1	6.6	7.0
八、其他用品和服务	Miscellaneous Commodities and Services	2.5	2.5	2.3

3-12 城镇常住居民家庭人均收入情况
Annual Income per Capita of Urban Permanent Households

单位:元 (*yuan*)

项　　目	Item	2017	2018	2019
总收入(未扣除生产费用)	**Total Income(Not Deduct the Production Cost)**	**34671.9**	**38470.0**	**42103.1**
工资性收入	Income from Wages and Salaries	19756.2	20974.0	22547.6
经营性收入	Business Income	5681.4	7582.5	8463.6
财产性收入	Property Income	2467.5	2990.8	3483.3
转移性收入	Transfer Income	6766.8	6922.7	7608.5
现金可支配收入	**Cash Disposable Income**	**29699.6**	**32885.9**	**35231.1**
现金工资性收入	Cash Wages Income	19602.1	20847.7	22415.7
现金经营净收入	Net Cash Income from Business	5085.6	6579.3	6530.2
现金财产净收入	Net Cash Property Income	573.1	622.5	865.1
现金转移净收入	Net Cash Transfer Income	4438.8	4836.3	5420.1
总支出	**Total Expenditures**	**28527.6**	**30971.0**	**33918.1**
其中:消费支出	Of Which:Expenditure for Consumption	20740.2	21522.7	23781.5
生产经营费用支出	Expenditure for Business	520.9	1430.4	2015.2
财产性支出	Property Expenditure	156.6	282.5	290.9
转移性支出	Transfer Expenditure	1916.2	1760.0	1791.1
现金支出	**Cash Expenditure**	**25224.0**	**27013.1**	**29450.3**
其中:现金消费支出	Of Which:Cash Expenditure for Consumption	17440.5	17578.5	19326.0
生产经营费用支出	Cash Expenditure for Business	517.0	1416.7	2003.0
现金财产性支出	Cash Property Expenditure	156.6	282.5	290.9
现金转移性支出	Cash Transfer Expenditure	1916.2	1760.0	1791.1
可支配收入	**Disposable Income**	**31640.3**	**34393.1**	**37540.0**
一、工资性收入	Income from Wages and Salaries	19756.2	20974.0	22547.6
(一)工资	Wages	18409.0	20088.4	21511.0
1.按月发放的工资	Monthly Salaries	15617.3	15728.6	16768.0
2.补发工资	Reissued Salaries	259.4	616.0	531.8
3.不按月发放的奖金、津贴、过节费等	Unmonthly Paid Bonus,Allowance and Holiday Fee	2532.3	3743.8	4211.1
(二)实物福利	Benefits in Kind	154.1	126.2	131.9
1.从单位或雇主得到的实物产品折价	Cash Calculated from Physical Products Paid by Unit or Employer	31.9	34.2	43.7

3-12 续表 1 Continued 1

项 目	Item	2017	2018	2019
2.从单位或雇主得到的服务折价	Cash Calculated from Services by Unit or Employer	122.2	92.0	88.2
(三)其他	Others	1193.1	759.3	904.7
1.住房公积金	Housing Accumulation Fund	1094.7	695.1	833.3
2.辞退金	Dismissal Costs	69.5	15.0	44.2
3.自由职业劳动所得(如稿费、翻译费)	Income on Freelance Business(Such as Remuneration or Translation Fees)	25.7	45.4	26.5
4.安家费	Settling-in Allowance	0.8	0.9	0.0
5.股票期权	Stock Options	1.6	0.0	0.7
6.其他劳动所得	Other Labor Income	0.7	3.0	0.0
二、经营净收入	Net Business Income	4720.7	5548.1	5982.5
(一)第一产业经营净收入	Primary Industry	442.5	460.6	519.0
1.农业	Farming	370.5	378.4	404.7
2.林业	Forestry	10.4	16.9	31.5
3.牧业	Animal Husbandry	56.4	53.5	56.3
4.渔业	Fishery	5.2	11.8	26.5
(二)第二产业经营净收入	Secondary Industry	914.1	1024.4	1031.2
1.采矿业	Mining	-1.3	32.6	21.6
2.制造业	Manufacturing	542.8	442.7	480.2
3.电力、热力、燃气及水生产和供应业	Production and Supply of Electricity, Heating, Gas and Water	0.0	-3.9	-0.1
4.建筑业	Construction	372.6	553.0	529.4
(三)第三产业经营净收入	Tertiary Industry	3364.0	4063.1	4432.4
1.批发和零售业	Wholesale and Retail Trades	1851.4	2152.9	2607.5
2.交通运输、仓储和邮政业	Transport, Storage and Post	457.1	570.2	402.9
3.住宿和餐饮业	Hotels and Catering Services	481.1	623.2	495.4
4.房地产业	Real Estate	2.3	-2.6	-0.5
5.租赁和商务服务业	Leasing and Business Services	57.0	55.7	15.9
6.居民服务、修理和其他服务业	Resident Services, Repair and Other Services	423.4	518.4	652.3
7.其他	Others	80.2	113.4	228.4
8.农林牧渔服务业	Agricultural Services	11.5	32.0	30.4
三、财产净收入	Net Property Income	2310.9	2708.3	3192.4
(一)利息净收入	Net Interest Income	31.9	-71.9	-36.5

3-12 续表2 Continued 2

项　目	Item	2017	2018	2019
(二)红利收入	Dividend Income	54.6	105.7	137.6
1.集体分配的红利	Collective Dividends	14.9	24.1	19.5
2.其他红利收入	Other Dividend Income	39.7	82.5	118.1
(三)储蓄性保险净收益	Net Income of Savings Insurance	5.7	3.7	6.7
(四)转让承包土地经营权租金净收入	Net Income from Transfer of Right to Contracted Management of Rural Land	7.4	21.1	57.4
(五)出租房屋财产性收入	Property Income from Rental Accommodation	463.1	533.3	644.8
(六)出租机械、专利、版权等资产的收入	Income from Rental Machinery, Patent, Copyright and the Like	7.2	29.3	23.0
(七)其他财产净收入	Other Net Property Income	3.1	1.4	32.1
(八)房屋虚拟租金	Virtual House Rent	1737.8	2085.7	2327.3
四、转移净收入	Net Transfer Income	4852.5	5162.8	5817.5
(一)转移性收入	Transfer Income	6766.9	6922.7	7608.5
1.养老金或离退休金	Pension or Retirement Pension	4859.9	4543.6	4665.6
(1)离退休金	Pensions of Retirees	4627.7	4360.2	4411.4
(2)(城镇)居民社会养老保险	Social Old-age Insurance for Residents (Urban)	141.8	74.8	92.5
(3)新型农村养老保险	New System of Old-age Insurance for Rural Residents	35.5	62.2	69.1
(4)其他养老金	Other Old-age Pension	54.9	46.4	92.6
2.社会救济和补助	Social Welfare or Aid	93.9	111.7	115.1
(1)最低生活保障费	Guaranteed Minimum Income	42.1	35.4	40.9
(2)五保户救助金	Aids to Households Enjoying the Five Guarantees	1.1	2.5	1.4
(3)扶贫款	Poverty Relief Funds	6.0	3.5	3.0
(4)救灾款	Disaster Relief Funds	3.4	0.4	0.4
(5)抚恤金	Pension	22.9	31.6	36.7
(6)医疗救助专项补贴	Special Subsidies for Medical Assistance	—	1.7	5.7
(7)教育救助专项补贴	Special Subsidies for Educational Assistance	—	1.7	1.8
(8)其他社会救济收入	Other Income from Social Welfare	0.0	34.9	25.2
3.政策性生活补贴	Policy Living Allowance	47.5	43.8	54.3
(1)家电补贴	Subsidies for Home Appliances	1.9	0.6	0.0
(2)能源补贴	Subsidies for Energy	1.4	2.1	0.7
(3)免费或低价提供的住宿(廉租房)	Free or Cheap Accommodation	0.4	0.2	0.1

3-12 续表3 Continued 3

项　　目	Item	2017	2018	2019
(4)居住专项补贴	Special Subsidies for Residence	44.2	3.9	0.6
(5)建房改造专项补贴	Special Subsidies for Home Building and Renovation	—	3.1	3.6
(6)其他生活补贴	Other Living Allowance	—	34.1	49.4
4.报销医疗费	Reimbursement of Medical Expenses	394.7	284.0	380.1
5.家庭外出从业人员寄回带回收入	Sent Back by Family Outings Employees	708.7	1092.9	1594.5
6.赡养收入	Alimony Income	466.5	613.1	626.7
7.其他经常转移收入	Other Regular Transfer Income	164.8	164.4	103.4
(1)失业保险金	Unemployment Insurance Benefits	8.4	13.7	7.7
(2)经常性捐赠收入	Regular Donation Income	34.5	13.8	19.1
(3)经常性赔偿收入	Regular Compensation Income	2.4	0.1	0.0
(4)社保支出专项补贴	Special Subsidy for Social Insurance Expenditure	—	1.5	0.4
(5)扶贫补助金孳息收入	Subsidy Yields Income from Poverty Alleviation	—	0.0	0.3
(6)扶贫贷款利息补助收入	Income of Interest Subsidy for Poverty Alleviation Loans	—	0.0	0.0
(7)其他转移性收入	Other Transfer Income	119.2	135.2	75.9
8.从政府和组织得到的实物产品和服务折价	Cash Calculated from Physical Products and Service Paid by Government and Organizations	17.2	42.4	17.3
9.现金政策性惠农补贴	Policy Agricultural Subsidies in Cash	13.7	26.9	51.5
(二)转移性支出	Transfer Expenditure	1914.4	1760.0	1791.1
1.个人所得税	Personal Income Tax	76.7	109.2	77.1
2.社会保障支出	Social Security Expenditure	1523.9	1407.8	1485.2
(1)个人缴纳的养老保险	Individual Endowment Insurance	1119.0	1002.0	1016.3
(2)个人缴纳的医疗保险	Individual Medical Treatment Insurance	316.9	329.2	366.7
(3)个人缴纳的失业保险	Individual Unemployment Insurance	56.2	41.4	46.0
(4)其他社会保障支出	Other Social Security Expenditure	31.9	35.2	56.2
3.外来从业人员寄给家人的支出	Sent Home to Their Families by Migrant Workers	24.0	6.0	6.6
4.赡养支出	Alimony Expenditure	137.5	152.4	149.4
5.其他转移性支出	Other Transfer Expenditure	152.2	84.6	72.6
(1)经常性捐赠支出	Regular Donation Expenditure	8.4	5.1	2.9
(2)经常性赔偿支出	Regular Compensation Expenditure	0.0	0.1	0.1
(3)其他经常转移支出	Other Regular Transfer Expenditure	143.9	79.5	69.7

3-12 续表 4 Continued 4

项　目	Item	2017	2018	2019
现金可支配收入	**Cash Disposable Income**	**29699.6**	**32885.9**	**35231.1**
一、现金工资性收入	Cash Income from Wages and Salaries	19602.1	20847.7	22415.7
（一）工资	Wages	18409.0	20088.4	21511.0
1.按月发放的工资	Monthly Salaries	15617.3	15728.6	16768.0
2.补发工资	Reissued Salaries	259.4	616.0	531.8
3.不按月发放的奖金、津贴、过节费等	Unmonthly Paid Bonus, Allowance and Holiday Fee	2532.3	3743.8	4211.1
（二）其他工资性收入	Other Income from Wages and Salaries	1193.1	759.3	904.7
1.住房公积金	Housing Accumulation Fund	1094.7	695.1	833.3
2.辞退金	Dismissal Costs	69.5	15.0	44.2
3.自由职业劳动所得（如稿费、翻译费）	Income on Freelance Business (Such as Remuneration or Translation Fees)	25.7	45.4	26.5
4.安家费	Settling-in Allowance	0.8	0.9	0.0
5.股票期权	Stock Options	1.6	0.0	0.7
6.其他劳动所得	Other Labor Income	0.7	3.0	0.0
二、现金经营净收入	Net Cash Business Income	5085.6	6579.3	6530.2
（一）第一产业现金经营净收入	Primary Industry	381.4	940.0	653.5
1.农业	Farming	314.4	849.4	535.8
2.林业	Forestry	4.4	10.8	21.8
3.牧业	Animal Husbandry	57.5	67.2	67.2
4.渔业	Fishery	5.0	12.6	28.7
（二）第二产业现金经营净收入	Secondary Industry	1035.2	1214.7	1124.5
1.采矿业	Mining	-0.9	34.7	25.5
2.制造业	Manufacturing	599.5	506.0	520.7
3.电力、热力、燃气及水生产和供应业	Production and Supply of Electricity, Heating, Gas and Water	0.0	0.1	-0.1
4.建筑业	Construction	436.6	673.9	578.4
（三）第三产业现金经营净收入	Tertiary Industry	3669.1	4424.7	4752.2
1.批发和零售业	Wholesale and Retail Trades	2022.2	2304.7	2766.1
2.交通运输、仓储和邮政业	Transport, Storage and Post	497.8	671.6	467.3
3.住宿和餐饮业	Hotels and Catering Services	514.4	659.1	534.2
4.房地产业	Real Estate	2.3	-2.6	-0.5

3-12 续表5 Continued 5

项　　目	Item	2017	2018	2019
5.租赁和商务服务业	Leasing and Business Services	67.2	59.0	18.7
6.居民服务、修理和其他服务业	Resident Services, Repair and Other Services	451.5	568.5	692.1
7.其他行业	Others	101.0	131.2	234.4
8.农林牧渔服务业	Agricultural Services	12.6	33.2	39.8
三、现金财产净收入	Net Cash Property Income	573.1	622.5	865.1
(一)利息净收入	Net Interest Income	31.9	-71.9	-36.5
(二)红利收入	Dividend Income	54.6	105.7	137.6
1.集体分配的红利	Collective Dividends	14.9	24.1	19.5
2.其他红利收入	Other Dividend Income	39.7	81.6	118.1
(三)储蓄性保险净收益	Net Income of Savings Insurance	5.7	3.7	6.7
(四)转让承包土地经营权租金净收入	Net Income from Transfer of Right to Contracted Management of Rural Land	7.4	21.1	57.4
(五)出租房屋财产性收入	Property Income from Rental Accommodation	463.1	533.3	644.8
(六)出租机械、专利、版权等资产的收入	Income from Rental Machinery, Patent, Copyright and the Like	7.2	29.3	23.0
(七)其他财产净收入	Other Net Property Income	3.1	1.4	32.1
四、现金转移净收入	Net Cash Transfer Income	4438.8	4836.3	5420.1
(一)现金转移性收入	Cash Transfer Income	6355.0	6596.3	7211.1
1.养老金或离退休金	Pension or Retirement Pension	4859.9	4543.6	4665.6
(1)离退休金	Pensions of Retirees	4627.7	4360.2	4411.4
(2)(城镇)居民社会养老保险	Social Old-age Insurance for Residents (Urban)	141.8	74.8	92.5
(3)新型农村养老保险	New System of Old-age Insurance for Rural Residents	35.5	62.2	69.1
(4)其他养老金	Other Old-age Pension	54.9	46.4	92.6
2.社会救济和补助	Social Welfare or Aid	93.9	111.7	115.1
(1)最低生活保障费	Guaranteed Minimum Income	42.1	35.4	40.9
(2)五保户救助金	Aids to Households Enjoying the Five Guarantees	1.1	2.5	1.4
(3)扶贫款	Poverty Relief Funds	6.0	3.5	3.0
(4)救灾款	Disaster Relief Funds	3.4	0.4	0.4
(5)抚恤金	Pension	22.9	31.6	36.7
(6)医疗救助专项补贴	Special Subsidies for Medical Assistance	—	1.7	5.7

3-12 续表 6 Continued 6

项 目	Item	2017	2018	2019
(7)教育救助专项补贴	Special Subsidies for Educational Assistance	—	1.7	1.8
(8)其他社会救济收入	Other Income from Social Welfare	18.5	34.9	25.2
3.政策性生产补贴	Policy Production Allowance	—	26.9	51.5
4.政策性生活补贴	Policy Living Allowance	47.5	43.8	54.3
5.家庭外出从业人员寄回带回收入	Sent Back by Family Outings Employees	708.7	1092.9	1594.5
6.赡养收入	Alimony Income	466.5	613.1	626.7
7.其他经常转移收入	Other Regular Transfer Income	164.8	164.4	103.4
(1)失业保险金	Unemployment Insurance Benefits	8.4	0.8	7.7
(2)经常性捐赠收入	Regular Donation Income	34.6	0.0	19.1
(3)经常性赔偿收入	Regular Compensation Income	2.4	0.7	0.0
(4)社保支出专项补贴	Special Subsidy for Social Insurance Expenditure	—	1.5	0.4
(5)扶贫补助金孳息收入	Subsidy Yields Income from Poverty Alleviation	—	0.0	0.3
(6)扶贫贷款利息补助收入	Income of Interest Subsidy for Poverty Alleviation Loans	—	0.0	0.0
(7)其他转移性收入	Other Transfer Income	119.4	135.2	75.9
(二)现金转移性支出	Cash Transfer Expenditure	1916.2	1760.0	1791.1
1.个人所得税	Personal Income Tax	76.7	109.2	77.1
2.个人缴纳的社会保障支出	Individual Social Security Expenditure	1523.9	1407.8	1485.2
(1)个人缴纳的养老保险	Individual Endowment Insurance	1119.0	1002.0	1016.3
(2)个人缴纳的医疗保险	Individual Medical Treatment Insurance	316.9	329.2	366.7
(3)个人缴纳的失业保险	Individual Unemployment Insurance	56.2	41.4	46.0
(4)其他社会保障支出	Other Social Security Expenditure	31.9	35.2	56.2
(5)个人缴纳的住房公积金	Individual Housing Accumulation fund	—	834.9	973.6
3.外来从业人员寄给家人的支出	Sent Home to Their Families by Migrant Workers	24.0	6.0	6.6
4.赡养支出	Alimony Expenditure	137.5	152.4	149.4
5.其他转移性支出	Other Transfer Expenditure	154.0	84.6	72.6
(1)经常性捐赠支出	Regular Donation Expenditure	8.4	5.1	2.9
(2)经常性赔偿支出	Regular Compensation Expenditure	0.0	0.1	0.1
(3)其他经常转移支出	Other Regular Transfer Expenditure	145.7	79.5	69.7

3-13 城镇居民家庭人均支出情况
Annual Expenditure per Capita of Urban Households

单位:元 (yuan)

项　　目	Item	2017	2018	2019
总支出	**Total Expenditure**	**28527.6**	**30971.0**	**33918.1**
其中:消费支出	**Of Which: Consumption Expenditure**	**20740.2**	**21522.7**	**23781.5**
(一)食品烟酒	Food,Tobacco and Liquor	6665.3	6672.1	7421.0
1.食品	Food	4383.8	4170.6	4489.1
(1)谷物	Cereals	889.9	661.3	701.3
(2)薯类	Tubers	49.6	50.5	56.9
(3)豆类	Beans	71.2	66.0	72.3
(4)食用油	Edible Oil	161.8	131.4	121.4
(5)蔬菜和食用菌	Vegetables and Edible Fungus	582.1	494.3	518.1
(6)肉类	Meat	879.7	862.4	931.9
(7)禽类	Poultry	256.9	292.5	367.8
(8)水产品	Aquatic Products	297.3	289.9	351.6
(9)蛋类	Eggs	129.7	129.9	141.1
(10)奶类	Milk	345.4	403.3	384.7
(11)干鲜瓜果类	Fresh,Dried Melons and Fruits	407.8	436.3	497.9
(12)糖果糕点类	Confectioneries	156.0	183.2	185.8
(13)其他食品	Other Foods	156.4	169.7	158.3
2.烟酒	Tobacco and Liquor	902.5	894.0	1002.7
(1)烟草	Tobacco	526.9	507.7	602.3
(2)酒类	Liquor	375.6	386.3	400.5
3.饮料	Drinks	164.5	150.7	169.0
4.饮食服务	Diet Service	1214.5	1456.8	1760.2
(1)食堂用餐	Cafeteria Food	146.9	97.7	118.9
(2)其他在外饮食	Dining Out	1055.7	1355.5	1638.6
(3)食品加工服务费	Food Processing and Service Fee	11.8	3.7	2.7

3-13 续表 1 Continued 1

项 目	Item	2017	2018	2019
(二)衣着	Clothing	1544.1	1661.1	1763.5
1.衣类	Clothing	1225.7	1355.5	1446.7
2.鞋类	Footwear	318.4	305.6	316.8
(三)居住	Residence	4234.6	4909.9	5262.3
1.租赁房房租	Rent of Rentable Housing	215.0	238.9	193.6
2.住房维修及管理	Management and Maintenance of Housing	507.6	465.9	550.5
3.水电燃料及其他	Water, Electricity, Fuels and Others	815.3	766.0	750.2
4.自有住房折算租金	Converted Rent for Private Housing	2696.7	3439.1	3768.0
(四)生活用品及服务	Household Facilities, Articles and Service	1215.0	1321.3	1465.8
1.家具及室内装饰品	Furniture and Interior Decorations	197.1	155.5	194.5
2.家用器具	Household Facilities	338.7	377.7	405.4
3.家用纺织品	Home Textiles	76.7	98.5	118.7
4.家庭日用杂品	Daily-use Household Articles	315.0	322.8	327.1
5.个人用品	Personal Products	225.4	295.3	352.9
6.家庭服务	Household Service	62.1	71.5	67.3
(五)交通通信	Traffic and Communications	2914.3	2630.3	2870.5
1.交通	Transportation	2020.2	1844.1	2160.5
(1)交通工具	Transportation Facility	1099.7	682.6	801.3
(2)交通费	Traffic Fare	289.7	325.2	356.1
(3)交通工具用燃料	Fuels for Vehicles	379.1	465.5	550.3
(4)交通工具使用及维修	Use and Maintenance for Vehicles	251.6	370.8	452.9
其中:车辆保险支出	Of Which: Vehicle Insurance Expenditure	99.7	146.5	176.9
2.通信	Communications	894.1	786.2	709.9
(1)通信工具	Communication Facility	286.5	284.7	255.1
(2)通信服务	Communication Services	607.6	501.5	454.8
(六)教育文化娱乐	Education and Cultural Recreation	2372.2	2372.4	2802.4

3-13 续表2 Continued 2

项　　目	Item	2017	2018	2019
1.教育	Education	1489.8	1543.4	1883.6
(1)学前教育	Preschool Education	129.8	217.2	249.6
(2)小学教育	Primary Education	164.8	186.1	258.3
(3)初中教育	Secondary Education	203.3	170.0	190.4
(4)高中教育	High School Education	279.2	281.4	296.0
(5)中专职高教育	Vocational Senior and Specialized Secondary Education	23.8	13.1	12.4
(6)大专及以上教育	College Education or Above	605.1	527.9	713.2
(7)成人教育	Adult Education	83.8	147.7	163.7
2.文化娱乐	Cultural Recreation	882.4	829.1	918.8
(1)文娱耐用消费品	Cultural and Recreational Durable Consumer Goods	129.5	132.9	141.7
(2)其他文娱用品	Other Cultural Articles	134.2	208.4	209.3
(3)文化娱乐服务	Cultural Recreation Service	618.6	487.8	567.8
(七)医疗保健	Medicine and Medical Service	1274.5	1419.3	1658.2
1.医疗器具及药品	Medical Instruments and Articles	436.6	397.7	255.3
2.医疗服务	Medical Service	837.9	1021.6	1402.9
(1)门诊总费用	Outpatient Costs	237.0	392.2	489.0
(2)住院总费用	Hospitalization Expenses	600.9	629.4	913.9
(八)其他用品和服务	Miscellaneous Commodities and Services	520.1	536.3	537.8
1.其他用品	Miscellaneous Commodities	311.3	287.1	276.9
2.其他服务	Miscellaneous Services	208.8	249.2	261.0

3-14 城镇居民家庭平均每百户耐用消费品拥有量及信息化情况
Number of Durable Consumer Goods Owned and Informatization per 100 Urban Households

项　目	Item	2017	2018	2019
一、主要消费品拥有量(辆、台)	**Ownership of Major Durable Consumer Goods(unit)**			
1.家用汽车	Household Automobile	28.6	32.0	34.9
2.摩托车	Motorcycle	14.7	15.2	13.8
3.助力车	Man-drawn Vehicle	77.8	89.5	97.8
4.洗衣机	Washing Machine	97.3	97.8	99.8
5.电冰箱(柜)	Refrigerator	100.2	101.2	102.7
6.微波炉	Microwave Oven	65.9	61.6	63.7
7.彩色电视机	Color TV	133.8	132.9	137.2
8.空调	Air Conditioner	164.6	175.4	185.4
9.热水器	Water Heater	103.9	104.8	104.1
10.其中:太阳能热水器	Of Which:Solar Heater	65.5	58.7	—
11.洗碗机	Dishwasher	1.7	1.2	1.4
12.排油烟机	Kitchen Ventilator	72.3	77.3	80.2
13.固定电话	Telephone	37.9	25.9	13.9
14.移动电话	Mobile Telephone	229.8	246.0	251.4
15.计算机	Computer	71.2	66.2	65.3
16.照相机	Camera	20.3	14.8	15.6
17.中高档乐器	Medium Upscale Musical Instrument	4.9	7.5	8.0
18.健身器材	Fitness Equipment	5.1	7.0	7.2
19.空气净化器	Air Cleaner	—	4.2	4.7
20.吸尘器	Vacuum Cleaner	—	11.0	12.3
二、信息化调查情况	**Informatization**			
接入有线电视网络的电视机(台)	Cable Television(set)	85.2	66.5	—
接入互联网的移动电话(部)	Network-connected Hand Telephone(unit)	153.8	195.0	214.1
接入互联网的计算机(台)	Network-connected Computer(set)	59.9	49.7	52.2

3-15 城镇常住居民家庭人均主要食品消费量(含自产自用)
Per Capita Main Food Consumption of Urban Households

单位:千克 (kg)

项　目	Item	2017	2018	2019
一、粮食消费量	Grain	106.96	118.31	125.04
(一)谷物消费量	Cereals	94.94	105.35	109.60
1.小麦	Wheat	30.16	38.35	42.84
2.稻谷	Barley	59.27	60.36	58.73
3.玉米	Corn	2.47	2.53	3.19
4.其他谷物	Other Cereals	3.03	4.11	4.85
(二)薯类消费量	Tubers	2.08	2.11	2.57
1.红薯	Sweet Potato	0.78	0.77	0.89
2.马铃薯	Potato	0.95	0.90	1.28
3.其他薯类	Other Tubers	0.36	0.44	0.40
(三)豆类消费量	Beans	9.94	10.85	12.88
1.大豆	Soybean	0.33	0.66	0.83
2.其他豆类	Other Beans	9.61	10.19	12.04
二、油脂类消费量	Oil and Fats	9.83	8.67	8.22
(一)植物油	Edible Vegetable Oil	9.40	7.94	7.66
(二)动物油	Edible Animal Oil	0.43	0.72	0.56
三、蔬菜及菜制品消费量	Vegetables and Processed Products	103.48	96.53	106.23
(一)鲜菜	Fresh Vegetables	99.82	92.92	101.77
(二)干菜及菜制品	Dried Vegetables and Processed Products	1.38	1.44	1.59
(三)鲜菌	Fresh Edible Fungus	1.97	1.88	2.62
(四)干菌及菌制品	Dried Edible Fungus and Processed Products	0.31	0.30	0.25
四、肉类	Meat and Processed Products	26.12	29.90	29.28
(一)猪肉	Pork	19.67	22.45	21.51
(二)牛肉	Beef	2.62	2.94	3.03
(三)羊肉	Mutton	1.09	1.08	1.14
(四)其他肉类及制品	Others	2.74	3.42	3.60
五、禽类	Poultry and Processed Products	10.27	12.46	14.99
(一)鸡	Chicken	6.45	7.78	9.48
(二)鸭	Duck	1.79	1.86	2.20

3-15 续表 Continued

项　目	Item	2017	2018	2019
（三）鹅	Goose	0.29	0.31	0.37
（四）其他禽类及制品	Others	1.74	2.51	2.94
六、水产品	Aquatic Products	12.44	13.21	16.64
（一）鱼类	Fish	9.54	10.03	12.52
（二）虾、贝、蟹类	Shrimps, Shells and Crabs	1.76	2.09	2.95
（三）藻类	Algae	0.56	0.47	0.53
（四）其他	Others	0.58	0.62	0.64
七、蛋类及蛋制品	Eggs and Processed Products	12.04	11.89	12.83
（一）鲜蛋	Fresh Eggs	11.32	11.31	12.17
（二）蛋制品	Egg Products	0.72	0.58	0.66
八、奶和奶制品	Milk and Dairy Products	14.10	14.31	14.28
（一）鲜奶	Fresh Milk	6.33	7.46	8.00
（二）酸奶	Yogurt	5.42	4.25	4.31
（三）奶粉	Milk Powder	0.87	1.33	1.22
（四）其他奶制品	Others	1.49	1.27	0.75
九、干鲜瓜果类	Dried, Fresh Melons and Fruits	53.36	58.55	70.63
（一）鲜瓜果	Fresh Melons and Fruits	49.17	53.72	64.81
（二）瓜果制品	Melon and Fruit Products	1.04	1.33	1.64
（三）坚果类	Nuts and Grain Products	3.15	3.50	4.17
十、糖果糕点类	Confectioneries	5.74	7.89	8.47
（一）食糖	Sugar	0.89	0.97	0.93
（二）糖果	Candy	0.57	0.89	0.94
（三）糕点	Pastry	3.45	4.65	5.46
（四）其他糖果糕点	Other Confectioneries	0.82	1.38	1.14
十一、饮料	Beverage	0.35	0.29	0.29
（一）茶叶	Tea	0.35	0.29	0.29
十二、烟叶消费量	Tobacco	24.85	26.74	30.21
十三、酒	Liquor and Drinks	7.56	9.21	9.64
（一）白酒	White Spirits	3.23	3.70	4.19
（二）啤酒	Beer	4.21	5.40	5.31
（三）果酒	Fruit Wine	0.11	0.11	0.14

3-16 城镇居民家庭居住情况(2019)
Living Conditions of Urban Households(2019)

项　　目	Item	2019
现住房情况	**Housing Conditions**	
现住房建筑面积(平方米/人)	Total Floor Space of Current Housing(sq.m/person)	41.83
(一)本住户居住类型(%)	Type of Residence(%)	
1.普通住宅	Ordinary House	99.85
2.集体宿舍和工棚	Dormitory and Work Shed	0.15
3.工作地住宿	Accommodation at Workplace	0.00
(二)本住户居住空间样式(%)	House Styles(%)	
1.单栋楼房	Single Building	28.31
2.单栋平房	Single Bungalow	6.17
3.四居室及以上单元房	Unit with Four Rooms and Over	2.04
4.三居室单元房	Unit with Three Rooms	34.21
5.二居室单元房	Unit with Two Rooms	26.26
6.一居室单元房	Unit with One Room	1.52
7.筒子楼或连片平房	Tube-shaped Apartments or Rows of Bungalow	0.96
8.其他	Others	0.53
(三)主要建筑材料(%)	Main Architecture Materials(%)	
1.钢筋混凝土	Reinforced Concrete	65.41
2.砖混材料	Brick-concrete-structured Materials	30.90
3.砖瓦砖木	Tile and Wood	3.67
4.竹草土坯	Bamboo,Grass and Adobe	0.00
5.其他	Others	0.03
(四)现住房房屋来源(%)	Source of Current Housing(%)	
1.租赁公房	Rental Public Housing	0.71
2.租赁私房	Rental Privately Owned Housing	4.12
3.自建住房	Self Help Housing	32.46
4.购买商品房	Purchase of Commodity House	39.93
5.购买房改住房	Privately Owned House After Housing Reform	8.23
6.购买保障性住房	Purchase of Social Housing	0.66
7.拆迁安置房	Resettlement Housing	11.50

3-16 续表1 Continued 1

项　目	Item	2019
8.继承或获赠住房	Inherited or Received Housing	0.86
9.免费借用房	Free Borrowed Housing	0.68
10.雇主提供免费住房	Free Housing Provided by Employer	0.15
11.其他来源	Others	0.71
(五)现住房建筑面积(%)	Floor Space of Current Housing(%)	
1.10平方米以内	Below 10 sq.m	0.00
2.10~20平方米	10~20 sq.m	0.03
3.20~30平方米	20~30 sq.m	0.04
4.30~60平方米	30~60 sq.m	9.30
5.60~90平方米	60~90 sq.m	26.02
6.90~120平方米	90~120 sq.m	32.12
7.120~200平方米	120~200 sq.m	22.79
8.200平方米以上	Above 200 sq.m	9.70
(六)住宅外道路路面情况(%)	Pavement Conditions out of the House(%)	
1.水泥或柏油路面	Cement or Asphalt Pavement	94.27
2.沙石或石板等硬质路面	Sand or Stone Pavement	4.84
3.其他	Others	0.89
(七)住宅有管道供水情况(%)	Conditions of Piped Water Supply(%)	
1.管道供水入户	Piped Water Supply into People's Homes	32.46
2.管道供水至公共取水点	Piped Water Supply to Watering Points	2.91
3.没有管道设施	No Pipeline Facilities	49.51
(八)住户主要饮用水来源情况(%)	Source of Drinking Water(%)	
1.经过净化处理的自来水	Purified Tap Water	93.39
2.受保护的井水和泉水	Protected Wells and Springs	5.95
3.不受保护的井水和泉水	Unprotected Wells and Springs	0.18
4.江河湖泊水	Rivers and Lakes	0.28
5.收集雨水	Collected Rainwater	0.03
6.桶装水	Barreled Water	0.07
7.其他水源	Others	0.11
(九)住户获取饮用水的主要困难(%)	Difficulties to Get Drinking Water(%)	

3-16 续表 2 Continued 2

项　　目	Item	2019
1.单次取水往返时间超过半小时	Taking More than a Half-hour to Get Water	0.25
2.间断或定时供水	Intermittent or Timing Water Supply	1.18
3.当年连续缺水时间超过 16 天	Longer than 16 Days of Shortage of Water	0.00
4.无上述困难	No Such Difficulties	98.57
(十)住户饮用水使用前采取的主要处理措施(%)	Treatments Before Drinking Water(%)	
1.煮沸	Boiling	93.16
2.加漂白剂/氯等	Adding Bleach/Chloride,etc.	0.81
3.使用水过滤器	Using Water Filter	3.14
4.其他处理措施	Other Treatments	0.72
5.没有任何水处理措施	No Treatments	2.17
(十一)住户厕所类型(%)	Type of Toilet(%)	
1.水冲式卫生厕所	Flush Sanitary Toilets	79.42
2.水冲式非卫生厕所	Flush Insanitary Toilets	8.88
3.卫生旱厕	Sanitary Dry Latrines	2.94
4.普通旱厕	Ordinary Dry Latrines	3.41
5.无厕所	No Toilet	1.35
(十二)住户厕所使用情况(%)	Use of Toilet(%)	
1.本住户独用	Private Toilet	94.17
2.几户合用	Toilet Shared by Several Households	1.21
3.公用厕所	Public Toilets	1.80
(十三)住户洗澡设施情况(%)	Facilities for Bathing(%)	
1.统一供热水	Unified Hot Water Supply	2.14
2.家庭自装热水器	Installation of Water Heater	93.70
3.其他	Others	1.40
4.无洗澡设施	No Facilities for Bathing	2.76
(十四)住户主要取暖设备状况(%)	Heating Equipment(%)	
1.由市政或小区集中供暖	Municipal or District Central Heating	1.88
2.自行供暖	Self Heating	86.23
3.无取暖设备	No Heating Equipment	11.89
(十五)住户主要取暖用能源状况(%)	Heating Energy(%)	

3-16 续表 3 Continued 3

项　目	Item	2019
1.柴草	Firewood	1.19
2.煤炭	Coal	0.03
3.罐装液化石油气	Canned Liquified Petroleum Gas	1.38
4.管道液化石油气	Pipeline Liquified Petroleum Gas	0.29
5.管道煤气	Pipeline Gas	0.38
6.管道天然气	Pipeline Natural Gas	5.09
7.电	Electricity	82.82
8.燃料用油	Fuel Oil	0.00
9.沼气	Methane	0.00
10.其他	Others	0.66
11.无取暖行为	No Heating Behavior	8.16
(十六)主要炊用能源状况(%)	Cooking Energy(%)	
1.柴草	Firewood	2.50
2.煤炭	Coal	0.20
3.罐装液化石油气	Canned Liquified Petroleum Gas	27.92
4.管道液化石油气	Pipeline Liquified Petroleum Gas	1.73
5.管道煤气	Pipeline Gas	1.71
6.管道天然气	Pipeline Natural Gas	49.77
7.电	Electricity	15.85
8.燃料用油	Fuel Oil	0.00
9.沼气	Methane	0.09
10.其他	Others	0.11
11.无炊用行为	No Cooking Behavior	0.11

3-17 按收入等级分的城镇居民家庭人均收支情况(2019)

单元:元

项　　目	Item	总平均 Total
家庭总收入	**Total Income**	**42103**
其中:可支配收入	Of Which: Disposable Income	37540
工资性收入	Income from Wages and Salaries	22548
经营净收入	Net Business Income	5983
财产净收入	Net Income from Properties	3192
转移净收入	Net Income from Transfer	5817
借贷性所得	Lending and Loaning Income	1065
家庭总支出	**Total Expenditures**	**33918**
其中:消费支出	Of Which: Expenditure for Consumption	23782
食品烟酒	Food, Tobacco and Liquor	7421
衣着	Clothing	1763
居住	Residence	5262
生活用品及服务	Household Facilities, Articles and Service	1466
交通和通信	Traffic and Communications	2870
教育文化娱乐	Education and Cultural Recreation	2802
医疗保健	Medicine and Medical Service	1658
其他商品和服务	Miscellaneous Commodities and Services	538
财产性支出	Property Expenditure	291
转移性支出	Tranferred Expenditure	1791
#社会保障支出	#Social Security Expenditure	1485
借贷支出	Lending and Loaning Expenditure	1684

Per Capita Income and Expenditure of Urban Households by Level of Income (2019)

(*yuan*)

按收入等级分 by Level of Households				
低收入户 Low Income Households	中低收入户 Lower Middle Income Households	中间收入户 Middle Income Households	中高收入户 Upper Middle Income Households	高收入户 High Income Households
19367	**27850**	**37608**	**50230**	**91264**
13057	25510	34766	46569	83039
7767	15240	19448	27826	52052
1187	4209	5691	6829	14822
1236	2041	2687	3806	7565
2867	4020	6940	8108	8600
1017	675	1031	930	1864
23597	**24408**	**29518**	**39130**	**61628**
14522	18302	22241	27315	42743
4813	6156	7447	8744	11436
969	1303	1676	2038	3353
2910	4048	4993	6332	9489
840	1005	1352	1672	2921
1829	1952	2567	3362	5474
1800	2438	2559	2754	5123
1090	1119	1191	1728	3732
271	280	455	686	1216
108	163	192	388	747
789	1190	1559	2063	4060
660	994	1304	1792	3244
965	1191	1066	2386	3390

3-18 各市、县(区)城镇居民人均可支配收入
Per Capita Disposable Income of Urban Households by Region

单位:元 (yuan)

地区	Region	2017	2018	2019
安徽省	**Anhui**	**31640**	**34393**	**37540**
合肥市	**Hefei**	**37972**	**41484**	**45404**
瑶海区	Yaohai District	39747	43415	47173
庐阳区	Luyang District	42922	47188	51695
蜀山区	Shushan District	43975	48083	52723
包河区	Baohe District	44504	48972	53649
合肥新站区	Hefei New Station District	32982	36228	39724
长丰县	Changfeng	30490	33386	36641
肥东县	Feidong	31868	35035	38346
肥西县	Feixi	33797	37088	40667
庐江县	Lujiang	28843	31537	34549
巢湖市	Chaohu	30522	33525	36693
合肥经开区	Hefei Economic-tech Development Zone	35204	38632	42322
合肥高新区	Hefei New and High-tech Zone	35104	38349	42011
芜湖市	**Wuhu**	**35175**	**38397**	**42064**
镜湖区	Jinghu District	39585	43242	47338
弋江区	Yijiang District	36921	40333	44265
鸠江区	Jiujiang District	35034	38447	42234
三山区	Sanshan District	32072	35054	38419
芜湖县	Wuhu	32835	36000	39348
繁昌县	Fanchang	32637	35783	39236
南陵县	Nanling	31708	34581	37901
无为县	Wuwei	32016	35054	38332
蚌埠市	**Bengbu**	**31160**	**33855**	**37028**
龙子湖区	Longzihu District	39005	42301	46225
蚌山区	Bengshan District	34294	37547	41170
禹会区	Yuhui District	30401	33362	36615
淮上区	Huaishang District	31454	34332	37559
怀远县	Huaiyuan	27372	29764	32577
五河县	Wuhe	27436	29807	32504
固镇县	Guzhen	27635	30382	33284

3-18 续表 1 Continued 1

地　区	Region	2017	2018	2019
蚌埠经开区	Bengbu New and High-tech Zone	36000	39614	43239
淮南市	**Huainan**	**30405**	**32852**	**35826**
大通区	Datong District	34248	36855	39632
田家庵区	Tianjiaan District	35173	38375	42111
谢家集区	Xiejiaji District	31112	33676	36483
八公山区	Bagongshan District	30329	32741	35372
潘集区	Panji District	30071	32719	35871
毛集实验区	Maoji Experimental District	24215	26307	28684
凤台县	Fengtai	30769	33216	36118
寿县	Shouxian	22635	24662	26964
马鞍山市	**Maanshan**	**41403**	**45108**	**49010**
花山区	Huashan District	49608	53899	58777
雨山区	Yushan District	52350	56968	61212
博望区	Bowang District	37588	41400	45271
当涂县	Dangtu	34111	37454	41017
含山县	Henshan	29042	31859	34743
和县	Hexian	30171	33098	35911
淮北市	**Huaibei**	**29578**	**31959**	**34727**
杜集区	Duji District	28572	30871	33511
相山区	Xiangshan District	33439	36299	39457
烈山区	Lieshan District	27780	30016	32522
濉溪县	Suixi	26501	28819	31379
铜陵市	**Tongling**	**33283**	**35995**	**39256**
铜官区	Tongguan District	39015	42940	47037
义安区	Yi' an District	31442	34001	37664
郊区	Suburban District	36363	39283	36840
枞阳县	Zongyang	23937	26187	28492
安庆市	**Anqing**	**28675**	**31187**	**34041**
迎江区	Yingjiang District	35834	39045	42695
大观区	Daguan District	35248	38328	41989

3-18 续表2 Continued 2

地　区	Region	2017	2018	2019
宜秀区	Yixiu District	25307	27534	30136
怀宁县	Huaining	29038	31541	34474
潜山县	Qianshan	28055	30493	33191
太湖县	Taihu	24641	26755	29096
宿松县	Susong	23885	25980	28331
望江县	Wangjiang	25610	27771	30173
岳西县	Yuexi	23942	25987	28312
桐城市	Tongcheng	28234	30588	33394
安庆开发区	Anqing Development Zone	34483	37565	41078
黄山市	**Huangshan**	**30821**	**33551**	**36658**
屯溪区	Tunxi District	33654	36716	40167
黄山区	Huangshan District	32763	35643	38936
徽州区	Huizhou District	33141	36233	39659
歙县	Shexian	28250	30762	33561
休宁县	Xiuning	28394	30864	33648
黟县	Yixian	27301	29785	32508
祁门县	Qimen	28029	30602	33460
滁州市	**Chuzhou**	**28612**	**31230**	**34091**
琅琊区	Langya District	37226	40726	44320
南谯区	Nanqiao District	32270	35303	38489
来安县	Laian	29088	32215	35219
全椒县	Quanjiao	26395	29193	31973
定远县	Dingyuan	25280	27883	30372
凤阳县	Fengyang	23133	25562	27921
天长市	Tianchang	29566	32723	35807
明光市	Mingguang	25619	28284	30865
阜阳市	**Fuyang**	**27713**	**30113**	**32844**
颍州区	Yingzhou District	31513	34208	37201
颍东区	Yingdong District	26145	28367	30934
颍泉区	Yingquan District	28218	30704	33514

3-18 续表 3 Continued 3

地 区	Region	2017	2018	2019
临泉县	Linquan	25375	27610	30136
太和县	Taihe	27592	30023	32800
阜南县	Funan	25510	27717	30123
颍上县	Yingshang	27224	29655	32458
界首市	Jieshou	28910	31512	34364
宿州市	**Suzhou**	**27703**	**30100**	**32643**
埇桥区	Yongqiao District	32392	33082	35911
砀山县	Dangshan	29751	29075	31502
萧县	Xiaoxian	22298	28463	30840
灵璧县	Lingbi	22973	27225	29461
泗县	Sixian	21970	27217	29571
六安市	**Lu'an**	**26731**	**29070**	**31788**
金安区	Jin'an District	29632	32151	35258
裕安区	Yu'an District	30462	33038	36094
霍邱县	Huoqiu	23644	25711	27973
舒城县	Shucheng	24858	27130	29707
金寨县	Jinzhai	23096	25174	27440
霍山县	Huoshan	26289	28628	31420
叶集区	Yeji Experimental District	24546	26716	29187
亳州市	**Bozhou**	**27246**	**29711**	**32409**
谯城区	Qiaocheng District	29630	32342	35253
涡阳县	Guoyang	24257	26416	28767
蒙城县	Mengcheng	27260	29795	32557
利辛县	Lixin	26679	29080	31756
池州市	**Chizhou**	**28394**	**30884**	**33747**
贵池区	Guichi District	29458	32056	35005
东至县	Dongzhi	27030	29365	32123
石台县	Shitai	24955	27112	29580
青阳县	Qingyang	29053	31604	34543
九华山风景区	Jiuhua Mountain Scenic Area	—	—	—

3-18 续表4 Continued 2

地 区	Region	2017	2018	2019
池州开发区	Chizhou Development Zone	—	—	—
宣城市	**Xuancheng**	**33548**	**36554**	**39975**
宣州区	Xuanzhou District	33968	37076	40532
郎溪县	Langxi	32857	35795	39010
广德县	Guangde	36349	39493	43225
泾县	Jingxian	27279	29639	32529
绩溪县	Jixi	29820	32429	35570
旌德县	Jingde	24137	26321	28714
宁国市	Ningguo	36897	40310	44067

3-19 农村常住居民调查户基本情况(2019)
Basic Conditions of Rural Permanent Households Surveyed(2019)

指标名称	Item	单位	Unit	2019
一、期末户均调查人口	Average Household Size Surveyed	人	person	3.9
二、期末常住成员情况	Conditions of Rural Residents	—		
(一)户均常住人口	Permanent Residents per Household	人	person	3.1
其中:在校学生人数	Of Which: Enrolled Students	人	person	0.7
(二)性别	Gender	—		
1.男性	Male	%	%	49.2
2.女性	Female	%	%	50.8
(三)户口状况	Residence Registration	—		
1.农业	Agricultural Account	%	%	98.2
2.非农业	Non-agricultural Account	%	%	1.7
3.其他	Others	%	%	0.0
(四)6岁及以上常住成员受教育程度	Education Level of Residents Aged 6 and Above	—		
1.未上过学	Not Been to School	%	%	9.8
2.小学	Primary School	%	%	36.5
3.初中	Junior Secondary School	%	%	38.6
4.高中	Senior Secondary School	%	%	9.2
5.大学专科	Junior College	%	%	3.6
6.大学本科	Undergraduate College	%	%	2.1
7.研究生	Postgraduate	%	%	0.3
三、常住从业人员情况	Employment	—		
(一)户均常住从业人数	Permanent Employees per Household	人	person	1.7
(二)就业状况	Job Situation	—		
1.雇主	Employer	%	%	0.5
2.公职人员	Public Officer	%	%	0.6
3.事业单位人员	Institution Worker	%	%	1.6
4.国有企业雇员	State-owned Enterprise Employee	%	%	0.5
5.其他雇员	Other Employee	%	%	42.4

3-19 续表 1 Continued 1

指标名称	Item	单位	Unit	2019
6.农业自营	Agricultural Self-employed	%	%	41.9
7.非农自营	Non-agricultural Self-employed	%	%	12.6
(三)主要从事行业	Industries Engaged	—	0.0	
1.第一产业	Primary Industry	%	%	44.9
2.第二产业	Secondary Industry	%	%	24.8
3.第三产业	Tertiary Industry	%	%	30.2
四、调查户基本情况	Basic Conditions of Surveyed Households	—		
户主文化程度	Education Level of Householder	—		
1.未上过学	Not Been to School	%	%	4.3
2.小学	Primary School	%	%	30.1
3.初中	Junior Secondary School	%	%	54.8
4.高中	Senior Secondary School	%	%	8.2
5.大学专科	Junior College	%	%	2.4
6.大学本科	Undergraduate College	%	%	0.2
7.研究生	Postgraduate	%	%	0.0

3-20 农村居民家庭基本情况
Basic Conditions of Rural Households

项　目	Item	2017	2018	2019
户均常住人口(人)	Number of Permanent Residents per Household(person)	3.0	3.1	3.1
户均常住从业人口(人)	Permanent Employees per Household	—	1.8	1.7
平均每一从业人口负担人数(包括从业者本人)	Number of Dependents per Employee(Including Oneself)	—	1.7	1.8
农村居民家庭恩格尔系数(%)	Engel's Coefficient of Households(%)	33.50	33.01	32.70
可支配收入(元)	**Disposable Income(*yuan*)**	**12758.2**	**13996.0**	**15416.0**
工资性收入	Wages Income	4624.0	5058.0	5462.5
经营净收入	Net Income from Business	5026.2	5411.5	5952.6
财产净收入	Net Property Income	218.9	256.0	283.0
转移净收入	Net Transfer Income	2889.1	3270.5	3717.9
平均每人消费性支出(元)	**Per Capita Annual Living Expenditures for Consumption (*yuan*)**	**11106.1**	**12748.1**	**14545.8**
一、食品	Food	3726.0	4208.3	4755.8
二、衣着	Clothing	565.6	635.0	842.9
三、居住	Residence	2618.2	3013.3	3311.5
四、生活用品及服务	Household Facilities, Articles and Service	589.0	772.5	846.3
五、交通通信	Traffic and Communications	1346.0	1556.1	1709.4
六、教育文化娱乐	Education and Cultural Recreation	1075.0	1271.1	1470.7
七、医疗保健	Medicine and Medical Service	1006.8	1036.7	1323.5
八、其他用品和服务	Miscellaneous Commodities and Services	179.5	255.2	285.9
平均每人消费性支出构成(人均消费性支出=100)(%)	**Composition of per Capita Annual Living Expenditures for Consumption(%)**			
一、食品	Food	33.5	33.0	32.7
二、衣着	Clothing	5.1	5.0	5.8
三、居住	Residence	23.6	23.6	22.8
四、生活用品及服务	Household Facilities, Articles and Service	5.3	6.1	5.8
五、交通通信	Traffic and Communications	12.1	12.2	11.8
六、教育文化娱乐	Education and Cultural Recreation	9.7	10.0	10.1
七、医疗保健	Medicine and Medical Service	9.1	8.1	9.1

3-20 续表 1 Continued 1

项　目	Item	2017	2018	2019
八、其他用品和服务	Miscellaneous Commodities and Services	1.6	2.0	2.0
期末实际经营的土地面积(亩/人)	**Land Area Dealing in Actually at the End of Term(mu/person)**	**3.8**	**4.0**	**4.3**
耕地	Farmland	3.2	3.3	3.5
其中:有效灌溉面积	Of Which:Effective Irrigated Area	2.8	2.9	2.9
山地	Mountains	0.4	0.5	0.5
园地	Gardening Land	0.1	0.0	0.1
牧草地面积	Area of Grassland	0.0	0.0	0.0
养殖水面	Aquiculture Space	0.2	0.1	0.2
年末人均生产性固定资产(元/户)	**Original Value of Productive Fixed Assets at Year-end(yuan/household)**	**5743.8**	**8136.7**	**6180.4**
#农业	#Agriculture	2047.0	2156.1	1710.5
林业	Forestry	12.6	14.3	13.8
牧业	Animal Husbandry	256.7	517.2	637.9
渔业	Fishery	41.0	17.7	29.1
年末生产性固定资产拥有量(每百户)	**Major Productive Fixed Assets at Year-end(per 100 Households)**			
大中型农用拖拉机	Large and Medium Tractors	3.7	3.1	3.0
小型农用拖拉机	Mini and Walking Tractors	28.2	24.2	23.5
农用排灌动力机械	Power-driven Irrigation and Drainage Equipments	18.2	14.1	14.5
插秧机	Transplanter	0.2	0.4	0.5
收割机	Harvester	2.8	2.1	1.9
脱粒机	Thresher	6.7	4.3	5.2
役畜	Draught Animal	2.6	3.8	0.0
产品畜	Product Animal	—	68.4	53.9
其他农业机械	Other Agricultural Machinery	12.1	14.1	9.4

3-21 农村常住居民家庭人均收入情况(2019)
Annual Income per Capita of Rural Households(2019)

单位:元 (yuan)

项　目	Item	2019
总收入(未扣除生产费用)	**Total Income(Not Deduct the Production Cost)**	**20033.1**
工资性收入	Income from Wages and Salaries	5462.5
经营性收入	Business Income	10008.2
财产性收入	Property Income	337.2
转移性收入	Transfer Income	4225.2
现金可支配收入	**Cash Disposable Income**	**14576.2**
现金工资性收入	Cash Wages Income	5400.0
现金经营净收入	Net Cash Income from Business	5408.1
现金财产净收入	Net Cash Property Income	283.0
现金转移净收入	Net Cash Transfer Income	3485.1
总支出	**Total Expenditures**	**22884.7**
其中:消费支出	Of Which: Expenditure for Consumption	14545.8
生产经营费用支出	Expenditure for Business	3643.6
财产性支出	Property Expenditure	54.2
转移性支出	Transfer Expenditure	507.3
现金支出	**Cash Expenditure**	**20008.6**
其中:现金消费支出	Of Which: Cash Expenditure for Consumption	11716.0
生产经营费用支出	Cash Expenditure for Business	3597.3
现金财产性支出	Cash Property Expenditure	54.2
现金转移性支出	Cash Transfer Expenditure	507.3
可支配收入	**Disposable Income**	**15416.0**
一、工资性收入	Income from Wages and Salaries	5462.5
(一)工资	Wages	5348.5
1.按月发放的工资	Monthly Salaries	3044.0
2.补发工资	Reissued Salaries	211.0
3.不按月发放的奖金、津贴、过节费等	Unmonthly Paid Bonus, Allowance and Holiday Fee	2093.4
(二)实物福利	Benefits in Kind	62.4
1.从单位或雇主得到的实物产品折价	Cash Calculated from Physical Products Paid by Unit or Employer	9.3
2.从单位或雇主得到的服务折价	Cash Calculated from Services by Unit or Employer	53.1

3-21 续表1 Continued 1

项　目	Item	2019
(三)其他	Others	51.6
1.住房公积金	Housing Accumulation Fund	36.0
2.辞退金	Dismissal Costs	0.0
3.自由职业劳动所得(如稿费、翻译费)	Income on Freelance Business(Such as Remuneration or Translation Fees)	14.6
4.安家费	Settling-in Allowance	0.0
5.股票期权	Stock Options	0.0
6.其他劳动所得	Other Labor Income	1.0
二、经营净收入	Net Business Income	5952.6
(一)第一产业经营净收入	Primary Industry	3897.1
1.农业	Farming	3167.5
2.林业	Forestry	236.5
3.牧业	Animal Husbandry	315.0
4.渔业	Fishery	178.1
(二)第二产业经营净收入	Secondary Industry	464.0
1.采矿业	Mining	9.6
2.制造业	Manufacturing	230.8
3.电力、热力、燃气及水生产和供应业	Production and Supply of Electricity, Heating, Gas and Water	-1.3
4.建筑业	Construction	224.9
(三)第三产业经营净收入	Tertiary Industry	1591.5
1.批发和零售业	Wholesale and Retail Trades	964.6
2.交通运输、仓储和邮政业	Transport, Storage and Post	177.4
3.住宿和餐饮业	Hotels and Catering Services	190.7
4.房地产业	Real Estate	-0.8
5.租赁和商务服务业	Leasing and Business Services	1.9
6.居民服务、修理和其他服务业	Resident Services, Repair and Other Services	124.0
7.其他	Others	28.5
8.农林牧渔服务业	Agricultural Services	105.2
三、财产净收入	Net Property Income	283.0
(一)利息净收入	Net Interest Income	7.4
(二)红利收入	Dividend Income	66.7

3-21 续表 2 Continued 2

项　　目	Item	2019
1.集体分配的红利	Collective Dividends	6.7
2.其他红利收入	Other Dividend Income	60.1
(三)储蓄性保险净收益	Net Income of Savings Insurance	2.1
(四)转让承包土地经营权租金净收入	Net Income from Transfer of Right to Contracted Management of Rural Land	154.0
(五)出租房屋财产性收入	Property Income from Rental Accommodation	30.3
(六)出租机械、专利、版权等资产的收入	Income from Rental Machinery, Patent, Copyright and the Like	13.6
(七)其他财产净收入	Other Net Property Income	8.9
(八)房屋虚拟租金	Virtual House Rent	0.0
四、转移净收入	Net Transfer Income	3717.9
(一)转移性收入	Transfer Income	4225.2
1.养老金或离退休金	Pension or Retirement Pension	666.3
(1)离退休金	Pensions of Retirees	329.9
(2)(城镇)居民社会养老保险	Social Old-age Insurance for Residents (Urban)	47.6
(3)新型农村养老保险	New System of Old-age Insurance for Rural Residents	238.8
(4)其他养老金	Other Old-age Pension	50.0
2.社会救济和补助	Social Welfare or Aid	360.0
(1)最低生活保障费	Guaranteed Minimum Income	119.8
(2)五保户救助金	Aids to Households Enjoying the Five Guarantees	18.0
(3)扶贫款	Poverty Relief Funds	45.7
(4)救灾款	Disaster Relief Funds	2.1
(5)抚恤金	Pension	70.7
(6)医疗救助专项补贴	Special Subsidies for Medical Assistance	7.3
(7)教育救助专项补贴	Special Subsidies for Educational Assistance	16.5
(8)其他社会救济收入	Other Income from Social Welfare	79.9
3.政策性生活补贴	Policy Living Allowance	74.8
(1)家电补贴	Subsidies for Home Appliances	0.0
(2)能源补贴	Subsidies for Energy	0.6
(3)免费或低价提供的住宿(廉租房)	Free or Cheap Accommodation	0.4
(4)居住专项补贴	Special Subsidies for Residence	2.4
(5)建房改造专项补贴	Special Subsidies for Home Building and Renovation	27.1
(6)其他生活补贴	Other Living Allowance	44.7

3-21 续表3 Continued 3

项目	Item	2019
4.报销医疗费	Reimbursement of Medical Expenses	218.7
5.家庭外出从业人员寄回带回收入	Sent Back by Family Outings Employees	2117.4
6.赡养收入	Alimony Income	518.6
7.其他经常转移收入	Other Regular Transfer Income	63.5
(1)失业保险金	Unemployment Insurance Benefits	0.3
(2)经常性捐赠收入	Regular Donation Income	2.8
(3)经常性赔偿收入	Regular Compensation Income	0.0
(4)社保支出专项补贴	Special Subsidy for Social Insurance Expenditure	1.7
(5)扶贫补助金孳息收入	Subsidy Yields Income from Poverty Alleviation	0.5
(6)扶贫贷款利息补助收入	Income of Interest Subsidy for Poverty Alleviation Loans	0.9
(7)其他转移性收入	Other Transfer Income	57.3
8.从政府和组织得到的实物产品和服务折价	Cash Calculated from Physical Products and Service Paid by Government and Organizations	14.1
9.现金政策性惠农补贴	Policy Agricultural Subsidies in Cash	191.7
(二)转移性支出	Transfer Expenditure	507.3
1.个人所得税	Personal Income Tax	24.6
2.社会保障支出	Social Security Expenditure	416.3
(1)个人缴纳的养老保险	Individual Endowment Insurance	178.5
(2)个人缴纳的医疗保险	Individual Medical Treatment Insurance	224.2
(3)个人缴纳的失业保险	Individual Unemployment Insurance	3.9
(4)其他社会保障支出	Other Social Security Expenditure	9.8
3.外来从业人员寄给家人的支出	Sent Home to Their Families by Migrant Workers	4.6
4.赡养支出	Alimony Expenditure	32.9
5.其他转移性支出	Other Transfer Expenditure	28.9
(1)经常性捐赠支出	Regular Donation Expenditure	1.6
(2)经常性赔偿支出	Regular Compensation Expenditure	0.0
(3)其他经常转移支出	Other Regular Transfer Expenditure	27.3
现金可支配收入	**Cash Disposable Income**	**14576.2**
一、现金工资性收入	Cash Income from Wages and Salaries	5400.0
(一)工资	Wages	5348.5
1.按月发放的工资	Monthly Salaries	3044.0

3-21 续表4 Continued 4

项 目	Item	2019
2.补发工资	Reissued Salaries	211.0
3.不按月发放的奖金、津贴、过节费等	Unmonthly Paid Bonus, Allowance and Holiday Fee	2093.4
(二)其他工资性收入	Other Income from Wages and Salaries	51.6
1.住房公积金	Housing Accumulation Fund	36.0
2.辞退金	Dismissal Costs	0.0
3.自由职业劳动所得(如稿费、翻译费)	Income on Freelance Business(Such as Remuneration or Translation Fees)	14.6
4.安家费	Settling-in Allowance	0.0
5.股票期权	Stock Options	0.0
6.其他劳动所得	Other Labor Income	1.0
二、现金经营净收入	Net Cash Business Income	5408.1
(一)第一产业现金经营净收入	Primary Industry	3100.1
1.农业	Farming	2475.8
2.林业	Forestry	132.4
3.牧业	Animal Husbandry	312.8
4.渔业	Fishery	179.1
(二)第二产业现金经营净收入	Secondary Industry	498.9
1.采矿业	Mining	9.6
2.制造业	Manufacturing	249.8
3.电力、热力、燃气及水生产和供应业	Production and Supply of Electricity, Heating, Gas and Water	0.6
4.建筑业	Construction	238.8
(三)第三产业现金经营净收入	Tertiary Industry	1809.2
1.批发和零售业	Wholesale and Retail Trades	1071.6
2.交通运输、仓储和邮政业	Transport, Storage and Post	245.7
3.住宿和餐饮业	Hotels and Catering Services	218.4
4.房地产业	Real Estate	-0.8
5.租赁和商务服务业	Leasing and Business Services	1.9
6.居民服务、修理和其他服务业	Resident Services, Repair and Other Services	137.0
7.其他行业	Others	29.6
8.农林牧渔服务业	Agricultural Services	105.7
三、现金财产净收入	Net Cash Property Income	283.0
(一)利息净收入	Net Interest Income	7.4

3-21 续表5 Continued 5

项　目	Item	2019
(二)红利收入	Dividend Income	66.7
1.集体分配的红利	Collective of Dividends	6.6
2.其他红利收入	Other Dividend Income	60.1
(三)储蓄性保险净收益	Net Income of Savings Insurance	2.1
(四)转让承包土地经营权租金净收入	Net Income from Transfer of Right to Contracted Management of Rural Land	154.0
(五)出租房屋财产性收入	Property Income from Rental Accommodation	30.3
(六)出租机械、专利、版权等资产的收入	Income from Rental Machinery,Patent,Copyright and the Like	13.6
(七)其他财产净收入	Other Net Property Income	8.9
四、现金转移净收入	Net Cash Transfer Income	3485.1
(一)现金转移性收入	Cash Transfer Income	3992.4
1.养老金或离退休金	Pension or Retirement Pension	666.3
(1)离退休金	Pensions of Retirees	329.9
(2)(城镇)居民社会养老保险	Social Old-age Insurance for Residents (Urban)	47.6
(3)新型农村养老保险	New System of Old-age Insurance for Rural Residents	238.8
(4)其他养老金	Other Old-age Pension	50.0
2.社会救济和补助	Social Welfare or Aid	360.0
(1)最低生活保障费	Guaranteed Minimum Income	119.8
(2)五保户救助金	Aids to Households Enjoying the Five Guarantees	18.0
(3)扶贫款	Poverty Relief Funds	45.7
(4)救灾款	Disaster Relief Funds	2.1
(5)抚恤金	Pension	70.7
(6)医疗救助专项补贴	Special Subsidies for Medical Assistance	7.3
(7)教育救助专项补贴	Special Subsidies for Educational Assistance	16.5
(8)其他社会救济收入	Other Income from Social Welfare	79.9
3.政策性生产补贴	Policy Production Allowance	191.7
4.政策性生活补贴	Policy Living Allowance	74.8
5.家庭外出从业人员寄回带回收入	Sent Back by Family Outings Employees	2117.4
6.赡养收入	Alimony Income	518.6
7.其他经常转移收入	Other Regular Transfer Income	63.5
(1)失业保险金	Unemployment Insurance Benefits	0.3
(2)经常性捐赠收入	Regular Donation Income	2.8

3-21 续表6 Continued 6

项　　目	Item	2019
(3)经常性赔偿收入	Regular Compensation Income	0.0
(4)社保支出专项补贴	Special Subsidy for Social Insurance Expenditure	1.7
(5)扶贫补助金孳息收入	Subsidy Yields Income from Poverty Alleviation	0.5
(6)扶贫贷款利息补助收入	Income of Interest Subsidy for Poverty Alleviation Loans	0.9
(7)其他转移性收入	Other Transfer Income	57.3
(二)现金转移性支出	Cash Transfer Expenditure	507.3
1.个人所得税	Personal Income Tax	24.6
2.个人缴纳的社会保障支出	Individual Social Security Expenditure	416.3
(1)个人缴纳的养老保险	Individual Endowment Insurance	178.5
(2)个人缴纳的医疗保险	Individual Medical Treatment Insurance	224.2
(3)个人缴纳的失业保险	Individual Unemployment Insurance	3.9
(4)其他社会保障支出	Other Social Security Expenditure	9.8
(5)个人缴纳的住房公积金	Individual Housing Accumulation fund	50.1
3.外来从业人员寄给家人的支出	Sent Home to Their Families by Migrant Workers	4.6
4.赡养支出	Alimony Expenditure	32.9
5.其他转移性支出	Other Transfer Expenditure	28.9
(1)经常性捐赠支出	Regular Donation Expenditure	1.6
(2)经常性赔偿支出	Regular Compensation Expenditure	0.0
(3)其他经常转移支出	Other Regular Transfer Expenditure	27.3

3-22 农村居民家庭居住情况(2019)
Living Conditions of Rural Households(2019)

项　　目	Item	2019
现住房情况	**Housing Conditions**	
现住房建筑面积(平方米/人)	Total Floor Space of Current Housing(sq.m/person)	53.5
(一)本住户居住类型(%)	Type of Residence(%)	
1.普通住宅	Ordinary House	99.9
2.集体宿舍和工棚	Dormitory and Work Shed	0.0
3.工作地住宿	Accommodation at Workplace	0.0
(二)本住户居住空间样式(%)	House Styles(%)	
1.单栋楼房	Single Building	68.2
2.单栋平房	Single Bungalow	24.6
3.四居室及以上单元房	Unit with Four Rooms and Over	0.2
4.三居室单元房	Unit with Three Rooms	3.3
5.二居室单元房	Unit with Two Rooms	0.6
6.一居室单元房	Unit with One Room	0.0
7.筒子楼或连片平房	Tube-shaped Apartments or Rows of Bungalow	1.6
8.其他	Others	1.4
(三)主要建筑材料(%)	Main Architecture Materials(%)	
1.钢筋混凝土	Reinforced Concrete	35.8
2.砖混材料	Brick-concrete-structured Materials	50.8
3.砖瓦砖木	Tile and Wood	13.1
4.竹草土坯	Bamboo,Grass and Adobe	0.1
5.其他	Others	0.3
(四)现住房房屋来源(%)	Source of Current Housing(%)	
1.租赁公房	Rental Public Housing	0.3
2.租赁私房	Rental Privately Owned Housing	0.7
3.自建住房	Self Help Housing	93.0
4.购买商品房	Purchase of Commodity House	2.1
5.购买房改住房	Privately Owned House After Housing Reform	0.2
6.购买保障性住房	Purchase of Social Housing	0.1
7.拆迁安置房	Resettlement Housing	3.0
8.继承或获赠住房	Inherited or Received Housing	0.0

3-22 续表1 Continued 1

项　目	Item	2019
9.免费借用房	Free Borrowed Housing	0.4
10.雇主提供免费住房	Free Housing Provided by Employer	0.0
11.其他来源	Others	0.1
(五)现住房建筑面积(%)	Floor Space of Current Housing(%)	
1.10平方米以内	Below 10 sq.m	0.0
2.10~20平方米	10~20 sq.m	0.0
3.20~30平方米	20~30 sq.m	0.0
4.30~60平方米	30~60 sq.m	5.4
5.60~90平方米	60~90 sq.m	14.3
6.90~120平方米	90~120 sq.m	22.0
7.120~200平方米	120~200 sq.m	34.4
8.200平方米以上	Above 200 sq.m	23.9
(六)住宅外道路路面情况(%)	Pavement Conditions out of the House(%)	
1.水泥或柏油路面	Cement or Asphalt Pavement	78.8
2.沙石或石板等硬质路面	Sand or Stone Pavement	17.2
3.其他	Others	4.0
(七)住宅有管道供水情况(%)	Conditions of Piped Water Supply(%)	
1.管道供水入户	Piped Water Supply into People's Homes	8.0
2.管道供水至公共取水点	Piped Water Supply to Watering Points	4.4
3.没有管道设施	No Pipeline Facilities	75.0
(八)住户主要饮用水来源情况(%)	Source of Drinking Water(%)	
1.经过净化处理的自来水	Purified Tap Water	78.5
2.受保护的井水和泉水	Protected Wells and Springs	17.3
3.不受保护的井水和泉水	Unprotected Wells and Springs	2.8
4.江河湖泊水	Rivers and Lakes	0.7
5.收集雨水	Collected Rainwater	0.0
6.桶装水	Barreled Water	0.1
7.其他水源	Others	0.6
(九)住户获取饮用水的主要困难(%)	Difficulties to Get Drinking Water(%)	
1.单次取水往返时间超过半小时	Taking More than a Half-hour to Get Water	0.3

3-22 续表 2 Continued 2

项　　目	Item	2019
2.间断或定时供水	Intermittent or Timing Water Supply	1.2
3.当年连续缺水时间超过 16 天	Longer than 16 Days of Shortage of Water	0.2
4.无上述困难	No Such Difficulties	98.3
(十)住户饮用水使用前采取的主要处理措施(%)	Treatments before Drinking Water(%)	
1.煮沸	Boiling	91.3
2.加漂白剂/氯等	Adding Bleach/Chloride,etc.	0.7
3.使用水过滤器	Using Water Filter	2.7
4.其他处理措施	Other Treatments	1.1
5.没有任何水处理措施	No Treatments	4.2
(十一)住户厕所类型(%)	Type of Toilet(%)	
1.水冲式卫生厕所	Flush Sanitary Toilets	28.3
2.水冲式非卫生厕所	Flush Insanitary Toilets	24.4
3.卫生旱厕	Sanitary Dry Latrines	12.8
4.普通旱厕	Ordinary Dry Latrines	14.1
5.无厕所	No Toilet	8.2
(十二)住户厕所使用情况(%)	Use of Toilet(%)	
1.本住户独用	Private Toilet	80.3
2.几户合用	Toilet Shared by Several Households	1.9
3.公用厕所	Public Toilets	7.1
(十三)住户洗澡设施情况(%)	Facilities for Bathing(%)	
1.统一供热水	Unified Hot Water Supply	1.1
2.家庭自装热水器	Installation of Water Heater	84.6
3.其他	Others	6.7
4.无洗澡设施	No Facilities for Bathing	7.6
(十四)住户主要取暖设备状况(%)	Heating Equipment(%)	
1.由市政或小区集中供暖	Municipal or District Central Heating	0.0
2.自行供暖	Self Heating	75.8
3.无取暖设备	No Heating Equipment	24.2
(十五)住户主要取暖用能源状况(%)	Heating Energy(%)	
1.柴草	Firewood	9.7

3-22 续表 3 Continued 3

项　　目	Item	2019
2.煤炭	Coal	0.5
3.罐装液化石油气	Canned Liquified Petroleum Gas	2.9
4.管道液化石油气	Pipeline Liquified Petroleum Gas	0.2
5.管道煤气	Pipeline Gas	0.0
6.管道天然气	Pipeline Natural Gas	0.1
7.电	Electricity	71.4
8.燃料用油	Fuel Oil	0.0
9.沼气	Methane	0.0
10.其他	Others	2.1
11.无取暖行为	No Heating Behavior	13.1
(十六)主要炊用能源状况(%)	Cooking Energy(%)	
1.柴草	Firewood	27.9
2.煤炭	Coal	0.4
3.罐装液化石油气	Canned Liquified Petroleum Gas	43.7
4.管道液化石油气	Pipeline Liquified Petroleum Gas	1.0
5.管道煤气	Pipeline Gas	0.0
6.管道天然气	Pipeline Natural Gas	1.3
7.电	Electricity	24.6
8.燃料用油	Fuel Oil	0.0
9.沼气	Methane	0.1
10.其他	Others	0.8
11.无炊用行为	No Cooking Behavior	0.0

3-23 农村常住居民家庭人均支出情况(2019)
Annual Expenditure per Capita of Rural Permanent Households(2019)

单位:元 (yuan)

项目	Item	2019
总支出	**Total Expenditure**	**22884.7**
其中:消费支出	**Of Which: Consumption Expenditure**	**14545.8**
(一)食品烟酒	Food,Tobacco and Liquor	4755.8
1.食品	Food	3072.0
(1)谷物	Cereals	481.3
(2)薯类	Tubers	56.3
(3)豆类	Beans	65.0
(4)食用油	Edible Oil	115.1
(5)蔬菜和食用菌	Vegetables and Edible Fungus	334.7
(6)肉类	Meat	674.5
(7)禽类	Poultry	279.0
(8)水产品	Aquatic Products	193.1
(9)蛋类	Eggs	120.4
(10)奶类	Milk	248.9
(11)干鲜瓜果类	Fresh,Dried Melons and Fruits	274.9
(12)糖果糕点类	Confectioneries	113.8
(13)其他食品	Other Foods	115.1
2.烟酒	Tobacco and Liquor	843.2
(1)烟草	Tobacco	513.9
(2)酒类	Liquor	329.4
3.饮料	Drinks	141.9
4.饮食服务	Diet Service	698.6
(1)食堂用餐	Cafeteria Food	67.5
(2)其他在外饮食	Dining Out	620.8
(3)食品加工服务费	Food Processing and Service Fee	10.3
(二)衣着	Clothing	842.9
1.衣类	Clothing	657.4
2.鞋类	Footwear	185.5
(三)居住	Residence	3311.5

3-23 续表1 Continued 1

项 目	Item	2019
1.租赁房房租	Rent of Rentable Housing	117.2
2.住房维修及管理	Management and Maintenance of Housing	423.5
3.水电燃料及其他	Water, Electricity, Fuels and Others	603.1
4.自有住房折算租金	Converted Rent for Private Housing	2167.6
(四)生活用品及服务	Household Facilities, Articles and Service	846.3
1.家具及室内装饰品	Furniture and Interior Decorations	120.0
2.家用器具	Household Facilities	239.7
3.家用纺织品	Home Textiles	54.5
4.家庭日用杂品	Daily-use Household Articles	236.8
5.个人用品	Personal Products	168.8
6.家庭服务	Household Service	26.4
(五)交通通信	Traffic and Communications	1709.4
1.交通	Transportation	1227.9
(1)交通工具	Transportation Facility	480.5
(2)交通费	Traffic Fare	166.2
(3)交通工具用燃料	Fuels for Vehicles	311.8
(4)交通工具使用及维修	Use and Maintenance for Vehicles	269.4
其中:车辆保险支出	Of Which: Vehicle Insurance Expenditure	88.8
2.通信	Communications	481.5
(1)通信工具	Communication Facility	158.6
(2)通信服务	Communication Services	323.0
(六)教育文化娱乐	Education and Cultural Recreation	1470.7
1.教育	Education	1173.8
(1)学前教育	Preschool Education	152.1
(2)小学教育	Primary Education	154.8
(3)初中教育	Secondary Education	174.2
(4)高中教育	High School Education	254.4

3-23 续表2 Continued 2

项 目	Item	2019
(5)中专职高教育	Vocational Senior and Specialized Secondary Education	25.2
(6)大专及以上教育	College Education or Above	353.6
(7)成人教育	Adult Education	59.5
2.文化娱乐	Cultural Recreation	296.9
(1)文娱耐用消费品	Cultural and Recreational Durable Consumer Goods	55.8
(2)其他文娱用品	Other Cultural Articles	157.1
(3)文化娱乐服务	Cultural Recreation Service	83.9
(七)医疗保健	Medicine and Medical Service	1323.5
1.医疗器具及药品	Medical Instruments and Articles	278.9
2.医疗服务	Medical Service	1044.5
(1)门诊总费用	Outpatient Costs	383.2
(2)住院总费用	Hospitalization Expenses	661.3
(八)其他用品和服务	Miscellaneous Commodities and Services	285.9
1.其他用品	Miscellaneous Commodities	173.1
2.其他服务	Miscellaneous Services	112.8

3-24 农村居民家庭人均现金支出(2019)
Per Capita Cash Expenditure and Composition of Rural Households(2019)

项 目	Item	2019
期内现金支出合计(元)	**Cash Expenditure(*yuan*)**	**20008.6**
生活消费支出	Consumption Expenditure	11716.0
家庭经营费用支出	Expenditure for Household Business	3597.3
第一产业生产费用支出	Primary Industry	2764.2
农业	Farming	1778.9
林业	Forestry	13.1
牧业	Animal Husbandry	828.2
渔业	Fishery	144.0
第二产业生产费用支出	Secondary Industry	247.1
采矿业	Mining	0.0
制造业	Manufacturing	188.7
电力、热力、燃气及水生产和供应业	Production and Supply of Electricity, Heating Gas and Water	0.0
建筑业	Construction	58.4
第三产业生产费用支出	Tertiary Industry	586.1
批发和零售业	Wholesale and Retail Trades	335.2
交通运输仓储和邮政业	Transport,Storage and Post	128.8
住宿和餐饮业	Hotels and Catering Services	56.5
房地产业	Real Estate	0.8
租赁和商务服务业	Leasing and Business Services	1.4
居民服务修理和其他服务业	Resident Services, Repair and Other Services	25.0
其他	Others	7.3
农林牧渔服务业	Agricultural Services	31.0
现金财产性支出	Cash Property Expenditure	54.2
现金转移性支出	Cash Transfer Expenditure	507.3
部分商业保险支出	Some Commercial Insurance Expenditure	43.2
购置资产及非经常性转移支出	Acquisition of Assets and Non-recurring Transfer Expenditure	3307.5
借贷性支出	Lending and Loaning Expenditure	783.1

3-25 按收入等级分的农村居民家庭人均收入情况(2019)

单元:元

项　目	Item	总平均 Total
家庭总收入	**Total Income**	**20033**
其中:可支配收入	**Of Which: Disposable Income**	**15416**
工资性收入	Income from Wages and Salaries	5462
经营净收入	Net Business Income	5953
财产净收入	Net Income from Properties	283
转移净收入	Net Income from Transfer	3718
借贷性所得	Net Lending and Loaning Income	752
家庭总支出	**Total Expenditures**	**22885**
其中:消费支出	**Of Which: Expenditure for Consumption**	**14546**
食品烟酒	Food, Tobacco and Liquor	4756
衣着	Clothing	843
居住	Residence	3311
生活用品及服务	Household Facilities, Articles and Service	846
交通和通信	Traffic and Communications	1709
教育文化娱乐	Education, Cultural & Recreation Service	1471
医疗保健	Medicine and Medical Service	1323
其他商品和服务	Miscellaneous Commodities and Services	286
财产性支出	Property Expenditure	54
转移性支出	Tranferred Expenditure	507
#社会保障支出	#Social Security Expenditure	416
借贷支出	Lending and Loaning Expenditure	783

Per Capita Income of Rural Households by Level of Income(2019)

(yuan)

低收入户 Low Income Households	中低收入户 Lower Middle Income Households	中间收入户 Middle Income Households	中高收入户 Upper Middle Income Households	高收入户 High Income Households
9955	**12087**	**16261**	**22491**	**47673**
3422	**9908**	**13902**	**19392**	**37740**
2477	3919	5560	7724	9174
-840	2848	4214	6436	21764
62	221	242	304	716
1722	2921	3886	4929	6086
748	387	533	662	1654
21626	**18191**	**18740**	**22887**	**36606**
12668	**12977**	**13197**	**15687**	**19867**
4006	4166	4311	5409	6480
768	743	837	892	1042
2728	2851	2897	3553	5052
689	735	772	1011	1134
1673	1522	1473	1613	2440
1511	1486	1468	1487	1375
1015	1231	1176	1413	1985
278	242	264	309	359
77	29	27	42	105
573	472	465	497	527
430	390	390	440	441
742	594	478	677	1624

3-26 农村居民家庭平均每百户耐用消费品拥有量及信息化情况(2019)
Number of Durable Consumer Goods Owned and Informatization per 100 Rural Households(2019)

项　目	Item	2019
一、主要消费品拥有量(辆、台)	**Ownership of Major Durable Consumer Goods(unit)**	
1.家用汽车	Household Automobile	24.7
2.摩托车	Motorcycle	30.5
3.助力车	Man-drawn Vehicle	117.2
4.洗衣机	Washing Machine	89.7
5.电冰箱(柜)	Refrigerator	103.5
6.微波炉	Microwave Oven	26.2
7.彩色电视机	Color TV	133.6
8.空调	Air Conditioner	118.3
9.热水器	Water Heater	90.6
10.其中:太阳能热水器	Of Which:Solar Heater	—
11.洗碗机	Dishwasher	1.2
12.排油烟机	Kitchen Ventilator	34.3
13.固定电话	Telephone	11.6
14.移动电话	Mobile Telephone	271.7
15.计算机	Computer	25.3
16.照相机	Camera	2.4
17.中高档乐器	Medium Upscale Musical Instrument	1.6
18.健身器材	Fitness Equipment	2.0
19.空气净化器	Air Cleaner	0.8
20.吸尘器	Vacuum Cleaner	2.8
二、信息化调查情况	**Informatization**	
接入有线电视网络的电视机(台)	Cable Television(set)	—
接入互联网的移动电话(部)	Network-connected Hand Telephone(unit)	202.4
接入互联网的计算机(台)	Network-connected Computer(set)	17.8

3-27 农村居民家庭户均生产性固定资产原值(2019)
Initial Value of Productive Fixed Assets in Rural Households(2019)

单位:元 (yuan)

项目	Item	2019
生产性固定资产原值(元/户)	**Initial Value of Productive Fixed Assets(yuan/household)**	**19168.0**
1.农业	Farming	5305.0
2.林业	Forestry	42.9
3.牧业	Animal Husbandry	1978.5
4.渔业	Fishery	90.2
5.采矿业	Mining	0.7
6.制造业	Manufacturing	880.5
7.电力、热力、燃气及水的生产及供应业	Production and Supply of Electricity, Heating Gas and Water	91.2
8.建筑业	Construction	650.7
9.交通运输业、仓储和邮政业	Transport, Storage and Post	3178.1
10.批发和零售贸易业	Wholesale and Retail Trades	4976.0
11.住宿和餐饮业	Hotels and Catering Services	1289.3
12.房地产业	Real Estate	0.0
13.租赁和商务服务业	Leasing and Business Services	0.0
14.居民服务修理和其他服务业	Resident Services, Repair and Other Services	606.1
15.其他行业	Others	52.1
16.农林牧渔服务业	Agricultural Services	26.6

3-28 农村居民家庭人均主要食品消费量(2019)
Per Capita Main Food Consumption of Rural Households(2019)

单位:千克 (kg)

项 目	Item	2019
一、粮食消费量	Grain	169.23
(一)谷物消费量	Cereals	153.25
1.小麦	Wheat	62.60
2.稻谷	Barley	80.79
3.玉米	Corn	4.28
4.其他谷物	Other Cereals	5.58
(二)薯类消费量	Tubers	2.79
1.红薯	Sweet Potato	1.21
2.马铃薯	Potato	1.15
3.其他薯类	Other Tubers	0.43
(三)豆类消费量	Beans	13.19
1.大豆	Soybean	1.27
2.其他豆类	Other Beans	11.92
二、油脂类消费量	Oil and Fats	9.39
(一)植物油	Edible Vegetable Oil	8.45
(二)动物油	Edible Animal Oil	0.94
三、蔬菜及菜制品消费量	Vegetables and Processed Products	99.27
(一)鲜菜	Fresh Vegetables	96.15
(二)干菜及菜制品	Dried Vegetables and Processed Products	1.32
(三)鲜菌	Fresh Edible Fungus	1.65
(四)干菌及菌制品	Dried Edible Fungus and Processed Products	0.15
四、肉类	Meat and Processed Products	24.92
(一)猪肉	Pork	19.77
(二)牛肉	Beef	1.60
(三)羊肉	Mutton	0.72
(四)其他肉类及制品	Others	2.83
五、禽类	Poultry and Processed Products	14.47
(一)鸡	Chicken	9.78
(二)鸭	Duck	2.02

3-28 续表 1 Continued 1

项　目	Item	2019
(三)鹅	Goose	0.44
(四)其他禽类及制品	Others	2.23
六、水产品	Aquatic Products	13.82
(一)鱼类	Fish	11.87
(二)虾、贝、蟹类	Shrimps, Shells and Crabs	1.31
(三)藻类	Algae	0.39
(四)其他	Others	0.25
七、蛋类及蛋制品	Eggs and Processed Products	12.12
(一)鲜蛋	Fresh Eggs	11.66
(二)蛋制品	Egg Products	0.46
八、奶和奶制品	Milk and Dariy Products	9.69
(一)鲜奶	Fresh Milk	5.61
(二)酸奶	Yogurt	2.42
(三)奶粉	Milk Powder	0.77
(四)其他奶制品	Others	0.90
九、干鲜瓜果类	Dried, Fresh Melons and Fruits	56.86
(一)鲜瓜果	Fresh Melons and Fruits	52.37
(二)瓜果制品	Melon and Fruit Products	1.10
(三)坚果类	Nuts and Grain Products	3.39
十、糖果糕点类	Confectioneries	6.89
(一)食糖	Sugar	1.14
(二)糖果	Candy	0.66
(三)糕点	Pastry	4.26
(四)其他糖果糕点	Other Confectioneries	0.83
十一、饮料	Beverage	0.30
茶叶	Tea	0.30
十二、烟叶消费量	Tobacco	40.55
十三、酒	Liquor and Drinks	13.79
(一)白酒	White Spirits	4.90
(二)啤酒	Beer	8.83
(三)果酒	Fruit Wine	0.07

3-29 农村居民家庭年人均出售主要农副产品情况(2019)
Annual per Capita Selling of Farm and Sideline Products of Rural Households(2019)

单位:千克 (kg)

项　目	Item	2019
谷物	Cereals	1510.97
#小麦	#Wheat	560.53
#稻谷	#Paddy	688.13
薯类	Tubers	10.60
豆类	Beans	25.26
棉花(籽棉)	Cotton(Unginned Cotton)	1.05
油料	Oil Producer	9.41
糖料	Sugar	0.28
烟草	Tobacco	0.09
蔬菜及食用菌	Vegetables and Edible Fungus	51.77
水果	Fruits	2.34
果用瓜	Melon	61.13
茶叶(原料)	Tea(Raw Material)	17.46
猪肉	Pork	25.38
家禽	Poultry	13.61
蛋类	Eggs	33.45
渔业产品(养殖和捕捞产品)	Aquatic Products(Aquaculture and Fishing Products)	14.98

3-30 农村居民家庭主要生活用品购买量(2019)
Annual Purchases of Articles for Daily Use of Rural Households per Capita(2019)

项　目	Item	单位	Unit	2019
粮食	Grain	千克	(kg/person)	117.59
植物油	Edible Vegetable Oil	千克	(kg/person)	7.12
动物油	Edible Animal Oil	千克	(kg/person)	0.92
蔬菜和食用菌	Vegetables and Edible Fungus	千克	(kg/person)	61.42
猪肉	Pork	千克	(kg/person)	18.89
牛肉	Beef	千克	(kg/person)	1.60
羊肉	Mutton	千克	(kg/person)	0.70
禽类	Poultry	千克	(kg/person)	12.63
#鸡	#Chicken	千克	(kg/person)	8.24
水产品	Aquatic Products	千克	(kg/person)	13.49
鱼类	Fish	千克	(kg/person)	11.57
鲜蛋	Fresh Eggs	千克	(kg/person)	8.79
奶类	Dairy Products	千克	(kg/person)	9.68
鲜瓜果	Fresh Melons and Fruits	千克	(kg/person)	51.62
卷烟	Tobacco	盒	(unit/person)	40.49
酒类	Liquor and Drinks	千克	(kg/person)	13.79
服装	Garments	元	(yuan/person)	624.45
鞋类	Shoes	双	(pairs/person)	3.29
生活用煤炭	Coal for Life	千克	(kg/person)	7.26
洗衣机	Washing Machine	台/百户	(set/100 households)	5.38
电冰箱(柜)	Refrigerator	台/百户	(set/100 households)	6.01
空调器	Air Conditioner	台/百户	(set/100 households)	7.18
非太阳能热水器	Non-Solar Water Heater	台/百户	(set/100 households)	1.88
太阳能热水器	Solar Heater	台/百户	(set/100 households)	2.42
汽车	Household Automobile	辆/百户	(unit/100 households)	1.02
摩托车	Motorcycle	辆/百户	(unit/100 households)	0.59
自行车	Bike	辆/百户	(unit/100 households)	2.91
电动自行车	Electric Bike	辆/百户	(unit/100 households)	10.93
移动电话机	Mobile Telephone	部/百户	(set/100 households)	35.88
电视机(彩色)	Color TV	台/百户	(set/100 households)	3.97

3-31 农村居民家庭固定资产投资情况(2019)
Fixed Assets Investment of Rural Households(2019)

单位:万元 (10000 yuan)

项　目	Item	2019
一、本年新增固定资产原值	New Original Value of Fixed Assets	4411122
二、本年固定资产投资完成额	Finished Value of Investment of the Fixed Assets	5015947
(一)按投资来源分	According to Investment Source	
1.银行信用社贷款	Bank and Credit Loans	528845
2.亲友借款	Loan from Kith and Kin	
3.自筹资金	Self-raising Funds	4471367
4.其他资金	Others	15735
(二)按投资构成分	According to Constitute Sub-investment	
1.建筑工程	Construction	4064751
其中:水利	Of Which: Water Conservancy	6926
房屋	Housing	3991879
其中:住宅	Of Which: Residential Buildings	3695230
2.安装工程	Installation	
3.设备工器具购置	Purchase of Equipment and Instruments	597915
其中:生产设备	Of Which: Production Equipment	597915
4.其他	Others	353281
(三)按投资方向分	According to Investment Direction	
1.农林牧渔业	Agriculture, Forestry, Animal Husbandry and Fishery	781975
2.采矿业	Mining	
3.制造业	Manufacturing	15469
4.电力、热力、燃气及水的生产和供应业	Production and Supply of Electricity, Heating Gas and Water	
5.建筑业	Construction	251265
6.批发和零售业	Wholesale and Retail Trades	76587
7.交通运输.仓储和邮政业	Transport, Storage and Post	178438
8.住宿和餐饮业	Hotels and Catering Services	1359
9.信息传输、软件和信息技术服务业	Information Transmission, Software and Information Technology Services	
10.金融业	Financial Industry	
11.房地产业	Real Estate	3699130

3-31 续表 Continued

项　目	Item	2019
12.租赁和商务服务业	Leasing and Business Services	442
13.科学研究和技术服务业	Scientific Research and Technical Services	
14.水利、环境和公共设施管理业	Water Conservancy, Environment and Public Facilities Management	
15.居民服务、修理和其他服务业	Resident Services, Repair and Other Services	11281
16.教育	Education	
17.卫生和社会工作	Health and Social Work	
18.文化、体育和娱乐业	Culture, Sports and Enterainment	
19.公共管理、社会保障和社会组织	Public Management, Social Security and Social Organizations	
20.国际组织	International Organizations	
(四)按具体投资项目分	According to Specific Investment Projects	
1.房屋	Housing	3991879
其中:住宅	Of Which: Residential Buildings	3695230
2.道路	Road	
3.桥梁	Bridges	
4.设备	Equipment	597915
5.水利	Water Conservancy	6926
6.其它	Others	419227
施工房屋面积(万平方米)	Floor Space of Buildings(10000 sq.m)	4210
其中:住宅	Of Which: Residential Buildings	3883
竣工房屋面积(万平方米)	Floor Space of Buildings Completed(10000 sq.m)	3427
其中:住宅	Of Which: Residential Buildings	3269
竣工房屋投资完成额	Completion Amount of Investment of Buildings Completed	3387054
其中:住宅	Of Which: Residential Buildings	2812639

3-32 各市、县(区)农村居民人均可支配收入(2019)
Per Capita Disposable Income of Rural Residents by Region(2019)

单位:元 (yuan)

地　区	Region	2019
安徽省	**Anhui**	**15416**
合肥市	**Hefei**	**22462**
瑶海区	Yaohai District	—
庐阳区	Luyang District	—
蜀山区	Shushan District	—
包河区	Baohe District	—
长丰县	Changfeng	21515
肥东县	Feidong	23594
肥西县	Feixi	24076
庐江县	Lujiang	21012
巢湖市	Chaohu	22106
合肥新站区	Hefei New Station District	—
合肥经开区	Hefei Economic-tech Development Zone	—
合肥高新区	Hefei New and High-tech Zone	—
芜湖市	**Wuhu**	**22745**
镜湖区	Jinghu District	27922
弋江区	Yijiang District	—
鸠江区	Jiujiang District	24379
三山区	Sanshan District	24566
芜湖县	Wuhu	24684
繁昌县	Fanchang	24543
南陵县	Nanling	24674
无为县	Wuwei	20187
蚌埠市	**Bengbu**	**16666**
龙子湖区	Longzihu District	15784

3-32 续表 1 Continued 1

地　区	Region	2019
蚌山区	Bengshan District	16476
禹会区	Yuhui District	15489
淮上区	Huaishang District	15688
怀远县	Huaiyuan	116893
五河县	Wuhe	16753
固镇县	Guzhen	16843
蚌埠经开区	Bengbu New and High-tech Zone	15834
淮南市	**Huainan**	**14250**
大通区	Datong District	16254
田家庵区	Tianjiaan District	17240
谢家集区	Xiejiaji District	16476
八公山区	Bagongshan District	16689
潘集区	Panji District	15744
凤台县	Fengtai	16019
寿县	Shouxian	12199
毛集实验区	Maoji Experimental District	15304
马鞍山市	**Maanshan**	**23473**
花山区	Huashan District	31792
雨山区	Yushan District	31995
博望区	Bowang District	26564
当涂县	Dangtu	26563
含山县	Hanshan	20668
和县	Hexian	20815
淮北市	**Huaibei**	**14052**
杜集区	Duji District	14857
相山区	Xiangshan District	14166
烈山区	Lieshan District	13956
濉溪县	Suixi	14012

3-32 续表 2 Continued 2

地　区	Region	2019
铜陵市	**Tongling**	**15791**
铜官区	Tongguan District	29547
义安区	Yi'an District	24577
郊区	Suburban District	14702
枞阳县	Zongyang	13495
安庆市	**Anqing**	**14347**
迎江区	Yingjiang District	17957
大观区	Daguan District	17518
宜秀区	Yixiu District	18180
怀宁县	Huaining	16305
潜山县	Qianshan	13237
太湖县	Taihu	12727
宿松县	Susong	12860
望江县	Wangjiang	13006
岳西县	Yuexi	12861
桐城市	Tongcheng	16894
安庆开发区	Anqing Development Zone	—
黄山市	**Huangshan**	**16970**
屯溪区	Tunxi District	18039
黄山区	Huangshan District	17549
徽州区	Huizhou District	17717
歙县	Shexian	16817
休宁县	Xiuning	16765
黟县	Yixian	17093
祁门县	Qimen	16746
滁州市	**Chuzhou**	**14487**
琅琊区	Langya District	15461

3-32 续表 3 Continued 3

地 区	Region	2019
南谯区	Nanqiao District	14962
来安县	Laian	14361
全椒县	Quanjiao	14743
定远县	Dingyuan	13541
凤阳县	Fengyang	12764
天长市	Tianchang	20181
明光市	Mingguang	13436
阜阳市	**Fuyang**	**13079**
颍州区	Yingzhou District	15162
颍东区	Yingdong District	12323
颍泉区	Yingquan District	13261
临泉县	Linquan	12573
太和县	Taihe	13372
阜南县	Funan	12451
颍上县	Yingshang	13213
界首市	Jieshou	14259
宿州市	**Suzhou**	**13213**
埇桥区	Yongqiao District	13484
砀山县	Dangshan	13506
萧县	Xiaoxian	13161
灵璧县	Lingbi	13232
泗县	Sixian	12675
六安市	**Lu'an**	**13244**
金安区	Jin'an District	14209
裕安区	Yu'an District	14240
霍邱县	Huoqiu	12402
舒城县	Shucheng	13267

3-32 续表4 Continued 4

地 区	Region	2019
金寨县	Jinzhai	12351
霍山县	Huoshan	14737
叶集区	Yeji Experimental District	13000
亳州市	**Bozhou**	**14102**
谯城区	Qiaocheng District	15647
涡阳县	Guoyang	13230
蒙城县	Mengcheng	14460
利辛县	Lixin	13082
池州市	**Chizhou**	**16099**
贵池区	Guichi District	16741
东至县	Dongzhi	16076
石台县	Shitai	11596
青阳县	Qingyang	16945
池州开发区	Chizhou Development Zone	—
九华山风景区	Jiuhua Mountain Scenic Area	16953
宣城市	**Xuancheng**	**17542**
宣州区	Xuanzhou District	17794
郎溪县	Langxi	16972
广德县	Guangde	19907
泾县	Jingxian	15684
绩溪县	Jixi	14461
旌德县	Jingde	14061
宁国市	Ningguo	19747

3-33 全国及分省(区、市)城镇居民人均可支配收入(2019)
Per Capita Disposable Income of Urban Residents by Province and Region(2019)

单位:元 (*yuan*)

地　区	Region	2019
全国	**National**	**42359**
北京	Beijing	73849
天津	Tianjin	46119
河北	Hebei	35738
山西	Shanxi	33262
内蒙古	Inner Mongolia	40782
辽宁	Liaoning	39777
吉林	Jilin	32299
黑龙江	Heilongjiang	30945
上海	Shanghai	73615
江苏	Jiangsu	51056
浙江	Zhejiang	60182
安徽	**Anhui**	**37540**
福建	Fujian	45620
江西	Jiangxi	36546
山东	Shandong	42329
河南	Henan	34201
湖北	Hubei	37601
湖南	Hunan	39842
广东	Guangdong	48118
广西	Guangxi	34745
海南	Hainan	36017
重庆	Chongqing	37939
四川	Sichuan	36154
贵州	Guizhou	34404
云南	Yunnan	36238
西藏	Tibet	37410
陕西	Shaanxi	36098
甘肃	Gansu	32323
青海	Qinghai	33830
宁夏	Ningxia	34328
新疆	Xinjiang	34664

3-34 全国及分省(区、市)农村居民人均可支配收入(2019)

Per Capita Annual Disposible Income of Rural Residents by Province and Region(2019)

单位:元 (yuan)

地 区	Region	2019
全国	**National**	**16021**
北京	Beijing	28928
天津	Tianjin	24804
河北	Hebei	15373
山西	Shanxi	12902
内蒙古	Inner Mongolia	15283
辽宁	Liaoning	16108
吉林	Jilin	14936
黑龙江	Heilongjiang	14982
上海	Shanghai	33195
江苏	Jiangsu	22675
浙江	Zhejiang	29876
安徽	**Anhui**	**15416**
福建	Fujian	19568
江西	Jiangxi	15796
山东	Shandong	17775
河南	Henan	15164
湖北	Hubei	16391
湖南	Hunan	15395
广东	Guangdong	18818
广西	Guangxi	13676
海南	Hainan	15113
重庆	Chongqing	15133
四川	Sichuan	14670
贵州	Guizhou	10756
云南	Yunnan	11902
西藏	Tibet	12951
陕西	Shaanxi	12326
甘肃	Gansu	9629
青海	Qinghai	11499
宁夏	Ningxia	12858
新疆	Xinjiang	13122

主要统计指标解读
Explanatory Notes on Main Statistical Indicators

一、收入

可支配收入 指调查户在调查期内获得的、可用于最终消费支出和储蓄的总和，即调查户可以用来自由支配的收入。可支配收入既包括现金，也包括实物收入。按照收入的来源，可支配收入包含四项，分别为：工资性收入、经营净收入、财产净收入和转移净收入。按居民类型划分，有居民可支配收入、城镇常住居民可支配收入、农村常住居民可支配收入，计算公式为：

可支配收入 = 工资性收入 + 经营净收入 + 财产净收入 + 转移净收入

其中：经营净收入 = 经营收入 - 经营费用 - 生产性固定资产折旧 - 生产税

财产净收入 = 财产性收入 - 财产性支出

转移净收入 = 转移性收入 - 转移性支出

工资性收入 指就业人员通过各种途径得到的全部劳动报酬和各种福利，包括受雇于单位或个人、从事各种自由职业、兼职和零星劳动得到的全部劳动报酬和福利。

经营净收入 指住户或住户成员从事生产经营活动所获得的净收入，是全部经营收入中扣除经营费用、生产性固定资产折旧和生产税之后得到的净收入。

财产净收入 指住户或住户成员将其所拥有的金融资产、住房等非金融资产和自然资源交由其他机构单位、住户或个人支配而获得的回报并扣除相关的费用之后得到的净收入。财产净收入包括利息净收入、红利收入、储蓄性保险净收益和转让承包土地经营权租金净收入、出租房屋净收入、出租其他资产净收入和自有住房折算净租金等。

转移性收入 指国家、单位、社会团体对住户的各种经常性转移支付和住户之间的经常性收入转移。包括养老金或退休金、社会救济和补助、政策性生活补贴、救灾款、经常性捐赠和赔偿以及报销医疗费等；住户之间的赡养收入、经常性捐赠和赔偿以及本住户非常住成员寄回、带回的收入等。

二、消费

消费支出 指住户用于满足家庭日常生活消费需要的全部支出，包括用于消费品的支出和用于服务性消费的支出。根据用途不同，消费支出可划分为食品烟酒、衣着、居住、生活用品及服务、交通通信、教育文化娱乐、医疗保健、其他用品及服务八大类。根据来源不同，消费支出可划分为现金消费支出、实物消费支出（含自产自用、来自单位、来自政府和其他社会组织）。

价格调查

PRICE SURVEY

简要说明

一、本篇资料内容主要反映生产、流通、消费与投资等环节的价格变动趋势和变动幅度。内容主要包括各种价格总指数、居民消费价格指数、商品零售价格指数、农业生产资料价格指数、工业生产者出厂价格指数、工业生产者购进价格指数、固定资产投资价格指数及房地产价格指数等。

二、价格统计调查根据国家统计局《价格统计报表制度》,由安徽调查总队组织实施。

三、消费、零售价格指数采用分层抽样调查方法编制,以样本推断总体,调查实行月报,被抽选的调查市县19个。

四、农产品生产者价格调查采用抽样调查和重点调查相结合的方法,调查采用月报和季报相结合的方式,目前抽选的调查县(区)为31个。

五、工业生产者出厂价格及工业生产者购进价格指数采用重点调查和典型调查相结合的方法,调查实行月报,调查对象包括全省16个市的3100余家工业企业。

六、固定资产投资价格调查采用重点调查与典型调查相结合的方法,调查实行季报,调查对象为全省重点建筑施工企业和建设单位。

七、房地产价格调查为非全面调查,采用重点调查与典型调查相结合的方法,调查实行月报,调查城市为3个。

本版责任编辑:周玉华　姚　闯　高亚奇　阚天宇

4-1 各种价格总指数
Price Indices

上年=100 (preceding year=100)

年份 Year	居民消费价格指数 Consumer Price Index	城市居民消费价格指数 Urban Household	农村居民消费价格指数 Rural Household	商品零售价格指数 Retail Price Index	工业生产者出厂价格指数 Producer Price Index for Industrial Products	工业生产者购进价格指数 Purchasing Price Index for Industrial Producers	农业生产资料价格指数 Price Index of Agricultural Means of Production	固定资产投资价格指数 Price Index for Investment in Fixed Assets
1978				100.0			100.1	
1979		102.6		102.1			102.4	
1980		104.1		103.4			102.1	
1981		103.2		101.7			101.7	
1982		100.1		101.0			101.3	
1983		102.2		101.1			102.8	
1984	102.1	102.1	102.0	102.0			107.0	
1985	107.1	107.8	106.4	106.4			101.7	
1986	106.2	105.8	106.5	105.2			102.1	
1987	109.1	109.9	108.3	109.7			112.8	
1988	120.9	121.4	119.1	121.8			118.6	
1989	117.2	115.7	118.8	117.1			121.7	
1990	102.7	102.6	102.8	101.9			103.9	
1991	106.1	107.4	104.1	105.7			102.3	114.8
1992	108.2	108.8	108.0	106.6			102.5	119.8
1993	114.7	114.4	115.4	112.9	125.3	128.7	112.9	123.0
1994	126.9	127.4	126.3	123.2	120.9	122.3	122.8	120.1
1995	114.8	115.9	113.7	112.7	117.2	117.9	128.0	106.5
1996	109.9	110.1	109.7	107.1	101.5	110.0	107.2	103.4
1997	101.3	101.9	100.7	99.4	99.3	101.7	98.9	101.3
1998	100.0	100.3	99.9	98.1	96.4	96.0	94.8	100.0
1999	97.8	97.6	98.0	96.6	95.9	94.5	95.3	99.3
2000	100.7	100.9	100.5	98.0	98.9	102.6	98.2	101.6
2001	100.5	100.0	101.3	99.6	98.6	100.2	97.9	99.5
2002	99.0	99.1	98.7	99.2	99.8	98.2	99.9	101.1
2003	101.7	101.8	101.7	101.3	103.5	106.7	100.2	103.5
2004	104.5	104.3	104.8	102.7	108.2	115.0	112.0	106.1
2005	101.4	101.0	101.9	100.6	103.3	107.2	108.3	101.0
2006	101.2	101.4	100.9	100.8	103.1	103.9	100.0	101.9
2007	105.3	105.3	105.2	104.5	103.6	105.1	106.8	105.4
2008	106.2	106.0	106.4	106.3	108.4	112.4	123.9	109.4
2009	99.1	98.9	99.4	99.0	92.8	95.3	95.8	96.0
2010	103.1	103.0	103.4	103.2	109.0	111.8	102.0	105.4
2011	105.6	105.4	105.9	105.3	108.3	110.8	114.3	108.1
2012	102.3	102.2	102.4	102.1	98.3	98.2	105.3	101.0
2013	102.4	102.4	102.5	101.2	98.2	96.9	100.9	100.2
2014	101.6	101.7	101.5	100.4	97.4	97.2	99.6	100.3
2015	101.3	101.3	101.3	99.7	93.9	93.5	101.6	96.9
2016	101.8	101.8	101.6	100.8	98.5	98.4	99.4	99.2
2017	101.2	101.3	101.1	101.7	108.0	109.2	101.3	107.4
2018	102.0	102.0	102.0	101.9	103.0	105.3	101.5	105.8
2019	102.7	102.7	102.8	101.9	100.3	99.9	102.3	102.3

4-2 各种价格定基指数
Fixed-base Price Indices

年 份 Year	居民消费价格指数 Consumer Price Index (1983=100)	城市居民消费价格指数 Urban Household Price Index (1983=100)	农村居民消费价格指数 Rural Household Price Index (1983=100)	商品零售价格指数 Retail Price Index (1978=100)	工业生产者出厂价格指数 Producer Price Index for Industrial Products (1992=100)	工业生产者购进价格指数 Purchasing Price Index for Industrial Producers (1992=100)	农业生产资料价格指数 Price Index of Agricultural Means of Production (1983=100)	固定资产投资价格指数 Price Index for Investment in Fixed Assets (1990=100)
1979		102.6		102.1			102.4	
1980		106.8		105.6			104.6	
1981		110.2		107.4			106.3	
1982		110.3		108.4			107.7	
1983		112.8		109.6			110.7	
1984	102.1	115.1	102.0	111.8			118.5	
1985	109.3	124.1	108.5	119.0			120.5	
1986	116.1	131.3	115.6	125.2			123.0	
1987	126.7	144.3	125.2	137.3			138.8	
1988	153.2	175.2	149.1	167.2			164.6	
1989	179.5	202.7	177.1	195.8			200.3	
1990	184.4	208.0	182.1	199.6			208.1	
1991	195.6	223.4	189.5	210.9			212.9	114.8
1992	211.7	243.0	204.7	224.9			218.2	137.5
1993	242.8	278.0	236.2	253.9	125.3	128.7	246.4	169.2
1994	308.1	354.2	298.3	312.8	151.5	157.4	302.5	203.2
1995	353.7	410.5	339.2	352.5	177.5	185.6	387.2	216.4
1996	388.7	451.9	372.1	377.5	180.3	204.2	415.1	223.7
1997	393.7	460.5	374.7	375.2	179.0	207.6	410.6	226.6
1998	393.7	461.9	374.4	368.1	172.5	199.2	389.2	226.6

4-2 续表1 Continued 1

年份 Year	居民消费价格指数 Consumer Price Index (1983=100)	城市居民消费价格指数 Urban Household Price Index (1983=100)	农村居民消费价格指数 Rural Household Price Index (1983=100)	商品零售价格指数 Retail Price Index (1978=100)	工业生产者出厂价格指数 Producer Price Index for Industrial Products (1992=100)	工业生产者购进价格指数 Purchasing Price Index for Industrial Producers (1992=100)	农业生产资料价格指数 Price Index of Agricultural Means of Production (1983=100)	固定资产投资价格指数 Price Index for Investment in Fixed Assets (1990=100)
1999	385.1	450.8	366.9	355.6	165.4	188.2	370.9	225.0
2000	387.8	454.9	368.7	348.5	163.5	193.1	364.2	228.6
2001	389.7	454.9	373.5	347.1	161.3	193.4	356.6	227.5
2002	385.8	450.8	368.6	344.3	161.0	190.0	356.2	230.0
2003	392.4	458.9	374.9	348.8	166.6	202.8	356.9	238.1
2004	410.0	478.6	392.9	358.2	180.2	233.2	399.8	252.5
2005	415.8	483.4	400.4	360.4	186.2	250.0	433.0	255.1
2006	420.8	490.2	404.0	363.2	192.0	259.7	433.0	259.8
2007	443.1	516.2	425.0	379.6	199.0	273.0	462.4	273.8
2008	470.5	547.1	452.2	403.5	215.7	306.8	572.9	299.7
2009	466.3	541.1	449.5	399.5	200.2	292.3	548.9	287.6
2010	480.7	557.4	464.7	412.3	218.2	326.6	559.8	303.0
2011	507.7	587.5	492.2	434.1	236.3	361.9	639.9	327.6
2012	519.3	600.4	504.0	443.2	232.3	355.4	673.8	330.9
2013	531.8	614.8	516.6	448.5	228.1	344.4	679.9	331.5
2014	540.3	625.3	524.3	450.3	222.2	334.8	677.2	332.5
2015	547.3	633.4	531.1	448.9	208.6	313.0	688.0	322.2
2016	557.2	644.8	539.6	452.5	223.4	350.3	683.9	319.6
2017	563.9	653.2	545.5	460.2	221.9	336.3	692.8	343.3
2018	575.2	666.3	556.4	468.9	228.6	354.0	703.2	363.2
2019	590.7	684.3	572.0	477.8	229.4	353.7	719.4	371.6

4-3 居民消费价格分类指数(2019)
Consumer Price Indices by Category (2019)

上年=100 (preceding year=100)

指　标	Item	全省 Whole Province	城市 Cities	农村 Rural Areas
居民消费价格总指数	**General Consumer Price Index**	**102.7**	**102.7**	**102.8**
非食品烟酒价格指数	Non-food Price Index	100.9	100.9	100.7
服务价格指数	Items of Service Price Index	101.5	101.6	101.3
工业品价格指数	Industrial Products Price Index	100.2	100.2	100.1
消费品价格指数	Consumer Goods Price Index	103.5	103.4	103.6
扣除食品和能源价格指数	Deduction Food and Energy Price Index	101.3	101.4	101.1
扣除鲜菜鲜果价格指数	Deduction Fresh Vegetables and Fruits Price Index	102.5	102.5	102.5
一、食品烟酒	**Food, Tobacco and Liquor**	**107.1**	**106.9**	**107.4**
1.食品	Food	109.6	109.4	110.1
(1)粮食	Grain	100.4	100.2	100.8
大米	Rice	100.0	99.8	100.3
面粉	Flour	100.5	100.3	100.8
(2)薯类	Tubers	101.1	101.6	100.3
(3)豆类	Beans	101.5	102.3	100.3
(4)食用油	Edible Oil	103.9	102.2	106.5
(5)菜	Vegetables	102.5	102.3	103.0
鲜菜	Fresh Vegetables	102.8	102.5	103.3
(6)畜肉类	Edible Livestock Meat	132.8	132.9	132.7
猪肉	Pork	144.9	146.6	142.3
牛肉	Beef	114.8	115.8	112.1
羊肉	Mutton	110.3	109.7	112.1
(7)禽肉类	Poultry	110.4	109.1	112.9
(8)水产品	Aquatic Products	99.5	99.0	100.3
(9)蛋类	Eggs	102.8	103.0	102.5
(10)奶类	Dairy Products	100.8	100.5	101.3
(11)干鲜瓜果类	Dried, Fresh Melons and Fruits	111.6	110.5	114.0
鲜瓜果	Fresh Melons and Fruits	114.2	112.6	117.6
(12)糖果糕点类	Confectioneries	101.7	101.6	101.7
(13)调味品	Flavoring	101.0	101.4	100.6
(14)其他食品类	Other Foods	101.4	101.4	101.5

4-3 续表1 Continued 1

指 标	Item	全省 Whole Province	城市 Cities	农村 Rural Areas
2.茶及饮料	Tea and Beverages	102.7	102.5	102.9
3.烟酒	Tobacco and Liquor	100.3	100.8	99.8
(1)烟草	Tobacco	99.8	99.9	99.7
(2)酒类	Liquor	101.2	102.1	99.9
4.在外餐饮	Dinning Out	103.0	103.0	102.8
二、衣着	**Clothing**	**102.1**	**102.3**	**101.5**
1.服装	Garments	102.4	102.6	102.0
(1)男式服装	Men' s Clothing	102.8	102.9	102.5
(2)女式服装	Women' s Clothing	102.2	102.4	101.7
(3)儿童服装	Children' s Clothing	102.3	102.4	102.2
2.服装材料	Clothing Material	100.8	99.6	102.9
3.其他衣着及配件	Other Clothing and Accessories	100.0	100.0	99.9
4.衣着加工服务费	Clothing Processing	102.9	102.3	104.4
5.鞋类	Footwear	101.0	101.8	99.6
(1)鞋	Shoes	101.0	101.8	99.4
(2)鞋类加工服务	Shoes Processing	103.2	101.5	104.9
三、居住	**Residence**	**100.8**	**100.9**	**100.7**
1.租赁房房租	Tenancy	101.7	101.9	100.9
2.住房保养维修及管理	Housing Maintenance	101.4	100.9	102.0
(1)住房装潢材料	Housing Decoration Materials	100.7	100.4	101.1
(2)物业管理费	Property Management Fee	100.0	100.0	100.0
(3)住房装潢维修	Housing Decoration Maintenance	102.6	102.1	103.0
3.水电燃料	Water, Electricity and Fuels	100.5	100.8	99.9
(1)水	Water	100.0	100.1	100.0
(2)电	Electricity	100.0	100.0	100.0
(3)燃气	Gas	101.5	102.6	99.6
(4)取暖费	Heating Fee	100.0	100.0	100.0
(5)其他燃料	Other Fuels	100.4	101.6	99.9
4.自有住房	Housing	100.7	100.7	100.7
四、生活用品及服务	**Daily Necessities and Services**	**101.3**	**101.5**	**100.9**
1.家具及室内装饰品	Furniture and Interior Decorations	101.3	101.1	101.5
(1)家具	Furniture	101.4	101.3	101.6

4-3 续表2 Continued 2

指　　标	Item	全省 Whole Province	城市 Cities	农村 Rural Areas
(2)室内装饰品	Interior Decorations	100.4	100.2	100.7
2.家用器具	Household Appliances	100.5	100.7	100.3
(1)大型家用器具	Large Household Appliances	100.5	100.7	100.3
(2)小家电	Small Home Appliances	100.4	100.4	100.5
3.家用纺织品	Household Textiles	101.1	101.0	101.2
(1)床上用品	Bed Articles	101.2	101.1	101.4
(2)窗帘门帘	Curtain	100.2	100.4	99.9
(3)其他家用纺织品	Other Household Textiles	100.9	101.0	100.5
4.家庭日用杂品	Daily-use Household Articles	100.8	101.1	100.5
(1)洗涤卫生用品	Sanitary Articles	100.9	101.2	100.4
(2)厨具、餐具、茶具	Kitchenware, Tableware, Tea set	100.6	101.0	100.1
(3)家用手工工具	Household Hand Tools	100.8	101.4	100.1
(4)其他家庭日用杂品	Other Daily-use Household Articles	100.8	100.8	100.9
5.个人护理用品	Personal Care Products	101.9	102.0	101.6
(1)化妆品	Cosmetics	101.9	101.9	101.4
(2)其他护理用品类	Other Care Products	102.0	102.1	101.6
6.家庭服务	Household Service	105.2	105.5	104.2
五、交通和通信	**Transportation and Communications**	**97.5**	**97.2**	**98.3**
1.交通	Transportation	96.7	96.3	97.7
(1)交通工具	Transportation Facility	97.0	96.7	97.6
(2)交通工具用燃料	Fuels for Vehicles	91.5	90.8	93.1
(3)交通工具使用和维修	Use and Maintenance for Vehicles	100.9	100.7	101.2
(4)交通费	Traffic Fare	101.2	101.3	101.2
2.通信	Communications	99.0	98.8	99.3
(1)通信工具	Communication Facility	96.3	96.3	96.3
(2)通信服务	Communication Services	99.6	99.4	100.0
(3)邮递服务	Postal Service	100.1	100.4	99.3
六、教育文化和娱乐	**Education, Culture and Recreation**	**102.2**	**102.4**	**101.9**
1.教育	Education	102.7	102.9	102.5
(1)教育用品	Teaching Materials and Reference Books	103.3	103.3	103.2
(2)教育服务	Education Services	102.7	102.9	102.5
2.文化娱乐	Cultural and Recreational Articles	101.3	101.7	100.0

4-3 续表 3 Continued 3

指 标	Item	全省 Whole Province	城市 Cities	农村 Rural Areas
(1)文娱耐用消费品	Durable Consumer Goods For Entertainment	98.0	98.1	97.7
(2)其他文娱用品	Other Supplies	99.9	99.4	101.2
(3)文化娱乐服务	Cultural and Recreational Services	101.6	101.4	102.2
(4)旅游	Touring and Outing	103.5	103.8	101.0
七、医疗保健	**Medical Care and Health**	**101.5**	**101.8**	**101.0**
1.药品及医疗器具	Medical Instruments and Articles	102.9	102.8	103.0
(1)中药	Traditional Chinese Medicine	103.4	103.4	103.3
(2)西药	Western Medicine	103.2	103.0	103.7
(3)滋补保健品	Nourishing Health Products	101.9	102.1	101.3
(4)医疗卫生器具	Medical Appliance	102.1	102.7	100.3
(5)保健器具	Health Care Appliance	100.2	100.2	100.3
2.医疗服务	Health Care Services	100.8	101.2	100.2
(1)综合医疗类	General Medical	104.3	104.0	104.8
(2)诊断类	Diagnosis	98.5	99.8	96.5
(3)治疗类	Treatment	100.4	100.4	100.3
(4)康复类	Rehabilitation	101.0	100.1	102.8
(5)中医医疗服务类	Traditional Chinese Medical Services	105.3	106.7	102.8
(6)其他医疗服务	Other Medical Services	101.5	100.6	103.1
八、其他用品和服务	**Other Articles and Services**	**103.0**	**103.0**	**103.0**
1.其他用品类	Other Articles	104.0	104.2	103.6
(1)首饰手表	Jewelry and Watches	106.0	106.2	105.5
(2)其他杂项用品	Other Sundry Articles	101.1	100.7	101.8
2.其他服务类	Other Services	102.1	102.0	102.5
(1)旅馆住宿	Hotel Accommodation	101.7	101.9	100.8
(2)美容美发洗浴	Hairdressing and Bath	103.4	103.0	104.4
(3)养老服务	Aged Care Services	104.3	104.7	103.1
(4)金融保险	Financial Insurance	100.3	100.3	100.4
(5)其他服务类	Other Services	103.2	103.1	103.7

4-4 分月居民消费价格指数(2019)

上年同月=100

指　标	Item	1月 January	2月 February	3月 March
居民消费价格总指数	**General Consumer Price Index**	**101.2**	**101.3**	**102.4**
非食品烟酒价格指数	Non-food Price Index	101.3	101.3	101.5
服务价格指数	Items of Service Price Index	102.2	101.8	101.7
工业品价格指数	Industrial Products Price Index	100.3	100.9	101.2
消费品价格指数	Consumer Goods Price Index	100.6	101.0	102.7
扣除食品和能源价格指数	Deduction Food and Energy Price Index	101.5	101.5	101.5
扣除鲜菜鲜果价格指数	Deduction Fresh Vegetables and Fruits Price Index	101.1	101.0	101.6
一、食品烟酒	**Food, Tobacco and Liquor**	**100.9**	**101.0**	**104.4**
1.食品	Food	100.6	100.8	105.9
(1)粮食	Grain	100.6	100.2	99.8
大米	Rice	100.1	99.6	99.4
面粉	Flour	100.7	99.9	100.9
(2)薯类	Tubers	97.5	97.3	96.5
(3)豆类	Beans	100.8	103.6	101.0
(4)食用油	Edible Oil	98.2	98.8	99.5
(5)菜	Vegetables	96.9	103.7	119.4
鲜菜	Fresh Vegetables	96.8	103.9	120.8
(6)畜肉类	Edible Livestock Meat	97.4	98.4	108.9
猪肉	Pork	92.8	95.2	112.2
牛肉	Beef	113.0	109.9	110.3
羊肉	Mutton	111.2	107.6	105.7
(7)禽肉类	Poultry	106.2	103.1	102.4
(8)水产品	Aquatic Products	97.1	94.5	95.0
(9)蛋类	Eggs	99.9	94.0	95.7
(10)奶类	Dairy Products	103.5	102.7	103.0
(11)干鲜瓜果类	Dried, Fresh Melons and Fruits	110.8	107.3	112.5
鲜瓜果	Fresh Melons and Fruits	113.7	109.0	115.6
(12)糖果糕点类	Confectioneries	101.4	101.5	101.7
(13)调味品	Flavoring	101.7	101.1	102.0
(14)其他食品类	Other Foods	103.0	101.2	101.8
2.茶及饮料	Tea and Beverages	102.3	101.8	101.8
3.烟酒	Tobacco and Liquor	99.7	99.8	99.9
(1)烟草	Tobacco	99.6	99.6	99.7

Consumer Price Indices by Month (2019)

(the same month last year = 100)

4月 April	5月 May	6月 June	7月 July	8月 August	9月 September	10月 October	11月 November	12月 December
102.9	**102.8**	**102.4**	**102.2**	**102.5**	**102.8**	**103.7**	**104.4**	**104.4**
101.5	101.1	100.8	100.6	100.5	100.6	100.3	100.3	100.7
101.9	101.8	101.7	101.1	101.1	101.2	101.2	101.0	101.2
101.0	100.4	99.7	100.0	99.7	100.0	99.3	99.5	100.2
103.4	103.4	102.8	102.8	103.3	103.7	105.1	106.4	106.2
101.5	101.4	101.3	101.2	101.1	101.3	101.2	101.1	101.2
102.0	101.9	101.7	101.6	102.4	103.5	104.4	104.7	104.5
106.1	**106.8**	**106.2**	**105.9**	**107.3**	**107.8**	**111.5**	**114.1**	**112.8**
108.6	109.7	108.6	108.1	110.2	110.6	115.9	119.6	117.5
99.7	99.7	100.6	100.4	100.5	101.0	100.8	100.9	100.9
99.3	98.9	100.3	100.1	100.3	100.8	100.6	100.5	100.4
100.7	101.9	100.6	100.2	100.9	100.8	99.7	100.3	100.2
98.9	99.1	100.4	108.3	105.2	103.0	103.2	105.1	99.5
101.1	101.4	101.6	101.8	101.6	101.5	101.5	100.8	100.7
99.8	100.4	100.2	100.3	103.3	108.7	111.8	114.3	112.0
117.3	112.5	99.2	99.0	94.1	83.2	88.9	107.5	113.6
118.7	113.6	99.2	99.0	93.7	82.1	88.1	108.2	114.8
117.2	119.7	119.1	118.7	135.5	151.8	173.0	178.4	170.9
124.7	128.4	126.6	125.3	149.6	170.2	201.8	205.9	197.0
110.6	110.5	110.4	111.3	116.1	120.4	120.8	124.2	119.2
107.5	107.3	108.4	110.2	112.8	115.3	114.7	112.8	110.4
103.6	105.5	107.0	107.0	111.1	116.7	118.7	125.6	117.5
97.3	98.7	97.8	100.6	103.8	104.5	103.9	101.6	100.3
102.6	107.3	105.3	109.1	101.0	104.7	105.9	106.0	103.4
101.3	100.4	101.1	100.6	100.2	99.5	99.8	98.9	98.2
123.5	130.3	137.7	131.7	120.0	100.9	94.2	89.4	87.7
130.9	138.2	148.9	141.6	125.1	99.8	91.1	85.0	82.9
101.2	100.5	101.7	101.5	102.0	102.6	102.1	102.3	101.4
100.3	101.1	100.7	99.8	101.1	101.2	100.8	100.9	101.2
101.0	100.8	100.7	100.4	101.4	101.2	101.7	102.4	101.7
103.7	102.9	103.0	102.6	102.7	102.7	103.1	102.8	102.5
99.4	99.6	100.0	100.4	100.7	101.0	101.0	101.3	101.4
99.7	99.7	99.8	99.8	99.8	99.9	100.0	100.2	100.3

4-4 续表 1

指　　标	Item	1月 January	2月 February	3月 March
(2)酒类	Liquor	99.9	100.1	100.1
4.在外餐饮	Dinning Out	102.7	102.5	102.6
二、衣着	**Clothing**	**101.8**	**102.8**	**102.6**
1.服装	Garments	101.9	102.8	102.9
(1)男式服装	Men's Clothing	102.6	103.8	103.1
(2)女式服装	Women's Clothing	101.5	102.4	102.4
(3)儿童服装	Children's Clothing	101.6	101.9	103.9
2.服装材料	Clothing Material	101.9	101.6	102.0
3.其他衣着及配件	Other Clothing and Accessories	100.4	100.2	99.5
4.衣着加工服务费	Clothing Processing	101.8	101.2	101.8
5.鞋类	Footwear	101.6	103.4	101.9
(1)鞋	Shoes	101.6	103.5	101.9
(2)鞋类加工服务	Shoes Processing	103.3	100.1	104.3
三、居住	**Residence**	**101.3**	**101.1**	**101.3**
1.租赁房房租	Tenancy	102.3	102.5	102.2
2.住房保养维修及管理	Housing Maintenance	102.1	101.1	101.8
(1)住房装潢材料	Housing Decoration Materials	101.2	101.1	101.2
(2)物业管理费	Property Management Fee	100.2	100.0	100.0
(3)住房装潢维修	Housing Decoration Maintenance	103.8	101.2	103.1
3.水电燃料	Water, Electricity and Fuels	101.1	101.0	101.1
(1)水	Water	100.1	100.1	100.1
(2)电	Electricity	100.0	100.0	100.0
(3)燃气	Gas	104.0	103.5	103.9
(4)取暖费	Heating Fee	100.0	100.0	100.0
(5)其他燃料	Other Fuels	99.7	99.7	100.0
4.自有住房	Housing	101.0	101.1	101.0
四、生活用品及服务	**Daily Necessities and Services**	**101.8**	**102.1**	**101.7**
1.家具及室内装饰品	Furniture and Interior Decorations	102.2	102.8	102.1
(1)家具	Furniture	102.5	103.1	102.3
(2)室内装饰品	Interior Decorations	100.6	100.9	100.6
2.家用器具	Household Appliances	101.0	101.7	101.0
(1)大型家用器具	Large Household Appliances	101.2	101.9	101.2
(2)小家电	Small Home Appliances	100.0	100.5	99.9
3.家用纺织品	Household Textiles	101.3	102.8	101.8

Continued 1

4月 April	5月 May	6月 June	7月 July	8月 August	9月 September	10月 October	11月 November	12月 December
99.0	99.5	100.3	101.3	102.2	102.9	102.8	103.1	103.1
102.4	102.1	102.7	102.4	101.8	102.8	103.6	104.9	105.1
102.9	**102.4**	**102.1**	**102.3**	**102.1**	**102.4**	**101.5**	**101.1**	**100.7**
103.3	102.8	102.5	102.8	102.6	102.7	102.0	101.6	101.2
103.8	102.9	103.2	103.3	102.6	102.7	102.1	102.1	101.1
103.3	102.8	102.2	102.4	102.5	102.5	101.6	101.2	101.4
102.1	102.6	102.0	102.7	102.4	103.2	102.8	101.8	101.0
101.8	101.3	100.9	101.4	101.2	100.3	100.1	98.9	98.8
99.8	99.8	100.4	100.0	100.4	100.1	100.1	99.7	99.4
102.3	102.4	102.9	103.5	103.5	103.2	104.4	104.6	103.6
101.8	101.6	100.8	101.0	100.5	101.8	99.9	99.2	98.9
101.7	101.5	100.8	100.9	100.5	101.7	99.8	99.2	98.8
105.1	105.1	105.1	103.8	102.3	102.3	102.3	102.3	102.7
101.2	**101.0**	**101.0**	**100.7**	**100.6**	**100.5**	**100.3**	**100.2**	**100.4**
102.4	102.0	102.0	101.6	101.0	101.1	101.2	101.2	101.2
101.7	101.9	101.8	101.2	101.4	101.3	101.0	100.5	100.7
101.2	101.0	100.9	101.0	100.8	100.6	100.0	99.6	99.8
100.0	100.0	100.0	100.0	100.0	100.0	100.0	100.0	100.1
102.8	103.5	103.5	101.8	102.5	102.6	102.6	101.8	102.0
101.1	101.0	101.2	100.7	100.3	99.8	99.3	99.2	99.7
100.1	100.1	100.1	100.1	100.0	100.0	100.0	100.0	100.0
100.0	100.0	100.0	100.0	100.0	100.0	100.0	100.0	100.0
103.8	103.5	104.1	102.5	101.1	99.3	97.4	97.1	99.0
100.0	100.0	100.0	100.0	100.0	100.0	100.0	100.0	100.0
100.1	100.9	100.4	100.4	100.5	101.1	100.8	101.0	100.6
100.9	100.6	100.5	100.5	100.5	100.5	100.5	100.5	100.5
101.8	**101.5**	**101.4**	**101.3**	**101.2**	**101.2**	**100.7**	**100.6**	**100.4**
102.0	101.7	101.4	101.0	100.5	100.6	100.3	100.4	100.3
102.3	102.0	101.6	101.1	100.5	100.6	100.3	100.4	100.3
100.2	100.0	100.2	100.2	100.1	100.3	100.5	100.5	100.2
101.0	100.9	100.8	100.7	100.7	100.2	99.4	99.4	99.5
101.1	101.0	100.9	100.8	100.8	100.1	99.1	99.1	99.3
100.5	100.4	100.1	100.6	100.3	100.7	100.8	100.9	100.7
101.8	101.3	101.6	100.9	100.7	100.6	100.2	100.4	99.9

4-4　续表 2

指　标	Item	1 月 January	2 月 February	3 月 March
(1)床上用品	Bed Articles	101.5	103.3	102.1
(2)窗帘门帘	Curtain	100.5	100.3	100.2
(3)其他家用纺织品	Other Household Textiles	100.4	101.5	101.2
4.家庭日用杂品	Daily-use Household Articles	100.8	101.4	101.4
(1)洗涤卫生用品	Sanitary Articles	100.8	101.5	101.8
(2)厨具、餐具、茶具	Kitchenware,Tableware,Tea set	100.2	101.1	101.4
(3)家用手工工具	Household Hand Tools	101.2	101.9	101.4
(4)其他家庭日用杂品	Other Daily-use Household Articles	101.1	101.2	100.6
5.个人护理用品	Personal Care Products	101.7	101.5	101.0
(1)化妆品	Cosmetics	102.4	101.8	101.4
(2)其他护理用品类	Other Care Products	100.9	101.2	100.5
6.家庭服务	Household Service	107.9	105.7	106.2
五、交通和通信	**Transportation and Communications**	**98.0**	**98.5**	**99.6**
1.交通	Transportation	96.9	97.4	99.3
(1)交通工具	Transportation Facility	94.3	94.9	95.2
(2)交通工具用燃料	Fuels for Vehicles	94.1	97.3	103.6
(3)交通工具使用和维修	Use and Maintenance for Vehicles	104.2	102.7	101.3
(4)交通费	Traffic Fare	102.6	100.0	101.5
2.通信	Communications	100.0	100.3	100.3
(1)通信工具	Communication Facility	101.1	102.4	102.7
(2)通信服务	Communication Services	99.7	99.9	99.7
(3)邮递服务	Postal Service	99.7	99.2	99.8
六、教育文化和娱乐	**Education,Culture and Recreation**	**102.9**	**102.3**	**102.3**
1.教育	Education	102.6	102.9	102.7
(1)教育用品	Teaching Materials and Reference Books	104.7	103.6	103.7
(2)教育服务	Education Services	102.5	102.9	102.7
2.文化娱乐	Cultural and Recreational Articles	103.4	101.2	101.4
(1)文娱耐用消费品	Durable Consumer Goods For Entertainment	98.4	98.4	99.1
(2)其他文娱用品	Other Supplies	100.0	100.4	101.5
(3)文化娱乐服务	Cultural and Recreational Services	102.0	104.2	100.9
(4)旅游	Touring and Outing	108.2	101.7	102.9
七、医疗保健	**Medical Card and Health**	**102.8**	**102.7**	**102.3**
1.药品及医疗器具	Medical Instruments and Articles	103.9	103.5	103.1
(1)中药	Traditional Chinese Medicine	105.9	105.3	105.5

Continued 2

4月 April	5月 May	6月 June	7月 July	8月 August	9月 September	10月 October	11月 November	12月 December
102.2	101.4	101.8	101.0	100.7	100.5	100.1	100.4	100.0
100.1	100.2	100.3	100.5	100.3	100.4	100.4	99.8	99.8
100.3	101.0	101.5	100.3	101.4	102.1	100.9	100.6	99.6
101.4	101.3	100.9	100.3	100.7	101.1	100.7	100.4	99.9
101.9	101.4	100.8	100.0	100.4	101.2	100.8	100.6	99.6
100.9	100.8	100.5	100.4	101.2	100.4	100.3	100.0	100.4
100.4	99.5	100.2	99.1	99.9	101.9	102.2	101.6	100.9
100.7	101.3	101.3	101.0	100.9	101.0	100.5	100.2	100.0
101.5	101.4	101.7	102.2	102.3	102.7	102.5	102.2	102.2
101.5	101.4	101.6	102.4	101.9	102.4	102.2	101.8	101.8
101.4	101.5	101.8	102.1	102.7	103.2	102.9	102.8	102.7
106.0	104.9	104.4	105.9	105.0	104.4	104.4	104.0	103.4
98.9	**98.0**	**96.1**	**96.9**	**96.5**	**96.6**	**95.8**	**96.9**	**98.7**
99.0	97.5	94.9	95.9	95.3	95.4	94.3	96.0	98.9
96.2	97.1	97.3	100.1	98.8	98.8	97.0	97.5	97.4
100.5	93.1	84.9	84.2	83.8	85.5	84.3	89.4	100.6
101.0	101.2	100.3	100.1	100.1	100.0	99.7	99.6	100.0
102.0	102.5	101.1	101.7	101.5	100.7	101.1	100.9	99.4
98.9	98.9	98.2	98.6	98.8	98.5	98.4	98.5	98.2
95.4	95.4	92.1	94.0	94.6	94.6	94.3	94.7	94.4
99.7	99.7	99.7	99.7	99.8	99.5	99.5	99.5	99.2
100.5	100.5	100.5	100.5	100.5	100.5	100.0	100.0	100.0
102.6	**102.3**	**102.2**	**102.0**	**101.9**	**102.3**	**102.2**	**101.8**	**102.1**
102.8	102.7	102.8	102.9	102.8	102.5	102.6	102.7	102.8
103.7	103.6	103.5	103.4	103.3	102.6	102.5	102.5	102.4
102.7	102.7	102.7	102.8	102.8	102.5	102.6	102.7	102.9
102.3	101.4	101.3	100.5	100.2	101.7	101.4	100.2	100.7
98.9	97.7	97.8	97.5	97.2	97.1	97.8	98.3	97.6
101.3	100.7	100.1	100.8	98.4	98.6	98.7	98.7	99.8
103.5	101.1	100.3	100.2	100.5	102.5	101.9	101.0	101.0
104.1	103.9	104.2	102.2	102.2	105.1	104.0	101.4	102.6
102.4	**102.5**	**102.4**	**100.5**	**100.4**	**100.4**	**100.3**	**100.3**	**101.1**
103.1	103.1	102.7	102.8	102.6	102.4	102.2	102.4	102.5
104.9	104.2	102.8	102.6	102.2	102.0	101.6	101.8	101.9

4-4 续表3

指　　标	Item	1月 January	2月 February	3月 March
(2)西药	Western Medicine	104.4	104.0	103.1
(3)滋补保健品	Nourishing Health Products	101.8	101.6	102.2
(4)医疗卫生器具	Medical Appliance	101.8	101.8	101.6
(5)保健器具	Health Care Appliance	100.9	100.8	101.0
2.医疗服务	Health Care Services	102.2	102.2	101.8
(1)综合医疗类	General Medical	108.1	108.1	107.6
(2)诊断类	Diagnosis	99.5	99.5	99.0
(3)治疗类	Treatment	101.0	101.1	100.9
(4)康复类	Rehabilitation	100.0	100.0	99.8
(5)中医医疗服务类	Traditional Chinese Medical Services	108.9	108.8	108.7
(6)其他医疗服务	Other Medical Services	100.0	100.2	100.0
八、其他用品和服务	**Other Articles and Services**	**101.5**	**101.4**	**101.5**
1.其他用品类	Other Articles	99.9	100.5	100.7
(1)首饰手表	Jewelry and Watches	99.4	100.2	100.6
(2)其他杂项用品	Other Sundry Articles	100.7	100.9	100.9
2.其他服务类	Other Services	103.0	102.2	102.2
(1)旅馆住宿	Hotel Accommodation	102.4	102.0	101.7
(2)美容美发洗浴	Hairdressing and Bath	105.8	103.4	103.6
(3)养老服务	Aged Care Services	104.9	105.5	105.0
(4)金融保险	Financial Insurance	100.4	100.4	100.4
(5)其他服务类	Other Services	102.3	102.3	102.0

Continued 3

4月 April	5月 May	6月 June	7月 July	8月 August	9月 September	10月 October	11月 November	12月 December
103.3	103.2	102.9	103.4	103.1	102.7	102.8	103.0	103.1
102.1	103.3	103.1	102.4	101.6	102.1	100.9	100.8	100.9
101.2	101.0	101.0	100.7	102.5	103.0	103.2	103.6	103.8
100.8	99.8	99.7	99.7	100.1	99.4	99.3	100.4	100.6
102.1	102.2	102.2	99.3	99.4	99.4	99.4	99.3	100.4
108.5	109.1	109.1	100.6	100.6	100.6	100.6	100.6	100.2
99.0	98.2	98.2	98.1	98.2	98.2	98.1	98.0	97.8
101.0	101.4	101.4	99.4	99.4	99.4	99.4	99.4	100.6
100.0	101.9	101.9	100.0	100.0	100.0	100.0	100.0	108.5
108.7	109.2	109.2	100.2	100.2	100.2	100.2	100.2	110.8
101.1	101.1	101.1	101.1	102.1	102.2	102.2	102.2	105.0
101.6	**101.4**	**102.0**	**103.0**	**103.8**	**105.4**	**105.4**	**104.5**	**104.4**
100.9	100.5	102.0	103.9	105.8	109.5	109.3	107.7	107.4
100.7	100.0	102.6	106.0	108.7	115.3	115.1	112.3	112.3
101.1	101.1	101.1	101.0	101.7	101.5	101.3	101.2	100.8
102.3	102.3	102.1	102.1	102.1	101.7	101.9	101.8	101.8
101.0	102.3	101.2	101.8	101.8	101.7	101.4	101.2	101.5
103.6	103.6	103.3	103.2	103.3	102.3	103.0	102.7	103.1
105.2	104.8	104.3	103.9	103.8	103.6	103.6	103.6	103.3
100.4	100.4	100.4	100.4	100.4	100.4	100.3	100.3	99.9
103.9	103.5	103.5	103.6	103.6	103.6	103.6	103.6	103.4

4-5 各调查市县居民消费价格总指数(1984—2019)

上年=100

年 份 Year	合肥市 Hefei	庐江县 Lujiang	芜湖市 Wuhu	蚌埠市 Bengbu	淮南市 Huainan	马鞍山市 Maanshan	淮北市 Huaibei	铜陵市 Tongling	安庆市 Anqing
1984	102.0		101.7	100.5	101.3		101.0		101.5
1985	111.0		108.6	108.9	114.2		107.8		109.1
1986	107.4		106.5	106.8	106.4		104.9		107.1
1987	110.8		109.0	111.5	108.4		109.7		109.1
1988	120.5		120.1	119.4	120.9		124.1		117.6
1989	115.2		117.1	114.6	115.0	115.1	117.5		117.4
1990	103.6		105.5	101.9	102.5	102.6	103.5		105.2
1991	109.3		107.8	107.8	109.1	109.0	107.1	108.5	107.6
1992	109.7		110.1	106.8	109.1	110.6	108.5	108.5	111.0
1993	116.5		120.5	114.7	111.0	121.3	112.7	115.6	117.7
1994	127.6		131.4	124.8	126.8	125.7	124.1	132.3	129.9
1995	117.1		112.7	117.7	115.1	116.8	113.5	116.2	115.3
1996	111.5		109.6	109.1	108.7	111.0	109.2	108.5	109.9
1997	102.6		101.0	102.0	103.0	101.2	100.3	103.7	101.1
1998	99.1		101.5	101.2	101.7	100.3	99.4	99.4	100.1
1999	97.7		97.8	97.8	97.2	98.0	97.1	99.1	97.3
2000	101.3		100.8	102.0	101.6	102.5	99.6	99.8	101.1
2001	99.4		99.6	100.6	99.9	99.5	99.8	103.7	100.0
2002	99.1		99.9	98.1	99.5	100.2	98.8	99.9	99.3
2003	101.2		101.2	101.5	103.1	101.3	103.1	100.4	101.4
2004	102.2		104.5	105.2	105.1	103.8	104.5	105.1	103.6
2005	100.9		100.4	100.4	100.9	100.6	100.9	101.2	101.6
2006	100.9		101.2	102.3	100.1	102.7	101.3	100.9	102.0
2007	105.6		105.3	105.2	105.2	105.2	105.2	104.6	105.8
2008	106.4		106.6	106.6	105.0	105.2	106.2	106.1	107.2
2009	99.1		99.2	99.5	98.3	98.3	98.2	98.9	98.6
2010	102.7		103.8	103.0	102.3	103.0	102.9	103.0	103.6
2011	105.7		105.7	105.4	105.2	104.8	105.4	105.3	105.5
2012	102.2		102.4	102.2	102.2	102.0	102.2	102.5	102.1
2013	102.7		102.5	102.2	102.6	101.8	102.1	101.9	102.6
2014	102.0		101.9	102.2	101.4	101.6	101.3	101.1	101.3
2015	101.6		101.1	101.4	100.9	101.0	100.8	101.2	101.5
2016	102.6	101.5	102.0	101.6	101.2	101.9	101.3	101.1	101.8
2017	101.4	101.2	101.3	101.0	101.0	101.2	101.0	100.9	101.8
2018	102.0	101.9	102.3	102.2	101.7	101.6	102.2	102.1	102.0
2019	102.9	102.8	102.8	102.2	102.8	102.4	102.6	102.4	102.9

General Consumer Price Indices by Region(1984—2019)

(preceding year=100)

桐城市 Tongcheng	黄山市 Huangshan	歙 县 Shexian	滁州市 Chuzhou	阜阳市 Fuyang	阜南县 Funan	宿州市 Suzhou	六安市 Lu' an	金寨县 Jinzhai	亳州市 Bozhou	宣城市 Xuancheng
98.5		100.8	101.2	102.8		105.4	102.7		99.5	101.2
106.1		107.9	103.7	104.9		104.8	110.7		107.2	106.8
104.4		107.2	107.2	104.5		108.8	107.7		108.1	106.6
110.5		112.4	109.8	110.2		107.3	110.2		111.0	111.8
117.9		121.3	116.4	123.8		119.8	123.0		122.1	122.7
115.0		114.5	119.3	116.7		119.3	116.5		116.5	117.2
98.1		102.8	102.8	103.1		104.4	104.0		98.6	102.6
106.6		101.5	106.5	107.6		105.5	104.6		109.5	102.2
111.3		109.6	110.5	110.0		108.7	109.3		110.2	107.8
112.1		124.4	118.5	111.9		113.1	114.1		113.8	114.8
123.9		125.2	125.4	121.3		124.2	133.5		125.8	126.1
114.5		112.7	116.9	112.4		112.1	112.9		111.8	116.8
111.1	108.6	108.3	110.3	110.3		110.7	109.4		107.8	110.4
99.9	101.2	99.9	99.8	100.7		99.3	100.9		102.0	102.7
99.0	100.8	99.5	99.8	98.9		99.8	99.4		100.3	100.2
98.2	99.1	98.0	97.3	95.8		96.6	99.2		96.8	99.4
99.3	102.4	100.8	100.9	100.8		104.8			97.6	100.2
102.9	99.1	100.9	100.0	100.7					99.8	100.8
99.9	97.4	98.6	99.7	100.7		100.9			99.6	99.4
101.1	101.6	101.3	101.1	101.3		102.4			103.2	103.1
104.9	104.3	105.9	103.3	104.2		104.3			103.4	105.0
102.9	101.5	101.8	102.0	102.0		100.6			100.9	102.3
101.5	101.2	101.0	101.9	101.6		101.1			102.0	100.2
105.6	104.8	104.9	105.3	104.8		105.2			105.6	105.1
106.4	105.9	107.2	105.4	106.0		105.7			105.0	105.7
99.0	98.4	99.4	100.1	98.8		99.1			98.3	99.7
103.4	104.0	104.2	103.3	103.3		102.8			103.0	102.9
106.1	105.3	106.5	105.2	105.6		105.4	105.2		104.9	105.4
102.8	102.4	102.8	102.1	102.5		102.0	101.5		102.2	102.0
102.4	103.0	103.0	102.3	102.2		102.3	102.0		102.6	102.3
101.3	102.1	102.3	101.4	101.8		101.4	101.7		101.4	101.3
101.0	100.7	101.4	100.8	101.8		100.5	101.1		101.6	101.6
101.3	102.0	102.0	101.7	101.5	101.8	101.4	102.1	101.7	101.6	101.5
101.0	101.4	101.1	101.2	101.4	101.0	101.3	101.5	101.2	101.5	101.1
102.5	102.4	101.9	102.0	101.9	102.1	101.9	101.8	101.6	102.0	102.0
103.0	102.7	103.1	102.8	102.8	102.3	102.4	102.9	102.9	102.7	102.6

4-6 各市县居民消费价格分类指数(2019)

上年=100

指 标 Item	合肥市 Hefei	庐江县 Lujiang	芜湖市 Wuhu	蚌埠市 Bengbu	淮南市 Huainan	马鞍山市 Maanshan	淮北市 Huaibei
居民消费价格总指数 General Consumer Price Index	**102.9**	**102.8**	**102.8**	**102.2**	**102.8**	**102.4**	**102.6**
非食品烟酒价格指数 Non-food Price Index	101.1	100.7	100.8	100.5	101.2	100.8	100.7
服务价格指数 Items of Service Price Index	102.5	101.6	101.5	100.9	101.6	101.3	101.1
工业品价格指数 Industrial Products Price Index	99.6	99.8	100.0	100.1	100.7	100.3	100.3
消费品价格指数 Consumer Goods Price Index	103.2	103.5	103.7	102.9	103.5	103.1	103.5
扣除食品和能源价格指数 Deduction Food and Energy Price Index	101.7	101.0	101.4	101.0	101.6	101.4	101.3
扣除鲜菜鲜果价格指数 Deduction Fresh Vegetables and Fruits Price Index	102.5	102.5	102.6	102.1	102.9	102.4	102.5
一、食品烟酒 Food,Tobacco and Liquor	**107.3**	**107.6**	**107.7**	**105.9**	**106.6**	**106.3**	**106.9**
1.食品 Food	110.2	110.7	110.3	107.9	109.0	108.2	108.9
(1)粮食 Grain	99.1	102.2	101.2	100.9	100.3	101.8	101.1
大米 Rice	98.9	101.9	101.8	100.2	99.4	102.1	100.8
面粉 Flour	97.9	102.6	97.9	104.4	100.1	104.3	102.7
(2)薯类 Tubers	100.6	96.4	106.4	100.2	95.4	94.7	100.2
(3)豆类 Beans	99.1	100.7	103.9	99.8	101.9	111.0	100.0
(4)食用油 Edible Oil	101.3	105.7	102.0	101.3	101.7	102.7	104.8
(5)菜 Vegetables	105.7	102.3	103.0	99.9	96.0	100.5	102.5
鲜菜 Fresh Vegetables	106.1	102.4	103.3	99.8	95.5	100.5	103.2
(6)畜肉类 Edible Livestock Meat	133.3	130.3	134.9	129.7	134.8	131.0	135.0
猪肉 Pork	146.7	138.1	145.7	144.8	149.2	138.7	154.4
牛肉 Beef	113.7	116.0	122.7	123.7	115.1	118.9	114.6

Consumer Price Indices by Region and Category(2019)

(preceding year=100)

铜陵市 Tongling	安庆市 Anqing	桐城市 Tongcheng	黄山市 Huangshan	歙　县 Shexian	滁州市 Chuzhou	阜阳市 Fuyang	阜南县 Funan	宿州市 Suzhou	六安市 Lu'an	金寨县 Jinzhai	亳州市 Bozhou	宣城市 Xuancheng
102.4	**102.9**	**103.0**	**102.7**	**103.1**	**102.8**	**102.8**	**102.3**	**102.4**	**102.9**	**102.9**	**102.7**	**102.6**
100.8	100.8	100.5	100.7	101.0	100.7	101.1	100.5	100.6	101.0	101.0	100.9	100.7
101.1	101.1	101.0	101.1	101.9	101.7	101.5	101.0	101.0	101.3	101.1	101.6	100.7
100.4	100.5	100.0	100.2	100.0	99.6	100.6	100.1	100.0	100.7	101.0	100.2	100.7
103.2	103.8	104.2	103.7	103.7	103.4	103.5	103.0	103.1	103.8	103.9	103.3	103.7
101.2	101.1	100.8	101.2	101.3	101.4	101.6	101.1	101.1	101.4	101.4	101.4	101.2
102.3	102.6	102.7	102.4	102.7	102.5	102.7	102.2	102.3	102.9	102.8	102.5	102.4
106.3	**107.6**	**108.6**	**107.4**	**107.8**	**107.5**	**106.6**	**106.1**	**106.5**	**107.2**	**106.9**	**106.6**	**107.0**
108.6	110.6	111.7	109.5	110.8	109.9	108.6	108.1	109.0	109.9	109.1	109.1	109.2
101.3	98.4	100.3	104.1	100.5	98.3	99.8	100.5	100.9	100.0	99.8	100.7	99.1
100.4	97.1	99.0	104.4	100.1	96.2	99.8	100.8	100.5	100.0	99.2	100.8	99.1
100.0	100.7	100.1	93.9	101.1	98.1	98.6	100.2	99.9	100.2	101.7	100.2	96.5
94.7	101.8	106.7	99.6	107.6	109.4	102.6	98.9	104.5	106.1	93.7	103.8	105.1
100.3	105.7	98.4	98.9	100.0	100.8	102.3	100.8	99.5	102.2	101.0	108.1	102.6
101.8	101.6	111.5	108.6	104.7	104.5	104.3	103.2	100.4	105.5	106.0	97.2	104.5
100.6	104.8	105.0	104.1	106.4	96.4	102.4	100.9	99.2	104.0	100.8	102.3	104.4
100.7	105.4	105.5	104.3	107.2	96.6	102.5	101.1	99.2	104.2	100.8	102.4	104.6
130.3	133.3	133.8	129.9	138.2	131.9	130.0	133.0	132.9	135.6	130.2	131.9	132.3
140.8	142.8	142.1	139.6	149.4	149.1	144.3	147.0	153.1	151.8	137.9	144.6	142.4
117.1	112.3	112.8	112.1	109.1	116.9	112.7	113.4	119.9	111.7	106.0	113.0	113.0

4-6 续表1

指标 Item	合肥市 Hefei	庐江县 Lujiang	芜湖市 Wuhu	蚌埠市 Bengbu	淮南市 Huainan	马鞍山市 Maanshan	淮北市 Huaibei
羊肉 Mutton	110.9	106.4	107.0	117.1	112.4	105.7	108.9
(7)禽肉类 Poultry	110.4	113.6	111.8	106.7	110.8	108.8	105.5
(8)水产品 Aquatic Products	98.0	105.6	100.5	93.6	103.4	98.6	99.2
(9)蛋类 Eggs	101.5	100.7	103.6	106.5	102.2	104.0	105.7
(10)奶类 Dairy Products	98.7	99.8	99.1	108.2	97.6	102.5	99.6
(11)干鲜瓜果类 Dried, Fresh Melons and Fruits	115.2	115.6	111.1	110.0	107.5	103.4	107.5
鲜瓜果 Fresh Melons and Fruits	118.4	119.6	114.4	111.8	109.4	103.0	109.5
(12)糖果糕点类 Confectioneries	101.1	100.7	101.8	98.2	105.2	104.4	102.0
(13)调味品 Flavoring	99.4	101.2	102.2	102.9	103.2	103.8	102.5
(14)其他食品类 Other Foods	99.9	102.5	101.4	101.5	105.9	101.5	100.9
2.茶及饮料 Tea and Beverages	102.3	102.2	99.8	101.8	104.5	101.9	102.6
3.烟酒 Tobacco and Liquor	100.9	99.6	100.2	101.8	99.7	100.7	100.6
(1)烟草 Tobacco	100.0	100.0	100.5	100.0	99.1	100.0	99.3
(2)酒类 Liquor	102.1	98.6	99.5	104.3	100.5	102.0	102.1
4.在外餐饮 Dinning Out	102.6	102.3	104.6	102.1	102.6	103.9	104.0
二、衣着 Clothing	**102.6**	**100.1**	**101.2**	**102.7**	**102.9**	**102.6**	**102.2**
1.服装 Garments	103.4	100.9	100.9	101.9	102.9	103.3	102.2
(1)男式服装 Men's Clothing	103.3	102.2	101.2	103.4	102.6	104.7	102.5
(2)女式服装 Women's Clothing	103.5	100.6	101.2	100.9	103.4	102.5	102.1
(3)儿童服装 Children's Clothing	103.6	98.7	99.2	101.8	101.6	103.2	101.6

Continued 1

铜陵市 Tongling	安庆市 Anqing	桐城市 Tongcheng	黄山市 Huangshan	歙 县 Shexian	滁州市 Chuzhou	阜阳市 Fuyang	阜南县 Funan	宿州市 Suzhou	六安市 Lu' an	金寨县 Jinzhai	亳州市 Bozhou	宣城市 Xuancheng
105.4	103.0	110.3	127.2	116.1	116.0	110.4	113.8	109.8	113.4	110.2	105.4	102.5
110.0	113.2	117.2	104.7	107.1	106.8	108.4	110.4	110.8	107.1	113.7	107.7	108.1
97.4	98.7	101.6	98.8	96.4	105.4	96.2	95.4	98.9	100.2	100.6	97.7	98.3
105.4	101.3	102.6	102.2	101.6	101.0	100.8	104.0	104.3	106.5	104.5	101.5	105.0
105.0	104.3	99.8	103.2	101.0	99.2	103.0	105.4	101.3	102.8	101.5	99.9	98.9
108.2	113.3	115.3	111.4	118.0	122.2	108.1	110.6	111.9	102.3	110.1	112.4	110.8
109.3	115.8	119.3	115.4	122.4	127.9	108.9	114.2	113.2	101.5	112.5	115.7	114.0
97.9	103.0	101.7	101.8	105.4	100.4	100.8	100.1	101.0	101.1	100.5	101.2	101.5
99.1	101.6	99.1	99.3	98.0	99.8	101.3	101.0	99.3	102.9	102.4	102.3	101.4
103.6	100.5	100.0	100.1	100.4	98.6	101.5	101.6	102.0	100.8	102.7	99.5	101.6
102.9	102.1	100.2	106.1	105.7	104.8	101.6	101.0	102.7	105.4	105.4	103.0	100.9
101.1	99.6	100.3	100.7	100.4	100.4	101.5	99.2	101.4	101.2	99.6	100.6	101.2
100.6	98.4	100.0	100.0	100.0	100.0	100.0	98.3	100.0	100.4	100.2	100.0	100.0
101.9	101.9	100.7	101.8	101.2	101.1	103.4	100.6	103.5	102.1	98.6	101.4	103.2
102.3	102.6	103.9	104.1	100.5	103.8	103.5	103.9	101.8	102.6	103.8	102.6	104.0
101.9	**102.6**	**100.7**	**102.3**	**102.5**	**103.0**	**102.5**	**102.5**	**101.7**	**101.4**	**102.6**	**102.9**	**102.1**
102.8	102.6	101.2	102.6	102.6	103.1	102.9	102.8	101.9	101.1	103.7	103.7	102.5
104.1	102.5	101.7	103.3	101.9	104.7	103.9	103.9	102.1	100.6	102.9	104.7	101.8
101.3	102.7	100.7	102.3	103.5	103.0	102.1	101.9	101.4	101.2	102.8	103.0	103.4
104.9	102.3	102.2	101.7	101.1	99.4	102.9	103.1	102.9	102.3	108.1	104.0	101.0

4-6 续表 2

指 标 Item	合肥市 Hefei	庐江县 Lujiang	芜湖市 Wuhu	蚌埠市 Bengbu	淮南市 Huainan	马鞍山市 Maanshan	淮北市 Huaibei
2.服装材料 Clothing Material	97.2	100.0	100.0	106.5	100.1	98.2	98.2
3.其他衣着及配件 Other Clothing and Accessories	97.3	98.0	100.7	99.0	104.3	101.6	100.0
4.衣着加工服务费 Clothing Processing	102.6	103.4	106.0	100.0	100.0	101.9	103.9
5.鞋类 Footwear	100.9	97.4	101.8	106.7	103.3	99.9	102.7
(1)鞋 Shoes	100.9	97.2	101.8	106.8	103.4	99.9	102.8
(2)鞋类加工服务 Shoes Processing	100.0	106.8	103.3	100.0	100.0	100.0	100.6
三、居住 Residence	**101.2**	**100.4**	**101.1**	**100.4**	**101.0**	**100.8**	**100.5**
1.租赁房房租 Tenancy	102.2	100.3	102.9	101.1	102.8	100.1	102.1
2.住房保养维修及管理 Housing Maintenance	101.2	100.0	100.6	99.7	100.5	99.6	100.6
(1)住房装潢材料 Housing Decoration Materials	100.5	101.3	101.4	99.1	100.9	99.9	101.1
(2)物业管理费 Property Management Fee	100.0	100.0	100.0	100.0	100.0	100.0	100.0
(3)住房装潢维修 Housing Decoration Maintenance	103.0	98.6	99.9	100.8	100.2	98.9	100.0
3.水电燃料 Water,Electricity and Fuels	101.5	100.7	101.8	100.5	100.7	101.9	100.5
(1)水 Water	100.0	100.0	100.0	100.0	100.6	100.0	100.0
(2)电 Electricity	100.0	100.0	100.0	100.0	100.0	100.0	100.0
(3)燃气 Gas	105.4	102.2	105.9	101.5	102.3	106.6	101.6
(4)取暖费 Heating Fee	100.0	100.0	100.0	100.0	100.0	100.0	100.0
(5)其他燃料 Other Fuels	104.2	100.0	98.9	100.0	107.1	100.0	99.7
4.自有住房 Housing	100.9	100.4	100.6	100.3	101.0	100.7	100.3
四、生活用品及服务 Daily Necessities and Services	**101.2**	**100.8**	**101.7**	**101.5**	**102.3**	**101.6**	**101.0**
1.家具及室内装饰品 Furniture and Interior Decorations	101.3	100.5	100.3	100.8	102.4	99.6	100.6

Continued 2

铜陵市 Tongling	安庆市 Anqing	桐城市 Tongcheng	黄山市 Huangshan	歙 县 Shexian	滁州市 Chuzhou	阜阳市 Fuyang	阜南县 Funan	宿州市 Suzhou	六安市 Lu'an	金寨县 Jinzhai	亳州市 Bozhou	宣城市 Xuancheng
100.0	100.6	100.0	100.0	110.2	98.0	100.6	104.4	103.2	96.6	100.0	100.0	100.0
102.3	100.8	99.7	104.9	99.9	100.7	98.1	102.7	102.1	99.7	100.5	101.7	99.3
100.4	100.5	106.1	107.5	110.6	110.8	100.0	100.2	100.8	103.9	100.0	102.7	101.9
98.9	103.0	98.4	100.7	101.0	102.6	101.9	101.8	101.2	102.8	100.0	100.0	100.9
98.9	103.1	97.9	100.3	100.9	102.7	101.9	101.9	101.0	102.8	100.0	100.0	100.9
98.8	100.2	110.2	114.9	105.2	100.0	102.8	100.0	113.4	99.4	100.0	100.0	100.0
101.1	**100.8**	**101.8**	**101.0**	**101.5**	**100.6**	**100.5**	**99.3**	**100.4**	**100.5**	**100.6**	**100.8**	**101.0**
101.3	101.3	100.0	101.0	106.5	106.4	100.1	100.7	101.1	102.8	99.2	100.0	102.3
101.5	101.9	104.6	101.7	103.4	100.8	102.1	100.3	101.2	99.7	102.9	102.4	100.3
100.1	101.3	100.6	100.0	100.7	101.6	101.0	100.5	100.9	99.2	102.5	98.5	100.6
100.0	100.0	100.0	100.0	100.0	100.0	100.0	100.0	100.0	100.3	100.0	100.0	100.0
104.3	103.1	108.2	104.8	106.3	99.8	104.2	100.0	102.0	100.1	103.3	108.8	100.0
102.0	100.6	101.3	102.4	100.1	98.1	99.7	97.5	98.9	100.9	99.8	100.2	101.0
100.0	100.0	100.0	103.0	100.0	100.0	100.0	100.0	100.0	100.0	100.0	100.0	100.0
100.0	100.0	100.0	100.0	100.0	100.0	100.0	100.0	100.0	100.0	100.0	100.0	100.0
105.9	101.7	104.4	107.1	100.0	94.1	99.2	90.6	96.4	102.6	98.9	101.0	103.2
100.0	100.0	100.0	100.0	100.0	100.0	100.0	100.0	100.0	100.0	100.0	100.0	100.0
121.0	100.0	101.6	106.0	100.8	100.0	98.7	98.5	96.4	103.8	100.0	100.0	101.1
100.6	100.5	101.1	100.1	101.3	101.2	100.3	100.3	100.9	100.2	100.4	100.7	100.9
101.6	**102.1**	**101.8**	**100.4**	**99.7**	**98.8**	**101.9**	**100.9**	**101.2**	**101.7**	**101.7**	**101.4**	**102.0**
99.8	100.6	101.0	100.5	102.2	98.0	100.4	101.1	102.5	100.7	103.2	102.9	101.8

4-6 续表3

指 标 Item	合肥市 Hefei	庐江县 Lujiang	芜湖市 Wuhu	蚌埠市 Bengbu	淮南市 Huainan	马鞍山市 Maanshan	淮北市 Huaibei
(1)家具 Furniture	101.6	100.5	100.9	101.1	102.5	99.3	100.6
(2)室内装饰品 Interior Decorations	100.1	100.6	97.3	99.7	101.7	101.0	100.3
2.家用器具 Household Appliances	99.4	99.2	98.9	101.1	104.0	100.9	100.1
(1)大型家用器具 Large Household Appliances	99.4	99.3	98.4	101.2	104.8	100.9	100.2
(2)小家电 Small Home Appliances	99.8	98.0	101.5	100.5	99.4	101.1	99.1
3.家用纺织品 Household Textiles	100.2	102.3	102.6	99.8	102.9	100.0	100.4
(1)床上用品 Bed Articles	100.2	102.5	102.9	99.8	103.1	99.9	100.5
(2)窗帘门帘 Curtain	100.7	100.0	99.9	99.1	98.9	100.0	100.0
(3)其他家用纺织品 Other Household Textiles	99.4	102.3	102.8	101.5	105.3	100.3	100.2
4.家庭日用杂品 Daily-use Household Articles	99.4	101.9	102.2	100.7	100.4	101.2	101.4
(1)洗涤卫生用品 Sanitary Articles	98.9	102.7	104.7	100.5	98.4	100.0	102.2
(2)厨具、餐具、茶具 Kitchenware, Tableware, Tea set	100.2	99.7	100.8	101.3	104.6	101.5	100.8
(3)家用手工工具 Household Hand Tools	101.1	100.0	103.9	102.5	97.0	108.7	100.5
(4)其他家庭日用杂品 Other Daily-use Household Articles	99.8	101.7	97.2	100.5	102.2	102.9	100.2
5.个人护理用品 Personal Care Products	101.3	104.0	101.5	103.4	101.8	104.7	100.6
(1)化妆品 Cosmetics	101.1	107.7	101.7	104.3	100.5	105.2	99.8
(2)其他护理用品类 Other Care Products	101.6	101.1	101.2	102.3	103.5	103.9	101.7
6.家庭服务 Household Service	108.8	98.4	109.0	106.6	103.3	102.9	105.0
五、交通和通信 Transportation and Communications	**96.0**	**98.2**	**97.2**	**97.4**	**98.5**	**96.4**	**97.5**
1.交通 Transportation	95.0	97.6	96.7	96.1	97.8	95.2	95.8
(1)交通工具 Transportation Facility	96.4	98.3	97.0	95.8	97.6	96.0	96.8

Continued 3

铜陵市 Tongling	安庆市 Anqing	桐城市 Tongcheng	黄山市 Huangshan	歙　县 Shexian	滁州市 Chuzhou	阜阳市 Fuyang	阜南县 Funan	宿州市 Suzhou	六安市 Lu'an	金寨县 Jinzhai	亳州市 Bozhou	宣城市 Xuancheng
100.5	100.5	101.2	100.0	102.3	96.9	100.6	101.1	102.4	100.5	103.5	103.6	101.9
96.1	101.0	99.6	102.8	101.5	101.7	99.7	101.5	103.2	102.0	100.9	99.2	101.1
99.9	100.0	102.8	99.8	99.0	98.4	102.4	100.5	98.6	102.6	100.9	99.5	101.8
100.3	99.8	103.0	100.1	98.7	98.1	102.5	100.5	98.3	103.0	100.6	99.5	101.7
98.2	101.0	101.1	98.6	101.1	100.2	102.0	100.6	99.6	100.8	101.9	99.9	102.0
99.5	100.9	101.1	100.2	100.5	99.2	103.2	100.7	101.9	100.9	101.1	99.4	102.2
99.0	101.0	101.4	99.7	100.3	99.4	103.5	101.4	101.8	100.6	101.2	99.5	103.1
102.9	100.1	100.3	100.0	102.1	99.3	101.7	98.2	100.5	104.9	100.7	99.1	100.0
100.3	101.2	99.3	107.0	101.6	97.5	101.0	98.7	103.2	100.2	100.2	99.5	99.4
103.4	105.0	100.2	97.2	98.5	98.3	101.5	99.7	100.8	102.0	101.6	101.6	100.4
104.3	108.1	100.8	92.8	97.3	98.2	103.1	99.1	100.9	101.5	101.3	101.9	100.0
102.3	100.6	99.9	97.2	99.8	98.2	99.0	98.5	101.8	101.6	103.7	101.4	98.1
99.5	100.0	100.0	106.0	99.9	100.8	101.4	100.2	100.7	103.3	100.3	102.1	97.0
102.7	101.1	99.2	105.5	100.1	98.4	99.8	101.6	100.1	103.4	101.5	101.2	102.7
101.7	101.7	101.9	103.8	98.6	100.0	102.2	98.9	102.8	100.8	102.4	102.8	103.8
100.6	102.0	100.9	106.6	98.2	99.0	102.4	93.0	104.0	101.1	104.6	103.5	103.1
103.2	101.2	102.7	99.8	98.9	101.3	102.0	104.0	101.3	100.4	100.7	101.8	104.8
105.5	103.4	107.1	105.0	102.5	100.2	103.2	115.5	103.8	102.3	103.1	102.5	104.7
96.6	**97.8**	**98.0**	**97.2**	**98.1**	**97.5**	**98.1**	**98.4**	**98.3**	**97.2**	**99.0**	**97.0**	**97.9**
95.6	96.9	97.3	96.9	97.4	97.0	97.7	97.6	97.7	96.7	98.7	95.6	97.4
96.7	96.8	97.0	96.8	96.6	96.3	97.1	97.4	98.3	96.8	98.5	96.2	97.0

4-6 续表4

指 标 Item	合肥市 Hefei	庐江县 Lujiang	芜湖市 Wuhu	蚌埠市 Bengbu	淮南市 Huainan	马鞍山市 Maanshan	淮北市 Huaibei
(2)交通工具用燃料 Fuels for Vechicles	88.8	93.3	93.1	92.1	92.1	90.4	88.6
(3)交通工具使用和维修 Use and Maintenance for Vehicles	97.1	99.7	101.4	101.4	108.3	101.6	102.5
(4)交通费 Traffic Fare	104.4	101.3	100.8	100.3	100.5	98.4	99.7
2.通信 Communications	98.3	99.1	98.5	99.4	99.3	98.9	99.6
(1)通信工具 Communication Facility	96.1	96.3	96.3	96.1	96.2	96.2	96.4
(2)通信服务 Communication Services	98.7	100.0	99.0	100.0	100.0	99.7	100.3
(3)邮递服务 Postal Service	100.0	97.6	100.0	101.8	102.1	100.0	100.0
六、教育文化和娱乐 Education, Culture and Recreation	**104.1**	**103.1**	**102.1**	**101.4**	**102.2**	**102.6**	**101.8**
1.教育 Education	105.2	104.1	104.7	101.8	101.0	102.8	103.7
(1)教育用品 Teaching Materials and Reference Books	103.1	103.9	102.0	102.7	104.1	102.9	103.8
(2)教育服务 Education Services	105.3	104.1	104.7	101.8	100.9	102.8	103.7
2.文化娱乐 Cultural and Recreational Articles	102.8	99.9	99.4	100.8	104.0	102.3	98.8
(1)文娱耐用消费品 Durable Consumer Goods For Entertainment	97.3	96.4	97.8	96.6	97.4	99.1	98.1
(2)其他文娱用品 Other Supplies	99.1	101.0	99.3	98.8	99.5	101.4	99.1
(3)文化娱乐服务 Cultural and Recreational Services	101.4	103.2	105.2	102.6	101.5	97.0	100.3
(4)旅游 Touring and Outing	106.4	101.6	97.4	102.4	109.3	105.6	98.6
七、医疗保健 Medical care and Health	**102.2**	**101.4**	**102.3**	**100.2**	**101.8**	**102.2**	**101.7**
1.药品及医疗器具 Medical Instruments and Articles	102.7	100.4	104.7	100.4	103.4	104.2	104.4
(1)中药 Traditional Chinese Medicine	102.3	101.5	108.7	101.1	102.6	104.6	105.4
(2)西药 Western Medicine	103.5	99.6	102.4	100.5	103.4	106.4	106.7

Continued 4

铜陵市 Tongling	安庆市 Anqing	桐城市 Tongcheng	黄山市 Huangshan	歙 县 Shexian	滁州市 Chuzhou	阜阳市 Fuyang	阜南县 Funan	宿州市 Suzhou	六安市 Lu'an	金寨县 Jinzhai	亳州市 Bozhou	宣城市 Xuancheng
90.3	93.2	94.1	93.2	92.2	93.6	91.4	91.6	90.7	92.8	94.1	88.1	94.3
99.0	101.0	99.7	107.4	106.4	102.9	102.6	100.3	104.2	99.0	101.6	101.4	100.5
100.6	100.2	100.7	97.3	99.7	100.7	103.5	102.3	101.5	99.7	101.8	99.7	101.1
98.7	99.2	99.2	97.9	99.2	98.4	98.8	99.4	99.3	98.0	99.4	99.2	98.6
96.5	96.4	96.3	96.2	96.1	96.2	96.5	96.5	96.3	96.5	96.3	96.2	96.2
99.3	99.9	100.0	98.3	100.0	99.1	99.5	100.0	100.0	98.4	100.0	100.0	99.4
100.0	100.0	100.0	100.7	100.0	100.0	99.3	100.0	100.0	100.0	100.0	99.9	100.0
101.1	**101.6**	**100.5**	**101.6**	**101.3**	**102.1**	**102.0**	**102.3**	**101.2**	**102.7**	**101.5**	**102.0**	**100.1**
101.5	102.8	101.0	101.6	101.6	100.7	101.7	102.8	102.0	102.6	102.0	103.1	100.6
102.9	102.9	103.0	104.7	102.3	101.9	104.9	103.0	102.3	103.5	103.1	102.8	104.0
101.5	102.8	100.9	101.5	101.6	100.6	101.6	102.8	102.0	102.5	101.9	103.1	100.4
100.5	99.0	99.1	101.5	100.3	104.8	102.5	100.6	100.0	102.9	100.1	100.3	99.3
100.1	97.2	101.1	99.1	96.6	98.5	99.7	98.1	98.0	101.0	96.9	96.9	99.4
102.2	99.9	100.0	101.1	101.7	97.0	99.1	101.9	100.1	98.6	101.0	99.5	98.7
97.1	102.3	100.6	99.1	104.4	101.6	103.2	100.3	99.5	99.8	102.1	106.7	97.5
101.3	97.9	93.4	104.0	102.3	111.2	104.3	104.6	100.9	106.5	104.1	99.5	100.1
102.8	**100.6**	**98.7**	**100.8**	**102.0**	**102.0**	**101.7**	**101.0**	**99.9**	**103.2**	**101.7**	**101.9**	**101.7**
103.9	100.6	101.0	100.0	104.1	103.0	100.4	105.0	100.7	105.2	105.1	102.0	103.7
106.9	103.6	104.5	103.6	101.0	102.8	103.6	103.3	103.0	105.1	108.1	101.2	99.7
105.0	99.1	101.1	98.8	105.4	104.4	98.6	106.6	100.0	107.0	106.1	101.2	104.6

4-6 续表 5

指　标 Item	合肥市 Hefei	庐江县 Lujiang	芜湖市 Wuhu	蚌埠市 Bengbu	淮南市 Huainan	马鞍山市 Maanshan	淮北市 Huaibei
(3)滋补保健品 Nourishing Health Products	99.0	101.9	109.3	100.0	104.5	100.0	99.6
(4)医疗卫生器具 Medical Appliance	108.4	100.9	100.7	99.0	103.6	100.0	100.0
(5)保健器具 Health Care Appliance	101.3	99.8	96.6	100.7	100.8	103.9	99.3
2.医疗服务 Health Care Services	101.9	101.9	101.2	100.1	100.7	100.9	100.1
(1)综合医疗类 General Medical	102.9	104.6	102.5	102.5	103.1	100.0	102.9
(2)诊断类 Diagnosis	100.0	99.9	101.2	98.5	100.0	100.0	98.1
(3)治疗类 Treatment	101.3	101.2	100.0	100.0	100.0	102.3	100.0
(4)康复类 Rehabilitation	100.0	106.9	100.0	100.0	100.0	100.0	100.0
(5)中医医疗服务类 Traditional Chinese Medical Services	116.7	106.1	108.4	102.4	102.4	102.4	102.4
(6)其他医疗服务 Other Medical Services	101.3	101.9	100.0	100.0	100.0	100.0	100.0
八、其他用品和服务 Other Articles and Services	**104.0**	**103.5**	**102.3**	**102.8**	**101.9**	**102.4**	**102.4**
1.其他用品类 Other Articles	104.9	105.7	103.5	104.6	101.8	103.4	103.4
(1)首饰手表 Jewelry and Watches	107.0	106.9	105.3	106.5	101.8	105.2	105.3
(2)其他杂项用品 Other Sundry Articles	100.7	104.3	100.6	102.7	101.9	97.8	99.8
2.其他服务类 Other Services	103.3	101.3	101.4	101.2	101.9	101.6	101.6
(1)旅馆住宿 Hotel Accommodation	104.1	101.0	104.1	97.9	99.8	100.3	101.1
(2)美容美发洗浴 Hairdressing and Bath	104.6	102.1	99.5	103.2	104.8	104.4	101.9
(3)养老服务 Aged Care Services	107.5	104.3	105.4	104.5	100.5	100.9	106.6
(4)金融保险 Financial and Insurance	100.0	100.0	100.9	100.0	100.0	100.0	100.0
(5)其他服务类 Other Services	107.7	100.0	100.0	100.0	106.9	101.3	101.9

Continued 5

铜陵市 Tongling	安庆市 Anqing	桐城市 Tongcheng	黄山市 Huangshan	歙 县 Shexian	滁州市 Chuzhou	阜阳市 Fuyang	阜南县 Funan	宿州市 Suzhou	六安市 Lu' an	金寨县 Jinzhai	亳州市 Bozhou	宣城市 Xuancheng
101.1	100.3	98.1	99.7	105.2	101.5	100.0	100.0	100.8	103.4	100.2	105.7	106.3
99.1	103.2	100.0	103.0	99.3	100.0	104.9	100.6	100.9	100.2	100.0	101.1	103.1
101.4	100.2	98.5	102.2	100.5	98.3	100.0	102.8	100.0	100.0	100.0	102.5	95.5
102.2	100.6	97.8	101.4	101.2	101.4	102.4	99.3	99.3	101.9	100.4	101.8	100.7
105.9	101.6	105.9	105.9	103.0	106.7	109.1	99.2	102.7	108.4	111.3	105.7	101.0
100.6	100.0	90.5	100.2	99.7	100.0	100.8	98.2	97.7	99.2	92.9	100.2	100.0
102.1	100.5	98.5	100.1	100.9	100.0	100.4	100.6	98.8	100.2	99.7	100.0	100.0
100.0	100.5	107.1	100.0	100.0	100.0	100.0	97.7	100.0	101.7	100.6	100.0	100.0
100.6	101.2	104.3	100.0	106.3	101.6	100.0	100.0	99.9	103.9	96.8	112.3	110.2
101.3	100.8	100.8	99.8	100.0	100.0	100.0	97.8	100.0	103.9	114.6	100.0	100.0
102.8	**102.1**	**104.1**	**104.8**	**102.9**	**102.3**	**103.7**	**102.7**	**104.4**	**102.3**	**101.9**	**102.4**	**103.2**
104.4	102.7	101.3	104.2	103.2	105.1	105.7	103.8	105.8	103.7	103.2	104.4	103.5
107.4	105.0	101.3	106.1	105.5	108.2	108.9	107.8	107.0	106.8	105.8	105.2	107.1
100.2	99.9	101.3	100.6	101.2	100.4	99.4	100.8	98.2	100.0	100.9	103.6	99.4
101.7	101.6	107.2	105.3	102.6	100.0	101.8	101.5	103.2	101.2	100.6	100.7	103.0
99.5	100.4	100.1	104.9	101.5	101.4	102.0	100.3	101.9	102.5	100.8	98.6	104.2
100.9	101.2	114.5	110.5	102.7	98.9	101.8	102.7	107.7	101.3	101.3	100.5	104.6
113.3	105.2	107.1	107.1	100.0	104.6	105.8	104.2	102.4	103.2	100.0	102.8	105.6
100.4	101.1	102.0	101.1	100.0	100.0	101.1	100.0	100.0	99.7	100.0	101.1	100.0
100.0	102.3	100.0	99.9	119.3	100.0	100.0	100.0	102.0	103.3	100.0	100.0	105.9

4-7 商品零售价格分类指数(2019)
Retail Price Indices by Category (2019)

上年=100 (preceding year=100)

指标	Item	全省 Whole Province	城市 Cities	农村 Rural Areas
商品零售价格总指数	**General Retail Price Index**	**101.9**	**101.8**	**102.0**
一、食品	Food	108.0	107.8	109.0
1.粮食	Grain	100.3	100.0	101.0
2.薯类	Tubers	101.1	101.3	100.3
3.豆类	Beans	101.4	101.8	100.3
4.食用油	Edible Oil	103.3	102.1	106.7
5.菜	Vegetables	102.9	102.9	103.1
6.畜肉类	Edible Livestock Meat	132.9	132.9	132.8
7.禽肉类	Poultry	110.1	109.4	112.7
8.水产品	Aquatic Products	99.0	98.7	100.3
9.蛋类	Eggs	102.8	102.9	102.7
10.奶类	Dairy Products	100.6	100.4	101.3
11.干鲜瓜果类	Dried, Fresh Melons and Fruits	112.0	111.5	114.1
12.糖果糕点类	Confectioneries	101.5	101.4	101.9
13.调味品	Flavoring	100.9	101.1	100.5
14.其他食品类	Other Food	101.2	101.2	101.3
15.在外餐饮	Dinning Out	103.0	103.0	102.9
二、饮料、烟酒	Tobacco,Liquor and Drinks	100.9	101.1	100.3
1.茶及饮料	Tea and Other Drinks	102.4	102.4	102.8
2.烟草	Tobacco	99.9	99.9	99.7
3.酒类	Liquor	101.6	101.9	99.8
三、服装、鞋帽	Garments,Shoes and Hats	102.2	102.4	101.4
1.服装	Garments	102.6	102.7	102.1
(1)男士服装	Men's Clothing	102.9	103.0	102.4
(2)女士服装	Women's Clothing	102.4	102.6	101.7
(3)儿童服装	Children's Clothing	102.5	102.5	102.3
2.鞋帽袜	Footwear,Socks and Hats	101.1	101.5	99.5
(1)鞋	Shoes	101.3	101.7	99.5
(2)袜子	Socks	98.9	98.6	100.4
(3)帽子	Hats	100.0	99.9	100.5
3.其他衣着配件	Others	100.8	101.0	99.8
四、纺织品	Textiles	100.8	100.6	101.8
1.服装材料	Clothing Material	100.1	99.4	103.0
2.床上用品	Bed Articles	101.0	100.9	101.4
五、家用电器及音像器材	Electric Household Appliance and Audio-video Apparatus	99.4	99.3	99.7

4-7 续表 Continued

指　标	Item	全省 Whole Province	城市 Cities	农村 Rural Areas
1.家庭设备	Household Facilities	100.4	100.4	100.5
2.文娱耐用消费品	Durable Consumer Goods for Entertainment	98.0	97.9	98.4
3.专业音像器材	Audio-video Apparatus	98.5	98.6	98.3
六、文化办公用品	Cultural and Official Goods	98.6	98.6	98.7
七、日用品	Articles for Daily Use	100.7	100.7	100.7
1.日用百货	General Merchandise for Daily Use	99.9	100.0	99.6
2.厨具、餐具、茶具	Kitchenware,Tableware,Tea set	100.7	100.8	100.4
3.清洗用品	Washing and Cleaning Goods	102.5	102.5	102.1
4.其他日用品	Other Daily-use Goods	100.7	100.5	101.5
八、体育娱乐用品	Sports and Entertainment Goods	100.1	99.8	101.2
1.体育户外用品	Sports Goods	100.2	100.2	100.2
2.娱乐用品	Recreational Goods	100.0	99.8	101.3
九、交通、通信用品	Traffic and Communication Goods	97.0	96.9	97.6
1.交通运输机械	Traffic and Transport Machinery	97.2	97.0	98.0
2.通信器材	Communication Apparatus	96.3	96.3	96.2
十、家具	Furniture	101.2	101.2	101.6
十一、化妆品	Cosmetics	102.0	102.1	101.5
十二、金银饰品	Gold and Silver Jewels	107.7	108.0	106.1
十三、中西药品及医疗保健用品	Chinese and Western Medicines, Health Supplies	102.7	102.7	102.8
1.医疗卫生器具	Medical Appliance	103.4	104.0	100.3
2.中药	Traditional Chinese Medicine	103.2	103.2	103.4
3.西药	Western Medicine	103.1	103.0	103.3
4.保健器具及用品	Health Care Appliance and Articles	101.2	101.2	101.0
十四、书报杂志及电子出版物	Books, Newspapers, Magazines and Electronic Publications	101.5	101.5	101.6
1.教材及参考书	Texts and Reference Books	103.1	103.2	103.1
2.书报杂志	Books, Newspapers and Magazines	98.6	98.5	98.9
3.计算机办公软件	Office Softwares	102.0	102.1	102.0
十五、燃料	Fuels	98.0	98.3	96.7
1.煤炭及制品	Coal and Its Products	102.4	103.2	100.3
2.石油及制品	Oil and Its Products	97.0	97.3	95.4
十六、建筑材料及五金电料	Building Materials and Hardwares	100.9	100.9	100.9
1.建筑装潢材料	Building Decoration Materials	100.6	100.5	101.1
2.五金水暖	Hardware and Plumbing	102.1	102.5	100.2

4-8 各市县商品零售价格总指数(1984—2019)

上年=100

年 份 Year	合肥市 Hefei	庐江县 Lujiang	芜湖市 Wuhu	蚌埠市 Bengbu	淮南市 Huainan	马鞍山市 Maanshan	淮北市 Huaibei	铜陵市 Tongling	安庆市 Anqing
1984	100.6		101.4	100.3	101.3		101.1		101.3
1985	111.4		108.4	108.8	112.5		108.1		109.5
1986	105.9		106.5	106.2	106.4		105.0		107.2
1987	110.3		108.9	111.0	108.1		109.2		109.2
1988	122.1		121.2	120.7	121.9		125.5		118.9
1989	115.0		115.9	114.8	114.6	115.3	116.2		116.6
1990	101.7		103.6	100.6	102.0	100.6	101.2		102.6
1991	109.5		107.7	108.1	108.8	108.6	107.3	108.1	107.1
1992	108.8		108.5	106.2	108.1	108.6	107.2	106.6	108.7
1993	115.0		118.9	112.3	107.4	118.3	109.5	124.0	114.3
1994	120.5		126.0	119.9	121.3	123.9	117.8	124.0	127.9
1995	113.8		115.5	111.7	112.0	111.4	112.8	112.7	113.7
1996	107.1		106.9	106.7	107.0	106.6	106.5	106.7	107.0
1997	100.9		100.0	100.1	101.1	100.7	99.2	101.0	98.8
1998	98.2		98.9	99.1	97.8	98.3	98.6	98.1	98.3
1999	96.5		96.2	95.8	97.0	97.6	96.8	97.2	96.6
2000	97.2		98.1	98.7	98.3	99.0	98.8	97.9	98.3
2001	97.7		98.9	98.5	99.3	99.9	99.3	98.7	98.3
2002	99.3		98.9	98.8	99.2	100.3	99.6	99.9	99.5
2003	101.4		100.3	100.9	101.1	101.7	103.1	99.4	99.4
2004	100.8		102.3	103.4	102.3	103.0	102.6	102.9	102.5
2005	99.7		99.2	99.8	99.8	100.2	101.4	99.9	100.7
2006	100.6		100.6	101.9	99.8	101.8	101.1	100.2	101.4
2007	104.6		104.1	104.6	104.9	104.9	104.4	103.3	104.2
2008	106.3		106.2	106.4	105.6	106.6	106.3	105.6	106.8
2009	99.8		98.1	98.7	98.1	98.7	99.0	98.5	98.8
2010	102.1		102.7	102.7	101.8	103.1	103.4	102.4	103.2
2011	105.1		105.0	105.4	104.9	103.9	104.9	105.5	105.1
2012	101.9		102.2	102.1	102.2	101.9	102.0	102.2	101.8
2013	101.2		101.3	101.5	101.4	101.2	101.1	101.1	101.5
2014	100.3		100.6	100.9	100.0	100.4	99.9	99.9	100.4
2015	99.5		100.1	99.4	99.5	99.7	99.3	99.9	99.9
2016	100.8	100.6	100.9	101.0	100.8	100.7	100.5	100.9	101.2
2017	102.3	100.8	100.7	101.1	101.8	101.4	101.1	101.2	102.6
2018	101.7	101.8	101.8	102.5	102.0	101.3	102.1	101.5	101.9
2019	101.6	101.8	101.9	101.3	102.4	101.8	102.0	102.3	102.3

General Retail Price Indices by Region(1984—2019)

(preceding year=100)

桐城市 Tongcheng	黄山市 Huangshan	歙县 Shexian	滁州市 Chuzhou	阜阳市 Fuyang	阜南县 Funan	宿州市 Suzhou	六安市 Lu'an	金寨县 Jinzhai	亳州市 Bozhou	宣城市 Xuancheng
98.3		100.5	101.3	102.3		104.8	102.5		98.7	100.5
106.2		108.3	103.2	105.2		103.4	109.2		105.0	106.6
104.1		107.4	104.7	104.0		107.6	105.1		108.2	105.7
111.0		113.2	109.4	110.1		111.5	110.7		111.2	112.2
118.1		122.5	117.5	123.8		116.7	123.1		123.3	123.7
115.9		114.7	118.5	115.5		116.8	116.9		115.7	115.6
98.2		101.4	100.5	102.2		103.7	103.0		97.8	102.1
106.6		101.5	106.8	107.5		104.4	104.1		109.9	102.6
109.8		107.3	107.2	110.0		106.1	107.4		109.6	104.4
109.5		115.6	118.8	109.6		112.1	112.2		110.4	115.7
116.4		122.9	122.2	117.9		122.5	127.8		125.3	124.3
113.2		111.4	114.5	111.0		112.6	112.6		108.1	112.1
107.4	106.8	107.8	107.3	107.7		107.7	107.1		106.7	106.9
98.8	98.1	98.4	99.4	99.2		98.5	98.9		97.9	99.8
97.9	99.9	98.2	98.7	97.7		96.8	98.3		99.4	98.7
96.2	96.8	96.1	96.8	95.5		95.1	96.6		97.3	98.4
98.6	99.7	97.0	97.3	97.7		96.5			96.3	98.5
99.6	99.4	98.9	99.1	98.0					100.1	101.9
98.9	98.4	98.3	99.0	98.3					98.3	102.0
101.4	102.5	100.6	100.6	100.2		102.0			103.1	102.2
104.2	103.8	104.6	101.4	102.4		102.4			101.8	103.5
102.3	99.9	101.3	100.7	100.6		99.9			99.4	101.8
101.4	100.4	100.7	101.0	101.3		101.0			101.3	100.7
105.2	103.9	104.7	104.2	103.9		104.9			105.5	104.2
106.3	105.6	106.3	105.2	105.5		106.1			105.0	106.3
97.8	98.9	98.9	99.6	97.9		99.0			98.4	100.0
103.9	104.2	104.5	102.7	103.1		102.6			103.9	103.9
106.4	105.4	107.0	104.6	105.4		105.1	104.8		104.4	105.6
102.5	101.8	102.8	101.9	102.5		101.6	101.0		102.1	101.9
101.4	101.8	101.7	101.3	101.0		101.3	101.1		101.1	101.3
100.5	100.9	101.1	100.4	100.7		100.3	100.8		99.8	100.2
99.4	99.3	100.3	98.9	99.6		99.2	99.4		100.0	100.0
100.7	100.5	101.0	101.0	100.6	100.9	100.5	101.5	100.9	101.2	100.8
102.1	101.4	100.9	100.7	101.3	101.3	101.9	102.1	101.6	102.0	101.1
101.9	102.4	102.3	101.8	101.9	102.6	102.2	102.3	102.1	102.4	102.4
102.3	102.2	101.9	101.7	102.0	101.7	101.7	102.2	102.5	101.7	102.5

4-9 各市县商品零售价格分类指数(2019)

上年=100

指 标 Item	合肥市 Hefei	庐江县 Lujiang	芜湖市 Wuhu	蚌埠市 Bengbu	淮南市 Huainan	马鞍山市 Maanshan	淮北市 Huaibei
商品零售价格总指数 General Retail Price Index	**101.6**	**101.8**	**101.9**	**101.3**	**102.4**	**101.8**	**102.0**
一、食品 Food	108.1	109.0	108.7	106.5	107.4	107.0	107.7
1.粮食 Grain	99.1	102.2	101.2	100.9	100.3	101.8	101.1
2.薯类 Tubers	100.6	96.4	106.4	100.2	95.4	94.7	100.2
3.豆类 Beans	99.1	100.7	103.9	99.8	101.9	111.0	100.0
4.食用油 Edible Oil	101.3	106.8	102.0	101.3	101.7	102.7	104.8
5.菜 Vegetables	105.7	102.3	103.0	99.9	96.0	100.5	102.5
6.畜肉类 Edible Livestock Meat	133.3	129.5	134.9	129.7	134.8	131.0	135.0
7.禽肉类 Poultry	110.4	113.5	111.8	106.7	110.8	108.8	105.5
8.水产品 Aquatic Products	98.0	105.1	100.5	93.6	103.4	98.6	99.2
9.蛋类 Eggs	101.5	100.8	103.6	106.5	102.2	104.0	105.7
10.奶类 Dairy Products	98.7	100.0	99.1	108.2	97.6	102.5	99.6
11.干鲜瓜果类 Dried, Fresh Melons and Fruits	115.2	116.1	111.1	110.0	107.5	103.4	107.5
12.糖果糕点类 Confectioneries	101.1	100.7	101.8	98.2	105.2	104.4	102.0
13.调味品 Flavoring	99.4	101.2	102.2	102.9	103.2	103.8	102.5
14.其他食品类 Other Food	99.9	102.2	101.4	101.5	105.9	101.5	100.9
15.在外餐饮 Dinning Out	102.6	102.3	104.6	102.1	102.6	103.9	104.0

Retail Price Indices by Region and Category(2019)

(preceding year = 100)

铜陵市 Tongling	安庆市 Anqing	桐城市 Tongcheng	黄山市 Huangshan	歙 县 Shexian	滁州市 Chuzhou	阜阳市 Fuyang	阜南县 Funan	宿州市 Suzhou	六安市 Lu'an	金寨县 Jinzhai	亳州市 Bozhou	宣城市 Xuancheng
102.3	**102.3**	**102.3**	**102.2**	**101.9**	**101.7**	**102.0**	**101.7**	**101.7**	**102.2**	**102.5**	**101.7**	**102.5**
106.9	108.6	110.3	108.1	109.1	108.4	107.4	108.3	107.2	108.0	108.0	107.5	107.9
101.3	98.4	100.3	104.1	100.5	98.3	99.8	100.7	100.9	100.0	100.5	100.7	99.1
94.7	101.8	106.7	99.6	107.6	109.4	102.6	98.9	104.5	106.1	93.7	103.8	105.1
100.3	105.7	98.4	98.9	100.0	100.8	102.3	100.8	99.5	102.2	101.2	108.1	102.6
101.8	101.6	111.5	108.6	104.7	104.5	104.3	104.5	100.4	105.5	103.6	97.2	104.5
100.6	104.8	105.0	104.1	106.4	96.4	102.4	100.9	99.2	104.0	100.8	102.3	104.4
130.3	133.3	133.8	129.9	138.2	131.9	130.0	134.5	132.9	135.6	129.3	131.9	132.3
110.0	113.2	117.2	104.7	107.1	106.8	108.4	109.9	110.8	107.1	113.7	107.7	108.1
97.4	98.7	101.6	98.8	96.4	105.4	96.2	96.8	98.9	100.2	100.7	97.7	98.3
105.4	101.3	102.6	102.2	101.6	101.0	100.8	104.0	104.3	106.5	104.1	101.5	105.0
105.0	104.3	99.8	103.2	101.0	99.2	103.0	104.9	101.3	102.8	101.6	99.9	98.9
108.2	113.3	115.3	111.4	118.0	122.2	108.1	110.4	111.9	102.3	110.0	112.4	110.8
97.9	103.0	101.7	101.8	105.4	100.4	100.8	99.9	101.0	101.1	100.7	101.2	101.5
99.1	101.6	99.1	99.3	98.0	99.8	101.3	101.0	99.3	102.9	102.4	102.3	101.4
103.6	100.5	100.0	100.1	100.4	98.6	101.5	101.7	102.0	100.8	102.2	99.5	101.6
102.3	102.6	103.9	104.1	100.5	103.8	103.5	103.9	101.8	102.6	103.8	102.6	104.0

4-9 续表1

指 标 Item	合肥市 Hefei	庐江县 Lujiang	芜湖市 Wuhu	蚌埠市 Bengbu	淮南市 Huainan	马鞍山市 Maanshan	淮北市 Huaibei
二、饮料、烟酒 Tobacco, Liquor and Drinks	101.2	100.0	100.1	101.8	100.7	101.0	100.9
1.茶及饮料 Tea and Other Drinks	102.3	102.3	99.8	101.8	104.5	101.9	102.6
2.烟草 Tobacco	100.0	100.0	100.5	100.0	99.1	100.0	99.3
3.酒类 Liquor	102.1	98.6	99.5	104.3	100.5	102.0	102.1
三、服装、鞋帽 Garments, Shoes and Hats	102.7	100.0	101.1	102.7	103.0	102.6	102.2
1.服装 Garments	103.4	100.9	100.9	101.9	102.9	103.3	102.2
(1)男士服装 Men's Clothing	103.3	102.2	101.2	103.4	102.6	104.7	102.5
(2)女士服装 Women's Clothing	103.5	100.6	101.2	100.9	103.4	102.5	102.1
(3)儿童服装 Children's Clothing	103.6	98.7	99.2	101.8	101.6	103.2	101.6
2.鞋帽袜 Footwear, Socks and Hats	100.5	97.3	101.7	105.9	103.4	100.0	102.6
(1)鞋 Shoes	100.9	97.2	101.8	106.8	103.4	99.9	102.8
(2)袜子 Socks	96.3	97.6	99.1	96.8	104.1	102.3	99.9
(3)帽子 Hats	98.1	100.1	103.6	97.5	102.9	100.0	101.4
3.其他衣着配件 Others	99.2	97.2	102.2	104.6	105.8	101.1	99.1
四、纺织品 Textiles	99.5	102.0	102.2	101.2	102.6	99.6	100.1
1.服装材料 Clothing Material	97.2	100.0	100.0	106.5	100.1	98.2	98.2
2.床上用品 Bed Articles	100.2	102.5	102.9	99.8	103.1	99.9	100.5

Continued 1

铜陵市 Tongling	安庆市 Anqing	桐城市 Tongcheng	黄山市 Huangshan	歙　县 Shexian	滁州市 Chuzhou	阜阳市 Fuyang	阜南县 Funan	宿州市 Suzhou	六安市 Lu'an	金寨县 Jinzhai	亳州市 Bozhou	宣城市 Xuancheng
101.4	100.3	100.3	102.0	101.6	101.5	101.5	99.5	101.7	102.1	100.3	101.1	101.2
102.9	102.1	100.2	106.1	105.7	104.8	101.6	101.7	102.7	105.4	104.2	103.0	100.9
100.6	98.4	100.0	100.0	100.0	100.0	100.0	98.3	100.0	100.4	100.2	100.0	100.0
101.9	101.9	100.7	101.8	101.2	101.1	103.4	100.6	103.5	102.1	98.6	101.4	103.2
102.0	102.7	100.5	102.2	102.1	102.9	102.5	102.6	101.7	101.5	102.6	103.0	102.1
102.8	102.6	101.2	102.6	102.6	103.1	102.9	102.8	101.9	101.1	103.7	103.7	102.5
104.1	102.5	101.7	103.3	101.9	104.7	103.9	103.9	102.1	100.6	102.9	104.7	101.8
101.3	102.7	100.7	102.3	103.5	103.0	102.1	101.9	101.4	101.2	102.8	103.0	103.4
104.9	102.3	102.2	101.7	101.1	99.4	102.9	103.1	102.9	102.3	108.1	104.0	101.0
99.4	102.9	98.1	100.9	100.8	102.5	101.4	101.9	101.0	102.5	100.1	100.1	100.6
98.9	103.1	97.9	100.3	100.9	102.7	101.9	101.9	101.0	102.8	100.0	100.0	100.9
105.5	100.6	99.9	108.2	100.1	100.8	95.9	103.8	101.0	99.5	99.8	101.4	96.7
98.2	102.1	101.1	104.1	99.5	102.0	100.5	100.0	101.9	99.0	102.8	99.3	100.6
98.1	100.1	98.3	98.2	99.7	99.5	101.1	102.5	104.8	100.7	100.9	103.9	104.0
99.2	100.9	101.2	99.7	102.5	99.2	103.0	102.0	102.2	99.8	101.0	99.6	102.4
100.0	100.6	100.0	100.0	110.2	98.0	100.6	104.4	103.2	96.6	100.0	100.0	100.0
99.0	101.0	101.4	99.7	100.3	99.4	103.5	101.4	101.8	100.6	101.2	99.5	103.1

4-9 续表 2

指　标 Item	合肥市 Hefei	庐江县 Lujiang	芜湖市 Wuhu	蚌埠市 Bengbu	淮南市 Huainan	马鞍山市 Maanshan	淮北市 Huaibei
五、家用电器及音像器材 Electric Household Appliance and Audio-video Apparatus	98.2	98.0	98.4	99.2	101.2	100.4	99.5
1.家庭设备 Household Facilities	99.4	99.2	98.9	101.1	104.0	100.9	100.1
2.文娱耐用消费品 Durable Consumer Goods for Entertainment	96.5	95.6	97.8	96.2	97.7	99.9	98.6
3.专业音像器材 Audio-video Apparatus	99.0	98.2	98.3	98.3	98.4	98.2	98.3
六、文化办公用品 Cultural and Official Goods	98.9	99.3	99.3	97.6	98.8	99.2	98.5
七、日用品 Articles for Daily Use	100.0	102.9	102.5	99.8	101.6	98.6	101.2
1.日用百货 General Merchandise for Daily Use	98.6	101.2	102.6	102.1	100.1	97.9	100.4
2.厨具、餐具、茶具 Kitchenware, Tableware, Tea set	100.2	99.7	100.8	101.3	104.6	101.5	100.8
3.清洗用品 Washing and Cleaning Goods	102.7	107.3	106.8	92.3	101.6	96.7	104.8
4.其他日用品 Other Daily-use Goods	100.2	103.5	99.7	101.9	102.3	100.4	99.7
八、体育娱乐用品 Sports and Entertainment Goods	99.3	101.9	100.7	99.1	100.2	101.4	99.5
1.体育户外用品 Sports Goods	98.9	100.3	99.2	102.0	101.7	103.8	98.9
2.娱乐用品 Recreational Goods	99.4	102.1	100.9	98.7	99.9	101.0	99.7
九、交通、通信用品 Traffic and Communication Goods	96.0	96.9	96.5	96.8	99.1	97.8	98.1
1.交通运输机械 Traffic and Transport Machinery	96.0	97.1	96.6	97.0	100.2	98.2	98.8
2.通信器材 Communication Apparatus	96.2	96.2	96.2	96.2	96.3	96.3	96.2
十、家具 Furniture	101.6	100.5	100.9	101.1	102.5	99.3	100.6

Continued 2

铜陵市 Tongling	安庆市 Anqing	桐城市 Tongcheng	黄山市 Huangshan	歙　县 Shexian	滁州市 Chuzhou	阜阳市 Fuyang	阜南县 Funan	宿州市 Suzhou	六安市 Lu' an	金寨县 Jinzhai	亳州市 Bozhou	宣城市 Xuancheng
100.9	99.1	102.8	100.1	98.1	98.8	101.9	99.9	98.5	102.8	99.4	98.6	101.5
99.9	100.0	102.7	99.8	99.0	98.4	102.4	100.5	98.6	102.6	100.9	99.5	101.8
102.1	97.5	103.2	100.8	96.4	99.6	101.4	99.0	98.4	103.7	96.7	96.5	101.3
98.4	98.4	98.2	98.3	98.4	98.3	98.2	98.3	98.2	98.3	98.2	98.3	98.3
98.7	98.1	98.0	97.2	99.1	98.1	97.6	98.6	98.2	98.1	99.0	98.9	98.2
101.7	103.1	100.7	98.5	98.4	98.7	101.0	99.3	101.7	100.7	101.4	101.2	100.7
102.1	102.4	99.0	98.5	95.9	96.9	100.2	100.5	102.8	99.1	101.4	97.9	99.6
102.3	100.6	99.9	97.2	99.8	98.2	99.0	98.5	101.8	101.6	103.7	101.4	98.1
103.1	110.0	105.6	93.4	99.4	101.0	107.0	95.1	101.1	102.7	100.0	103.9	106.0
100.0	100.4	100.7	101.6	100.8	99.9	99.3	100.8	99.6	100.9	101.0	102.9	100.1
102.5	101.2	100.4	100.5	101.0	97.3	99.1	101.6	100.6	100.0	101.0	98.9	98.9
102.9	104.3	100.1	98.4	99.8	98.5	99.6	99.3	102.1	100.3	102.8	101.6	96.7
102.4	100.7	100.4	100.9	101.1	97.0	99.0	101.9	100.3	99.9	100.9	98.5	99.3
97.8	98.3	97.9	99.1	97.4	96.7	97.8	98.1	97.0	97.1	97.5	97.4	98.0
98.0	98.8	98.3	99.9	97.8	96.8	98.4	98.6	97.2	97.4	97.9	97.8	98.6
96.6	96.4	96.2	96.2	96.1	96.5	96.5	96.2	96.3	96.3	96.4	96.3	96.4
100.5	100.5	101.2	100.0	102.3	96.9	100.6	101.1	102.4	100.5	103.5	103.6	101.9

4-9 续表3

指 标 Item	合肥市 Hefei	庐江县 Lujiang	芜湖市 Wuhu	蚌埠市 Bengbu	淮南市 Huainan	马鞍山市 Maanshan	淮北市 Huaibei
十一、化妆品 Cosmetics	101.5	104.8	101.4	103.4	101.8	105.3	100.4
十二、金银饰品 Gold and Silver Jewels	108.7	107.5	106.8	108.3	102.6	106.7	106.3
十三、中西药品及医疗保健用品 Chinese and Western Medicines, Health Supplies	102.7	100.3	104.7	100.4	103.4	104.2	104.4
1.医疗卫生器具 Medical Appliance	108.4	100.9	100.7	99.0	103.6	100.0	100.0
2.中药 Traditional Chinese Medicine	102.3	101.5	108.7	101.1	102.6	104.6	105.4
3.西药 Western Medicine	103.5	99.6	102.4	100.5	103.4	106.4	106.7
4.保健器具及用品 Health Care Appliance and Articles	99.2	101.7	108.3	100.1	103.9	100.3	99.6
十四、书报杂志及电子出版物 Books, Newspapers, Magazines and Electronic Publications	101.8	101.5	99.7	101.6	101.2	101.4	100.9
1.教材及参考书 Texts and Reference Books	103.1	103.9	102.0	102.7	104.1	102.9	103.8
2.书报杂志 Books, Newspapers and Magazines	99.6	96.3	96.8	99.6	96.3	99.6	96.3
3.计算机办公软件 Office Softwares	102.2	102.0	102.0	102.0	102.0	102.0	102.0
十五、燃料 Fuels	98.9	97.3	99.2	96.5	98.4	98.2	99.3
1.煤炭及制品 Coal and Its Products	104.2	100.7	97.5	98.8	102.8	100.0	106.9
2.石油及制品 Oil and Its Products	98.3	96.3	99.4	96.1	96.5	97.8	96.5
十六、建筑材料及五金电料 Building Materials and Hardwares	101.0	101.0	101.3	99.5	101.8	101.3	101.0
1.建筑装潢材料 Building Decoration Materials	100.5	101.3	101.4	99.1	100.9	99.9	101.1
2.五金水暖 Hardware and Plumbing	103.6	99.4	101.2	100.8	103.5	104.7	100.8

Continued 3

铜陵市 Tongling	安庆市 Anqing	桐城市 Tongcheng	黄山市 Huangshan	歙　县 Shexian	滁州市 Chuzhou	阜阳市 Fuyang	阜南县 Funan	宿州市 Suzhou	六安市 Lu'an	金寨县 Jinzhai	亳州市 Bozhou	宣城市 Xuancheng
101.8	102.0	102.1	104.5	98.3	100.6	102.4	99.0	103.4	100.5	102.9	103.1	104.4
109.5	106.4	101.4	106.8	106.0	109.7	110.5	108.9	108.7	108.7	106.7	106.4	108.1
103.9	100.6	101.0	100.0	104.1	103.0	100.4	104.7	100.7	105.2	105.2	102.0	103.7
99.1	103.2	100.0	103.0	99.3	100.0	104.9	100.6	100.9	100.2	100.0	101.1	103.1
106.9	103.6	104.5	103.6	101.0	102.8	103.6	103.3	103.0	105.1	108.1	101.2	99.7
105.0	99.1	101.1	98.8	105.4	104.4	98.6	106.6	100.0	107.0	106.1	101.2	104.6
101.1	100.3	98.1	100.2	104.8	101.1	100.0	100.3	100.7	102.8	100.2	105.4	104.5
101.0	101.3	101.7	104.5	101.2	100.0	103.2	102.0	101.5	101.3	101.8	101.8	102.7
102.9	102.9	103.0	104.7	102.3	101.9	104.9	103.0	102.3	103.5	103.1	102.8	104.0
96.3	96.3	99.6	104.6	99.6	96.3	99.6	99.6	100.4	96.3	99.6	99.6	99.6
102.0	102.0	102.0	102.0	102.0	102.0	102.0	102.0	102.0	102.0	102.0	102.0	102.0
103.0	98.2	99.0	99.1	95.8	95.5	95.1	93.8	96.0	97.9	96.8	95.4	99.4
121.0	100.2	100.3	103.2	101.4	100.2	99.2	99.0	102.1	103.8	100.1	100.0	107.0
97.7	97.9	98.5	98.2	93.4	94.7	94.2	91.7	93.6	96.1	95.7	92.4	97.7
101.4	101.3	100.4	100.8	100.7	101.3	101.2	100.5	101.0	100.0	102.2	99.0	100.3
100.1	101.3	100.6	100.0	100.7	101.6	101.0	100.5	100.9	99.2	102.5	98.5	100.6
104.7	101.3	99.9	102.8	100.4	100.8	101.8	100.8	101.3	104.1	100.7	100.5	98.0

4-10 农业生产资料价格分类指数
Price Indices of Means of Agricultural Production by Category

上年=100 (preceding year=100)

指 标	Item	2016	2017	2018	2019
农业生产资料价格指数	**Price Index of Means of Agricultural Production**	**99.4**	**101.3**	**101.5**	**102.3**
一、农用手工工具	Agricultural Craft Tool	103.7	103.1	102.8	102.4
二、饲料	Forage	94.5	102.4	100.8	100.8
三、仔畜幼禽及产品畜	Young Animal,Poult and Animal Products	132.3	81.3	77.0	142.7
四、半机械化农具	Semi-mechanized Farm Tools	99.7	101.2	101.2	99.8
五、机械化农具	Mechanized Farm Machinery	101.9	101.4	100.3	98.9
六、化学肥料	Chemical Fertilizer	94.8	105.5	108.3	100.5
氮肥	Nitrogenous Fertilizer	89.6	115.5	115.1	100.0
磷肥	Phosphatic Fertilizer	96.5	99.8	103.7	102.7
钾肥	Potassic Fertilizer	94.4	99.7	103.4	100.7
复合肥料	Complex Fertilizer	97.3	102.5	106.1	100.5
七、农药及农药器械	Pesticide and Its Appliances	98.9	100.3	101.3	101.3
化学农药	Chemical Pesticide	99.0	100.4	101.3	101.4
农药器械	Pesticide Appliances	98.7	98.7	101.2	99.6
八、农机用油	Oil for Farm Machinery	95.3	110.9	113.1	94.1
九、其他农业生产资料	Other Means of Agricultural Productions	100.1	102.5	99.8	100.6
农用种子	Agricultural Seeds	101.1	102.9	99.6	100.8
十、农业生产服务	Agricultural Production Service	102.4	100.7	100.4	101.3

注:1."仔畜幼禽及产品畜"2016年以前为"产品畜"。

2."农机用油"2016年以前为"农用机油"。

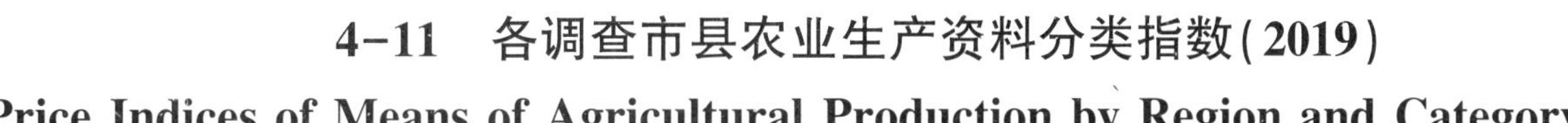

4-11 各调查市县农业生产资料分类指数(2019)
Price Indices of Means of Agricultural Production by Region and Category(2019)

上年=100 (preceding year=100)

指标 Item	庐江县 Lujiang	桐城市 Tongcheng	歙县 Shexian	阜南县 Funan	金寨县 Jinzhai
农业生产资料价格指数 Price Index of Means of Agricultural Production	**102.4**	**102.2**	**101.6**	**103.2**	**101.7**
一、农用手工工具 Agricultural Craft Tool	100.0	102.9	105.0	102.6	100.9
二、饲料 Forage	100.5	102.1	95.5	105.2	100.1
三、仔畜幼禽及产品畜 Young Animal,Poult and Animal Products	129.5	128.7	179.7	159.8	150.2
四、半机械化农具 Semi-mechanized Farm Tools	100.0	99.5	101.9	100.0	97.1
五、机械化农具 Mechanized Farm Machinery	99.6	98.9	99.5	98.7	96.5
六、化学肥料 Chemical Fertilizer	104.4	97.9	99.3	101.4	99.0
氮肥 Nitrogenous Fertilizer	106.5	94.4	96.6	101.8	100.0
磷肥 Phosphatic Fertilizer	107.7	100.0	104.7	100.8	100.0
钾肥 Potassic Fertilizer	101.4	100.0	100.3	100.4	101.3
复合肥料 Complex Fertilizer	103.1	99.4	100.0	101.4	98.0
七、农药及农药器械 Pesticide and Its Appliances	101.3	100.5	104.0	101.1	99.8
化学农药 Chemical Pesticide	101.3	100.5	104.7	101.2	99.8
农药器械 Pesticide Appliances	100.3	101.2	95.0	100.0	100.0
八、农机用油 Oil for Farm Machinery	93.3	95.2	93.1	94.3	94.1
九、其他农业生产资料 Other Means of Agricultural Productions	99.9	99.4	100.9	100.4	103.1
农用种子 Agricultural Seeds	99.8	98.8	102.1	100.5	103.9
十、农业生产服务 Agricultural Production Service	100.0	108.2	100.0	100.1	99.6

注:1."仔畜幼禽及产品畜"2016年以前为"产品畜"。
2."农机用油"2016年以前为"农用机油"。

4-12 分月农业生产资料价格指数（2019）

上年同月＝100

指　　标	Item	1月 January	2月 February
农业生产资料价格指数	**Price Index of Agricultural Means of Production**	**100.1**	**100.3**
一、农用手工工具	Agricultural Craft Tool	102.7	102.5
二、饲料	Forage	100.8	100.6
三、仔畜幼禽及产品畜	Young Animal, Poult and Animal Products	87.1	90.4
四、半机械化农具	Semi-mechanized Farm Tools	100.1	99.9
五、机械化农具	Mechanized Farm Machinery	98.5	98.4
六、化学肥料	Chemical Fertilizer	102.3	102.0
氮肥	Nitrogenous Fertilizer	103.8	103.4
磷肥	Phosphatic Fertilizer	103.1	103.3
钾肥	Potassic Fertilizer	101.8	101.1
复合肥料	Complex Fertilizer	101.5	101.2
七、农药及农药器械	Pesticide and Its Appliances	102.1	102.1
化学农药	Chemical Pesticide	102.1	102.1
农药器械	Pesticide Appliances	101.7	101.7
八、农机用油	Oil for Farm Machinery	94.1	95.8
九、其他农业生产资料	Other Means of Agricultural Production	99.7	99.7
农用种子	Agricultural Seeds	99.4	99.4
十、农业生产服务	Agricultural Production Service	101.7	101.7

注：1.“仔畜幼禽及产品畜”2016年以前为“产品畜”。
2.“农机用油”2016年以前为“农用机油”。

Price Indices of Means of Agricultural Production by Month (2019)

(the same month last year=100)

3月 March	4月 April	5月 May	6月 June	7月 July	8月 August	9月 September	10月 October	11月 November	12月 December
100.7	**101.1**	**101.3**	**101.5**	**101.7**	**101.8**	**101.9**	**102.0**	**102.2**	**102.3**
102.6	102.7	102.7	102.6	102.6	102.6	102.6	102.6	102.5	102.4
100.9	100.7	100.5	100.4	100.7	100.8	100.9	100.9	100.9	100.8
95.6	103.7	111.0	116.3	119.1	121.5	124.9	129.7	136.7	142.7
99.8	99.8	99.8	99.8	99.8	99.7	99.7	99.7	99.7	99.8
98.2	98.1	98.2	98.4	98.5	98.6	98.7	98.8	98.9	98.9
101.8	101.8	101.8	101.6	101.7	101.6	101.5	101.3	100.9	100.5
103.4	103.8	103.6	103.2	103.0	102.8	102.4	101.6	100.8	100.0
103.3	103.2	103.2	103.2	103.3	103.3	103.2	103.0	102.8	102.7
100.7	100.6	100.6	100.6	100.6	100.7	100.7	100.7	100.7	100.7
100.8	100.7	100.7	100.7	100.8	100.9	100.9	100.9	100.8	100.5
102.1	102.0	101.9	101.9	101.8	101.7	101.7	101.5	101.4	101.3
102.2	102.1	102.0	101.9	101.9	101.9	101.8	101.7	101.5	101.4
101.7	101.3	101.1	100.8	100.5	100.2	100.0	99.9	99.7	99.6
98.4	99.1	98.8	97.7	96.7	95.9	95.0	93.9	93.5	94.1
99.9	100.1	100.2	100.3	100.4	100.5	100.5	100.5	100.6	100.6
99.6	99.9	100.1	100.3	100.4	100.5	100.6	100.6	100.7	100.8
101.7	101.7	101.8	101.8	101.8	101.8	101.8	101.6	101.5	101.3

4-13 工业生产者出厂价格分类指数(1993—2019)
Producer Price Indices for Industrial Products by Category(1993—2019)

上年=100 (preceding year=100)

年 份 Year	工业生产者出厂价格指数 Producer Price Indices for Industrial Products	轻工业 Light Industry	以农产品为原料 Agricultural Products as Raw Materials	以非农产品为原料 Non-agricultural Products as Raw Materials	重工业 Heavy Industry	采掘 Mining & Quarrying Industry	原料 Raw Materials Industry	加工 Processing Industry	生产资料 Means of Production	生活资料 Consumer Goods
1993	125.3	109.1	109.3	108.3	143.6	135.1	161.7	121.5	140.0	109.0
1994	120.9	125.3	129.0	113.2	116.3	117.3	112.6	120.1	116.9	125.7
1995	117.2	124.0	126.4	115.7	110.1	116.0	104.4	115.0	113.2	121.9
1996	101.5	99.9	100.3	99.0	103.5	113.8	103.1	101.9	102.7	100.5
1997	99.3	99.1	99.4	98.7	99.4	99.3	100.2	98.5	98.9	100.1
1998	96.4	96.4	96.7	96.1	96.1	92.1	96.0	97.0	95.7	97.1
1999	95.9	94.4	94.1	96.4	97.3	94.2	97.9	97.2	96.9	94.5
2000	98.9	95.7	95.4	97.6	102.1	101.0	106.1	97.7	102.1	93.7
2001	98.6	96.9	96.9	97.1	100.2	105.2	99.0	100.2	99.8	96.3
2002	99.8	97.5	97.1	98.7	101.6	115.4	99.2	100.0	100.1	99.3
2003	103.5	101.7	102.7	100.7	104.9	102.4	107.2	103.8	105.3	98.9
2004	108.2	104.6	106.5	102.7	110.9	116.7	115.6	106.5	110.9	101.4
2005	103.3	99.0	99.6	98.5	106.3	112.2	111.3	101.3	105.0	98.7
2006	103.1	99.8	99.7	99.8	105.1	98.0	115.2	99.9	104.6	98.4
2007	103.6	103.4	103.8	103.0	103.8	104.2	102.9	104.3	103.7	103.3
2008	108.4	105.4	107.1	103.8	110.1	119.0	104.9	111.7	109.3	105.4
2009	92.8	97.0	97.9	96.2	90.5	95.4	90.3	89.5	91.4	97.8
2010	109.0	104.8	106.4	103.2	111.4	111.0	116.6	108.1	110.9	103.0
2011	108.3	107.7	109.9	103.6	108.5	104.8	110.9	107.7	109.2	105.6
2012	98.3	101.4	101.3	101.5	97.1	96.9	99.3	96.1	97.0	101.7
2013	98.2	101.5	102.2	100.1	96.9	92.9	96.9	97.4	96.9	101.5
2014	97.4	100.4	100.8	99.8	96.3	90.1	95.9	97.2	96.2	100.7
2015	93.9	99.6	99.5	100.0	91.8	81.1	91.2	93.3	91.7	100.2
2016	95.5	99.1	99.4	98.6	98.2	98.8	96.3	98.8	98.1	99.4
2017	108.0	101.8	102.2	101.3	110.7	126.4	114.4	108.0	110.8	101.1
2018	103.0	100.9	101.0	100.8	103.9	99.6	106.5	103.5	103.9	100.7
2019	100.3	100.0	100.7	99.0	100.5	108.8	99.6	100.0	100.1	100.9

4-14 分月工业生产者出厂价格指数(2019)
Producer Price Indices for Industrial Products by Month(2019)

上年同月=100 (the same month last year=100)

类别	Item	全年 Total	1月 January	2月 February	3月 March	4月 April	5月 May	6月 June
工业生产者出厂价格指数	**Producer Price Indices for Industrial Products**	**100.3**	**99.9**	**99.8**	**100.4**	**100.8**	**101.0**	**100.8**
轻工业	Light Industry	100.0	100.2	99.9	99.9	99.7	99.8	99.8
以农产品为原料	Using Farm Produces as Raw Materials	100.7	100.3	100.3	100.1	100.3	100.4	100.5
以非农产品为原料	Using Non-farm Produces as Raw Materials	99.0	100.1	99.4	99.5	99.0	98.8	98.9
重工业	Heavy Industry	100.5	99.7	99.7	100.7	101.3	101.6	101.2
采掘	Mining and Quarrying	108.8	104.7	99.0	101.6	103.7	110.8	116.8
原料	Raw Material	99.6	98.4	99.3	100.5	100.6	100.9	99.9
加工	Processing	100.0	99.7	99.9	100.6	101.3	100.9	100.2
生产资料	Means of Production	100.1	99.6	99.6	100.4	101.0	101.1	100.8
采掘	Mining and Quarrying	108.8	104.7	99.0	101.6	103.7	110.8	116.8
原料	Raw Material	99.2	98.4	99.4	100.2	100.4	100.5	99.5
加工	Processing	99.6	99.6	99.8	100.3	100.9	100.4	99.8
生活资料	Consumer Goods	100.9	100.5	100.1	100.5	100.5	100.7	100.7
食品	Food	101.6	99.9	99.8	100.0	100.4	101.1	101.3
衣着	Clothing	102.3	102.9	102.7	103.1	102.6	102.6	102.3
一般日用品	Articles for Daily Use	100.6	100.5	99.7	100.9	100.4	100.5	100.5
耐用消费品	Durable Consumer Goods	99.8	100.6	100.0	100.3	100.0	99.8	99.5

4-14 续表 Continued

类别	Item	7月 July	8月 August	9月 September	10月 October	11月 November	12月 December
工业生产者出厂价格指数	**Producer Price Indices for Industrial Products**	**100.9**	**100.4**	**100.0**	**99.8**	**99.8**	**100.7**
轻工业	Light Industry	99.7	99.6	99.9	100.1	100.5	100.6
以农产品为原料	Using Farm Produces as Raw Materials	100.3	100.5	100.8	101.1	101.7	101.8
以非农产品为原料	Using Non-farm Produces as Raw Materials	98.9	98.4	98.7	98.8	98.9	98.9
重工业	Heavy Industry	101.4	100.7	100.0	99.7	99.4	100.7
采掘	Mining and Quarrying	115.3	115.4	111.1	109.3	108.8	110.3
原料	Raw Material	100.1	99.1	98.7	98.2	98.8	100.4
加工	Processing	100.4	99.8	99.4	99.2	98.7	99.8
生产资料	Means of Production	101.0	100.2	99.5	99.1	98.9	100.2
采掘	Mining and Quarrying	115.3	115.4	111.1	109.3	108.8	110.3
原料	Raw Material	99.7	98.6	98.1	97.5	98.2	99.9
加工	Processing	100.1	99.4	98.9	98.6	98.2	99.3
生活资料	Consumer Goods	100.5	100.7	101.3	101.6	101.9	101.8
食品	Food	101.3	102.0	102.7	103.2	103.7	103.6
衣着	Clothing	102.1	102.1	101.9	101.7	102.1	102.0
一般日用品	Articles for Daily Use	100.2	99.9	100.7	101.3	101.1	101.0
耐用消费品	Durable Consumer Goods	99.3	99.1	99.6	99.8	100.1	100.0

4-15 分行业工业生产者出厂价格指数(2019)

上年同月=100

类 别	Item	全 年 Total	1月 January
总指数	**General Index**	**100.3**	**99.9**
煤炭开采和洗选业	Coal Mining and Selecting Industry	104.6	105.8
烟煤和无烟煤开采洗选	Bituminous Coal, Anthracite Coal Mining and Dressing	104.6	105.8
黑色金属矿采选业	Ferrous Metal Mineral Mining and Selecting Industry	124.2	101.3
铁矿采选	Iron Mineral Mining and Selecting	124.2	101.3
有色金属矿采选业	Non-ferrous Metal Mineral Mining and Selecting Industry	101.3	101.3
常用有色金属矿采选	Regular Non-ferrous Metal Mineral Mining and Selecting	100.9	101.4
贵金属矿采选	Precious Metal Mineral Mining and Selecting Industry	104.2	100.4
非金属矿采选业	Non-Metal Mineral Mining and Selecting Industry	108.0	108.7
土砂石开采	Gravel Mining and Selecting	109.0	109.5
化学矿开采	Chemical Mineral Mining and Selecting	95.0	97.2
采盐	Salt Mining	105.7	107.9
石棉及其他非金属矿采选	Asbestos and Other Non-Metal Mineral Mining and Selecting	101.9	104.6
农副食品加工业	Agricultural Byproducts Processing Industry	100.3	98.3
谷物磨制	Grinding Grain	97.4	96.5
饲料加工	Forage Processing	95.7	95.8
植物油加工	Planting-oil Processing	100.6	98.2
屠宰及肉类加工	Meat Slaughtering and Processing	111.8	102.2
水产品加工	Fishery Products Processing	96.2	109.6
蔬菜、水果和坚果加工	Vegetable, Fruit and Nut Processing	100.8	100.8
其他农副食品加工	Other Agricultural Byproducts Processing	101.3	101.4
食品制造业	Food Manufacturing Industry	103.3	104.1
焙烤食品制造	Baked Food Manufacturing	101.4	101.4
糖果、巧克力及蜜饯制造	Candy, Chocolate and Preserved Fruit Manufacturing	102.5	100.7
方便食品制造	Convenient Food Manufacturing	106.4	107.4
乳制品制造	Dairy Products Manufacturing	103.9	105.2
罐头食品制造	Canning Food Manufacturing	103.0	108.1
调味品、发酵制品制造	Condiment, Ferments Products Manufacturing	100.6	97.4
其他食品制造	Other Food Manufacturing	101.8	101.0
酒、饮料和精制茶制造业	Beverage Manufacturing Industry	101.0	99.2
酒的制造	Wine Manufacturing	99.6	97.8
饮料制造	Beverage Manufacturing	101.9	102.9
精制茶加工	Refined Tea Processing	105.0	98.3
烟草制品业	Tobacco Products Industry	102.4	100.1

Producer Price Indices for Industrial Products by Sector (2019)

(the same month last year = 100)

2月 February	3月 March	4月 April	5月 May	6月 June	7月 July	8月 August	9月 September	10月 October	11月 November	12月 December
99.8	**100.4**	**100.8**	**101.0**	**100.8**	**100.9**	**100.4**	**100.0**	**99.8**	**99.8**	**100.7**
100.1	101.1	100.9	107.3	109.5	104.0	107.0	105.4	104.4	104.9	104.8
100.1	101.1	100.9	107.3	109.5	104.0	107.0	105.4	104.4	104.9	104.8
105.3	110.9	121.5	128.9	145.8	155.6	138.6	125.9	123.5	116.9	121.9
105.3	110.9	121.5	128.9	145.8	155.6	138.6	125.9	123.5	116.9	121.9
101.2	101.4	101.9	101.4	100.4	100.6	101.6	101.6	101.2	101.5	101.2
101.0	101.3	102.1	101.5	100.1	100.0	100.9	101.0	100.6	100.8	100.6
103.1	102.2	100.1	100.9	103.1	105.5	107.5	107.5	106.3	107.8	105.8
108.5	108.8	108.4	109.7	109.4	108.4	108.5	107.7	107.0	105.8	105.5
109.3	109.9	109.6	110.9	110.6	109.4	109.4	108.6	107.9	106.9	106.8
97.3	94.7	92.4	95.4	95.2	95.5	97.2	95.5	95.9	94.0	89.4
105.6	104.1	104.1	107.4	106.9	105.6	105.7	105.6	105.6	104.8	104.7
104.7	103.3	103.1	102.1	102.2	102.1	102.8	103.1	100.8	97.5	96.9
98.1	98.3	98.4	98.9	99.6	99.9	100.4	101.3	102.4	104.1	104.5
96.2	96.4	96.4	96.7	97.8	98.0	97.6	98.0	98.3	98.2	98.4
95.5	93.2	92.2	93.4	95.7	96.9	97.3	96.8	96.5	96.1	99.7
98.4	99.1	99.2	99.3	99.5	99.8	100.9	100.2	101.5	103.8	106.9
102.3	104.4	105.6	106.4	106.7	106.5	110.3	114.8	122.2	130.8	127.8
109.0	110.2	108.3	104.0	94.2	89.3	88.5	90.0	85.3	86.3	86.1
101.0	100.4	100.7	103.0	102.3	103.7	101.9	102.2	97.3	98.1	98.6
101.6	101.3	101.0	101.4	101.5	101.2	101.5	101.3	100.9	101.4	101.1
103.9	103.2	104.3	104.1	103.8	103.2	102.8	103.0	103.0	102.4	102.4
101.6	101.4	101.7	100.5	100.1	100.2	101.2	102.2	102.2	102.1	101.7
100.8	101.9	103.1	103.6	103.5	102.8	103.2	103.1	102.6	102.4	102.3
107.0	106.7	107.0	107.1	108.2	107.1	106.4	106.0	105.7	104.5	104.4
104.8	103.4	106.4	106.3	104.8	104.1	102.9	101.0	102.9	101.7	102.9
108.5	105.9	106.2	104.2	103.1	102.0	100.4	101.2	100.0	99.1	97.8
97.9	97.3	99.5	102.4	100.4	98.8	99.9	103.2	103.5	103.2	104.2
100.4	100.3	101.6	101.7	101.8	102.1	102.0	102.6	102.4	102.5	102.6
99.7	99.2	100.7	101.6	101.7	102.0	103.2	102.6	101.5	100.5	100.5
98.6	98.1	98.6	99.7	100.2	100.4	102.4	102.2	100.3	98.4	99.0
103.0	102.2	102.4	102.4	102.3	101.9	101.5	101.1	101.2	101.2	100.6
98.5	98.3	105.8	107.8	106.5	108.7	109.6	106.3	106.8	107.4	106.2
100.1	100.1	100.1	103.5	103.5	103.5	103.5	103.5	103.5	103.5	103.5

4-15 续表 1

类 别	Item	全 年 Total	1月 January
烟叶复烤	Tobacco Redrying	108.1	108.5
卷烟制造	Cigarette Manufacturing	102.4	100.0
其他烟草制品制造	Other Tobacco Products Manufacturing	100.3	100.1
纺织业	Textile Industry	98.1	100.9
棉纺织及印染精加工	Cotton Textile and Refined Processing	98.8	102.0
毛纺织及染整精加工	Wool Textile and Refined Processing	101.4	102.7
麻纺织及染整精加工	Hemp Textile and Refined Processing	109.1	116.8
丝绢纺织及印染精加工	Silk Textile and Refined Processing	95.0	102.2
化纤织造及印染精加工	Chemical Fiber and Refined Processing	93.1	95.9
针织或钩针编织物及其制品制造	Knitted Fabric or Crochet Article and Its Products Manufacturing	98.9	102.4
家用纺织制成品制造	Household Textile Products Manufacturing	102.3	103.2
产业用纺织制成品制造	Industrial Textiles Products Manufacturing	92.0	91.0
纺织服装、服饰业	Textile and Clothing Industry	102.4	103.2
机织服装制造	Woven Clothing Manufacturing	102.8	103.4
针织或钩针编织服装制造	Knitted or Crochet Clothing Manufacturing	98.3	100.1
服饰制造	Textile Clothing Manufacturing	102.5	103.1
皮革、毛皮、羽毛及其制品和制鞋业	Leather, Furriery, Feather and Its Products Industry & Shoe Industry	103.6	102.9
皮革鞣制加工	Leather Processing	99.8	101.3
皮革制品制造	Leather Product Manufacturing	101.0	100.7
羽毛(绒)加工及制品制造	Feather Processing and Its Products Manufacturing	104.7	104.0
制鞋业	Shoe Industry	104.0	102.6
木材加工和木、竹、藤、棕、草制品业	Timber Processing, Bamboo, Cane, Palm Fiber and Straw Products	101.4	100.1
木材加工	Wood Processing	101.9	102.8
人造板制造	Artificial Panel Manufacturing	101.9	99.9
木制品制造	Timber Product Manufacturing	99.9	98.9
竹、藤、棕、草等制品制造	Bamboo, Cane, Palm Fiber and Straw Product Manufacturing	100.8	101.5
家具制造业	Furniture Manufacturing Industry	102.1	102.5
木质家具制造	Timber Furniture Manufacturing	101.0	101.4
竹、藤家具制造	Bamboo and Cane Furniture Manufacturing	105.6	109.6
金属家具制造	Metal Furniture Manufacturing	102.0	100.9
其他家具制造	Other Furniture Manufacturing	105.0	104.3
造纸和纸制品业	Paper Making and Paper Products Industry	96.0	100.3
造纸	Paper Making	94.3	99.6
纸制品制造	Paper Products Manufacturing	98.6	101.2
印刷和记录媒介复制业	Printing and Record Medium Reproduction Industry	98.9	100.1

Continued 1

2月 February	3月 March	4月 April	5月 May	6月 June	7月 July	8月 August	9月 September	10月 October	11月 November	12月 December
108.5	108.5	108.5	108.5	108.5	108.5	108.5	108.5	108.5	108.5	104.2
100.0	100.0	100.0	103.5	103.5	103.5	103.5	103.5	103.5	103.5	103.5
100.1	100.1	100.1	100.0	100.0	100.0	100.0	100.8	100.8	100.7	100.7
100.4	100.0	99.7	98.9	97.8	97.1	96.6	96.5	96.5	96.3	96.3
102.2	102.0	101.2	100.3	99.5	97.9	96.9	96.7	96.4	95.7	94.9
103.1	103.2	103.9	104.2	101.3	101.0	99.2	99.4	99.5	99.1	101.2
113.5	113.7	114.7	108.8	108.6	106.8	107.7	106.4	106.2	104.6	103.7
99.6	95.7	94.2	92.5	91.0	92.1	92.2	92.7	93.7	96.5	98.8
94.3	94.3	94.4	94.6	93.7	91.8	91.1	91.2	92.4	91.7	92.0
101.1	101.0	101.1	99.9	99.3	98.0	96.7	95.0	95.2	99.7	98.4
102.8	102.5	103.0	103.3	102.2	102.3	102.0	102.0	101.5	101.3	101.0
91.0	91.5	92.1	92.3	90.6	91.5	92.6	92.5	93.0	92.0	94.2
103.2	103.7	102.8	102.6	102.3	102.1	102.2	102.0	101.6	101.8	101.8
103.6	104.1	103.2	103.0	102.7	102.6	102.7	102.4	101.9	102.1	101.9
99.7	99.7	99.2	99.1	98.6	97.3	96.6	95.9	98.0	97.6	98.3
101.7	102.4	101.2	101.4	100.8	102.0	102.3	102.9	103.3	104.2	105.1
103.6	103.5	104.5	104.2	104.1	103.4	103.1	103.9	103.7	103.4	103.4
102.0	100.9	102.3	100.9	99.6	99.2	98.8	99.1	99.8	97.5	96.5
101.0	101.3	101.9	101.7	101.5	100.5	100.4	100.4	100.5	100.8	101.2
105.7	105.5	106.6	105.5	105.3	104.0	103.6	104.8	104.3	103.7	103.6
101.7	101.4	102.3	103.7	104.3	104.8	104.7	105.4	105.6	105.5	105.5
100.4	100.5	100.6	100.7	101.5	101.8	101.8	102.1	102.2	102.4	102.7
102.2	101.6	102.0	102.0	101.4	101.5	101.8	101.8	101.9	101.4	102.1
100.4	100.5	100.7	100.8	102.1	102.5	102.6	103.1	103.2	103.6	103.6
99.1	99.5	99.6	99.8	100.1	100.2	100.1	100.0	100.2	100.3	101.3
101.8	101.4	101.1	101.0	101.1	100.6	99.8	100.0	100.2	100.3	100.4
102.7	102.6	102.9	101.9	102.8	102.6	101.9	101.2	101.4	101.8	101.4
101.7	101.4	101.7	100.3	101.3	101.3	100.9	100.1	100.4	100.7	100.3
108.9	109.5	109.5	109.6	111.3	107.5	103.6	102.0	98.8	99.2	99.2
102.0	101.9	101.7	101.4	101.8	102.0	101.4	102.5	102.5	103.2	102.9
103.7	104.0	105.4	104.2	104.7	105.6	105.4	104.1	106.3	106.1	105.7
101.4	99.1	98.0	96.1	94.6	93.7	93.2	93.1	92.8	95.1	94.9
101.5	97.8	96.3	93.8	91.6	90.7	90.5	90.7	90.7	94.7	94.6
101.1	101.0	100.5	99.8	99.4	98.3	97.4	96.9	96.0	95.7	95.4
99.3	98.6	98.2	98.0	98.1	98.7	98.8	98.9	99.0	99.5	99.5

4-15 续表 2

类　别	Item	全　年 Total	1月 January
印刷	Printing	98.9	100.1
装订及印刷相关服务	Binding and Other Printing Service	96.1	96.3
文教、工美、体育和娱乐用品制造业	Culture, Education, Sports and Entertainment Manufacturing Industry	100.1	100.8
文教办公用品制造	Office and School Supplies Manufacturing	101.9	102.3
工艺美术品制造	Arts and Crafts Manufacturing	100.7	100.9
体育用品制造	Sporting Goods Manufacturing	100.6	102.9
玩具制造	Toy Manufacturing	97.0	98.4
游艺器材及娱乐用品制造	Recreational Products Manufacturing	100.0	100.0
石油加工、炼焦和核燃料加工业	Petroleum Processing, Coking and Nuclear Fuel Processing Industry	95.4	95.4
精炼石油产品制造	Refineed Petroleum Products Manufacturing	94.7	93.9
煤炭加工	Coal Processing	102.4	110.1
化学原料和化学制品制造业	Chemical Material and Chemical Product Manufacturing Industry	98.9	99.0
基础化学原料制造	Basic Chemical Material Manufacturing	96.8	97.1
肥料制造	Fertilizer Manufacturing	101.8	97.7
农药制造	Pesticide Manufacturing	98.8	101.5
涂料、油墨、颜料及类似产品制造	Coating, Printing Ink, Pigment and Other Similar Products Manufacturing	100.0	100.8
合成材料制造	Synthetic Material Manufacturing	96.9	100.6
专用化学产品制造	Specialty Chemicals Manufacturing	98.9	97.6
炸药、火工及焰火产品制造	Explosive, Pyrotechnics and Firework Products Manufacturing	103.1	102.7
日用化学产品制造	Daily Chemicals Manufacturing	98.2	102.3
医药制造业	Pharmaceutical Manufacturing Industry	105.9	102.0
化学药品原料药制造	Bulk Drug of Chemical Medicine Manufacturing	121.5	99.6
化学药品制剂制造	Chemical Medicine Agents Manufacturing	104.4	104.5
中药饮片加工	TCM Decoction Pieces Processing	100.9	100.9
中成药生产	Chinese Patent Medicine Manufacturing	103.8	103.6
兽用药品制造	Veterinary Medicine Manufacturing	91.9	88.3
生物药品制造	Biopharmaceuticals Manufacturing	102.2	100.6
卫生材料及医药用品制造	Hygienic Material and Medical Products Manufacturing	100.4	99.7
药用辅料及包装材料	Pharmaceutical Excipients and Packaging Materials Manufacturing	100.4	99.7
化学纤维制造业	Chemaical Fiber Manufacturing Industry	100.7	104.1
纤维素纤维原料及纤维制造	Cellulose Fiber Material and Fiber Manufacturing	99.2	100.4
合成纤维制造	Synthetic Fiber Manufacturing	101.4	105.9
生物基材料制造	Bio-based Materials Manufacturing	99.2	100.4
橡胶和塑料制品业	Rubber and Plastic Products Industry	99.2	100.7
橡胶制品业	Rubber Products Industry	99.2	99.6

Continued 2

2月 February	3月 March	4月 April	5月 May	6月 June	7月 July	8月 August	9月 September	10月 October	11月 November	12月 December
99.3	98.7	98.2	98.0	98.1	98.7	98.9	98.9	99.0	99.5	99.5
96.3	96.3	94.8	94.8	93.4	94.6	94.6	97.8	97.8	97.8	99.3
100.2	99.9	99.2	99.3	99.4	99.4	99.6	100.5	101.0	101.0	101.1
102.0	102.0	103.2	102.6	103.0	102.3	101.6	101.9	100.6	100.8	100.8
100.5	100.7	99.7	100.1	99.5	99.9	100.3	101.3	102.0	101.9	102.2
102.3	103.1	101.9	101.7	100.0	100.3	99.6	99.3	98.6	98.8	98.5
97.0	94.6	93.6	93.9	96.3	95.6	96.7	98.3	100.0	100.0	99.9
100.0	100.0	100.0	100.0	100.0	100.0	100.0	100.0	100.0	100.0	100.0
97.3	102.7	101.4	100.2	97.9	93.4	92.5	89.3	86.0	90.4	100.2
96.1	102.6	101.3	99.8	97.1	92.6	91.8	88.4	85.0	90.1	100.7
109.3	104.4	104.4	106.5	107.4	102.9	100.3	98.6	97.5	94.1	95.7
98.7	99.3	99.7	99.4	99.9	100.2	99.2	99.1	97.9	96.8	97.6
98.0	99.1	98.5	97.0	98.4	97.7	95.0	95.7	93.7	95.0	97.3
98.7	100.4	102.9	104.2	104.4	106.3	106.8	105.5	101.6	96.2	97.6
98.4	98.4	97.8	100.5	100.1	101.8	101.9	99.7	97.5	95.5	92.7
100.1	99.7	99.6	99.2	99.5	100.5	100.0	100.2	101.1	99.7	99.2
99.8	99.7	100.5	97.9	96.5	95.5	93.2	93.3	94.0	95.4	96.5
98.7	98.5	98.4	97.7	98.7	99.1	98.7	99.9	100.3	99.6	99.1
102.3	102.4	103.7	104.3	104.7	104.3	104.2	102.1	102.1	102.2	102.7
97.8	97.9	97.2	96.8	98.1	97.6	97.3	97.3	98.7	98.5	98.7
101.7	106.6	104.9	106.1	105.6	104.5	106.2	108.4	109.6	107.9	107.6
99.4	128.8	121.8	125.8	123.3	122.7	118.7	119.9	133.8	133.8	133.8
104.0	103.7	102.3	104.4	104.2	101.7	102.0	105.8	106.3	106.9	107.0
102.0	102.8	101.5	102.5	100.5	101.2	102.2	101.6	100.1	97.9	97.5
103.4	103.7	102.4	102.1	103.1	104.7	108.4	106.2	105.3	100.1	103.1
87.0	86.3	86.8	86.5	92.9	91.1	94.6	96.2	95.6	100.9	99.6
98.0	98.0	98.4	99.8	99.2	91.7	99.2	113.5	111.6	112.2	104.4
99.3	99.6	99.6	100.0	99.7	100.0	100.9	101.0	101.6	102.0	101.6
99.3	99.6	99.6	100.0	99.7	100.0	100.9	101.0	101.6	102.0	101.6
104.4	104.5	104.9	104.2	103.3	103.5	99.2	97.5	95.1	93.5	95.4
100.4	100.8	102.1	102.1	102.1	100.2	100.2	98.0	95.5	94.2	94.5
106.4	106.4	106.3	105.2	103.9	105.2	98.7	97.2	95.0	93.2	95.8
100.4	100.8	102.1	102.1	102.1	100.2	100.2	98.0	95.5	94.2	94.5
100.5	100.6	100.3	100.4	99.9	99.7	98.5	98.3	97.5	97.1	96.8
99.7	99.1	98.7	99.7	100.0	100.5	99.7	99.6	98.1	98.0	97.9

4-15 续表 3

类　别	Item	全　年 Total	1 月 January
塑料制品业	Plastic Products Industry	99.2	101.1
非金属矿物制品业	Non-metal Mineral Products Industry	105.8	109.7
水泥、石灰和石膏制造	Cement, Lime and Gypsum Manufacturing	106.9	111.2
石膏、水泥制品及类似制品制造	Cement and Gypsum Products and Other Similar Products Manufacturing	110.4	116.7
砖瓦、石材等建筑材料制造	Brick, Stone Material and Other Building Materials Manufacturing	103.0	107.3
玻璃制造	Glass Manufacturing	102.0	95.9
玻璃制品制造	Glass Products Manufacturing	100.4	102.5
玻璃纤维和玻璃纤维增强塑料制品制造	Fiberglass and Reinforced Plastic Products Manufacturing	82.8	87.2
陶瓷制品制造	Ceramics Manufacturing	101.1	102.8
耐火材料制品制造	Refractory Products Manufacturing	104.0	103.2
石墨及其他非金属矿物制品制造	Graphite and Other Non-metal Mineral Products Manufacturing	92.5	92.9
黑色金属冶炼和压延加工业	Ferrous Metal Smelting and Rolling Processing Industry	97.0	97.6
炼铁	Ironmaking	108.5	110.3
炼钢	Steelmaking	92.7	95.4
钢压延加工	Steel Rolling Processing	97.0	97.5
铁合金冶炼	Ferroalloy Smelting	97.8	101.1
有色金属冶炼和压延加工业	Non-ferrous Metal Smelting and Rolling Processing Industry	95.1	91.0
常用有色金属冶炼	Common Non-ferrous Metal Smelting	94.0	90.1
贵金属冶炼	Precious Metal Smelting	120.2	101.3
有色金属合金制造	Non-ferrous Metal Alloy Manufacturing	95.8	96.3
有色金属压延加工	Non-ferrous Metal Rolling Processing	95.9	91.3
金属制品业	Metal Products Industry	101.6	102.5
结构性金属制品制造	Structural Metal Products Manufacturing	100.6	102.2
金属工具制造	Metal Tools Manufacturing	104.0	107.5
集装箱及金属包装容器制造	Container and Metal Packing Container Manufacturing	100.6	100.1
金属丝绳及其制品制造	Metal Silk Rope and Its Products Manufacturing	96.1	102.0
建筑、安全用金属制品制造	Metal Products for Building and Safety Manufacturing	100.1	101.2
金属表面处理及热处理加工	Metal Finishing and Heat Treatment	99.0	98.4
金属制日用品制造	Stainless Steel and Similar Daily Metal Products Manufacturing	96.0	98.4
锻造及其他金属制品制造	Other Metal Products Manufacturing	104.3	103.7
通用设备制造业	General Equipment Manufacturing Industry	101.5	102.2
锅炉及原动设备制造	Boiler and Prime Mover Manufacturing	102.2	101.6
金属加工机械制造	Metalworking and Machinery Manufacturing	103.6	104.0
物料搬运设备制造	Material Handing Equipment Manufacturing	101.8	102.3

Continued 3

2月 February	3月 March	4月 April	5月 May	6月 June	7月 July	8月 August	9月 September	10月 October	11月 November	12月 December
100.8	101.1	100.9	100.6	99.9	99.3	98.2	97.9	97.3	96.8	96.4
108.6	110.1	109.8	108.2	107.1	105.3	104.7	104.3	103.4	100.5	100.0
109.3	116.5	118.1	113.6	112.3	105.7	105.0	104.3	102.9	94.6	96.6
116.4	115.3	112.6	111.7	109.4	109.3	109.3	108.7	107.3	106.7	103.2
103.8	104.0	104.7	104.5	104.2	103.9	101.5	101.3	100.7	100.4	100.7
95.3	96.7	101.7	102.3	101.9	102.7	103.5	105.9	105.6	106.5	107.5
102.0	101.2	100.9	100.2	100.3	100.5	99.7	99.4	99.7	99.5	99.6
85.9	82.3	82.0	81.8	83.2	82.8	80.6	80.6	80.3	81.8	84.6
103.3	102.8	101.7	100.4	100.1	100.2	97.9	100.4	101.2	101.3	101.4
101.9	101.9	100.8	100.6	100.6	101.6	106.8	107.1	107.2	108.5	108.0
92.0	91.8	91.7	91.8	92.8	93.3	93.6	92.4	93.4	92.3	91.9
98.1	99.4	103.1	101.1	98.2	99.0	94.1	91.3	91.0	92.4	99.8
114.1	111.0	109.3	109.7	109.1	107.5	114.2	103.8	104.5	104.8	104.7
94.4	95.5	97.6	96.7	94.8	94.4	88.2	86.3	86.3	88.5	94.5
98.1	99.4	103.2	101.2	98.2	99.1	94.1	91.3	91.0	92.3	99.9
101.7	102.2	100.6	98.9	98.3	96.6	96.3	95.8	95.2	93.6	92.8
93.1	95.1	96.1	95.9	91.3	96.5	95.6	96.0	95.8	96.7	99.0
92.0	93.6	94.5	94.7	87.7	95.5	93.5	95.4	95.5	96.7	99.4
104.8	102.6	103.5	105.8	113.4	127.8	138.3	142.5	136.7	133.6	132.7
96.4	95.4	96.2	96.2	95.3	96.5	96.2	93.9	93.8	95.9	97.8
93.7	96.3	97.5	96.9	94.1	97.2	97.1	96.4	96.0	96.6	98.6
102.6	102.6	102.3	102.0	102.4	101.7	101.1	100.6	100.8	100.5	100.1
102.6	102.5	102.1	101.7	101.9	100.4	98.5	98.9	99.6	99.1	98.3
107.2	106.0	105.6	105.2	104.1	103.1	102.6	101.7	101.6	102.0	101.9
100.5	100.6	100.6	101.0	100.3	100.5	99.8	99.1	101.0	101.8	101.8
101.3	99.1	99.0	97.9	96.8	95.1	94.9	92.7	92.0	90.6	91.8
100.7	100.5	101.0	99.6	99.6	100.2	99.5	99.4	99.4	99.9	99.7
101.3	100.7	98.1	99.1	99.9	100.0	100.1	98.0	97.9	96.6	97.6
101.8	100.3	101.6	94.4	92.9	93.9	92.8	95.7	94.5	93.2	92.3
103.3	103.9	103.7	103.9	105.0	105.0	105.7	104.7	104.4	104.3	103.7
102.5	102.1	102.2	101.9	101.3	101.4	101.4	100.8	100.4	100.8	100.9
101.5	101.8	102.7	102.7	103.1	103.1	102.8	102.8	102.5	101.1	100.8
105.1	105.6	104.5	104.2	102.8	103.0	104.5	103.3	102.2	101.8	102.4
101.5	101.3	102.0	101.6	102.1	101.6	102.1	101.4	101.2	102.1	102.2

4-15 续表4

类 别	Item	全 年 Total	1月 January
泵、阀门、压缩机及类似机械制造	Pump, Valve, Compressor and Other Similar Mechanical Manufacturing	99.3	100.1
轴承、齿轮和传动部件制造	Bearing, Gear and Drive Component Manufacturing	100.9	102.9
烘炉、风机、包装等设备制造	Oven, Fan Blower and Packing Equipments Manufacturing	103.4	103.7
通用零部件制造	General Machine Components Manufacturing	101.0	103.2
其他通用设备制造	Other General Equipments Manufacturing	101.8	101.2
专用设备制造业	Special Equipment Manufacturing Industry	103.2	102.7
采矿、冶金、建筑专用设备制造	Mining, Metallurgy, Building Equipments Manufacturing	100.6	101.5
化工、木材、非金属加工专用设备制造	Chemical Engineering, Timber, Non-Metal Processing Equipments Manufacturing	100.1	97.6
食品、饮料、烟草及饲料生产专用设备制造	Food, Beverage, Tobacco and Foddar Production Equipments Manufacturing	100.3	99.5
印刷、制药、日化及日用品生产专用设备制造	Printing, Pharmacy, Daily Chemical Products and Commoditys Production Equipments Manufacturing	105.3	104.3
纺织、服装和皮革加工专用设备制造	Textile, Clothing and Leather Processing Equipments Manufacturing	102.3	106.7
电子和电工机械专用设备制造	Electronics and Electrical Machinery Equipments Manufacturing	102.2	101.2
农、林、牧、渔专用机械制造	Agriculture, Forestry, Animal Husbandry and Fishery Machinery Manufacturing	102.1	100.8
医疗仪器设备及器械制造	Medical Instruments Manufacturing	101.4	95.1
环保、社会公共服务及其他专用设备制造	Environment Protection, Public Social Service and Other Specific Equipments Manufacturing	100.4	102.4
汽车制造业	Automobile Manufacturing Industry	99.5	99.9
汽车整车制造	Integrated Automobiles Manufacturing	100.4	100.1
汽车用发动机制造	Automotive Engines Manufacturing	100.4	100.1
改装汽车制造	Refit Vehicle Manufacturing	98.6	97.4
电车制造	Electric Vehicle Manufacturing	100.1	100.6
汽车车身、挂车制造	Vehicle Body and Trailer Manufacturing	98.5	100.6
汽车零部件及配件制造	Auto Parts Manufacturing	98.9	100.0
铁路、船舶、航空航天和其他运输设备制造业	Railway, Ship, Aerospace and Other Transport Equipments Manufacturing Industry	101.0	100.0
铁路运输设备制造	Railway Transport Equipment Manufacturing	98.7	98.2
船舶及相关装置制造	Ship and Related Equipment Manufacturing	101.5	100.4
摩托车制造	Motorcycle Manufacturing	102.0	101.5
助动车制造	Moped Manufacturing	98.8	97.8
电气机械和器材制造业	Electric Machinery and Equipment Manufacturing Industry	98.6	98.4
电机制造	Electric Motor Manufacturing	100.0	99.0
输配电及控制设备制造	Electric Transmission, Distribution and Control Equipments Manufacturing	96.0	94.0

Continued 4

2月 February	3月 March	4月 April	5月 May	6月 June	7月 July	8月 August	9月 September	10月 October	11月 November	12月 December
100.0	99.7	100.0	100.1	100.1	98.9	99.0	98.7	98.7	98.1	97.9
102.3	101.3	100.9	100.7	100.5	100.6	100.9	100.7	100.4	100.2	99.6
107.1	106.4	106.8	104.8	101.2	104.9	102.1	100.2	98.4	102.2	103.2
103.4	101.4	101.2	101.1	100.0	100.0	99.9	100.1	100.3	100.9	101.2
100.9	100.7	100.5	100.4	102.3	102.6	102.6	102.8	103.0	102.7	101.8
103.1	102.8	102.3	103.4	103.4	103.6	103.3	103.3	103.6	103.5	104.0
101.0	101.0	100.1	100.6	100.4	100.5	100.9	100.9	100.6	100.2	100.0
98.0	98.7	99.4	101.3	101.0	102.2	101.5	101.6	100.6	99.4	100.2
99.0	96.9	97.3	99.5	99.2	98.8	102.4	104.1	103.6	101.5	101.6
105.1	104.5	103.7	105.5	105.5	106.1	105.1	105.1	105.9	106.1	106.7
106.7	100.6	100.6	100.6	101.9	101.9	101.9	101.9	101.3	103.0	101.3
101.5	102.3	102.5	102.8	102.1	102.2	102.6	102.1	102.1	102.4	102.6
101.3	101.2	101.2	101.6	102.7	102.1	102.2	102.2	103.4	103.2	103.2
97.3	99.8	101.0	102.2	100.8	101.4	105.0	104.9	102.6	103.2	104.1
102.5	102.3	102.5	100.5	100.5	98.7	98.8	98.5	98.7	97.7	101.2
99.0	99.1	99.4	99.6	99.1	98.7	99.2	99.8	100.1	100.1	99.8
99.9	99.7	100.1	100.6	99.2	99.3	100.0	101.1	101.8	101.5	101.2
99.9	99.7	100.1	100.6	99.2	99.3	100.0	101.1	101.8	101.5	101.2
97.6	97.2	98.8	98.6	98.8	98.6	98.9	99.9	98.5	100.4	98.3
100.3	100.0	100.0	100.0	100.0	100.0	99.9	100.0	99.9	100.0	100.0
99.8	99.6	98.5	99.4	96.4	97.6	97.7	97.6	97.8	97.8	98.7
98.5	98.9	99.0	98.9	99.0	98.2	98.6	98.7	98.9	99.0	98.9
100.5	100.8	100.8	100.8	100.9	101.0	100.9	100.9	100.9	101.8	102.8
97.2	97.8	97.4	97.7	98.7	99.2	99.2	100.0	101.0	99.8	98.9
101.1	101.2	101.5	101.3	101.4	101.3	101.2	101.0	101.0	102.4	103.9
102.7	103.5	100.1	100.3	102.8	102.8	103.1	103.4	101.7	101.3	100.6
97.6	99.4	98.9	99.3	98.6	99.3	99.1	99.4	99.6	98.5	98.5
98.3	99.1	98.6	98.2	98.1	98.5	98.2	98.8	98.4	98.9	99.5
99.3	98.4	99.3	99.7	100.4	100.9	101.2	101.0	100.5	100.4	99.7
95.0	95.1	94.7	94.6	96.1	96.9	96.6	96.4	97.0	97.7	97.9

4-15 续表5

类别	Item	全年 Total	1月 January
电线、电缆、光缆及电工器材制造	Wire, Cable, Fiber Optic Cable and Electrical Equipments Manufacturing	98.1	95.7
电池制造	Battery Manufacturing	97.7	102.4
家用电力器具制造	Household Electrical Appliance Manufacturing	99.3	100.8
非电力家用器具制造	Non-electrical Household Appliance Manufacturing	101.9	101.1
照明器具制造	Luminaires Manufacturing	102.1	101.5
其他电气机械及器材制造	Other Electric Machinery and Device Manufacturing	101.6	107.3
计算机、通信和其他电子设备制造业	Tele-communication Equipment, Computer and Other Electronic Equipments Manufacturing Industry	95.1	90.9
计算机制造	Computer Manufacturing	86.7	76.7
通信设备制造	Tele-communication Equipment Manufacturing	103.8	105.5
雷达及配套设备制造	Radar and Associated Equipments Manufacturing	102.9	100.0
视听设备制造	Audio-visual Equipment Manufacturing	99.5	97.5
智能消费设备制造	Intelligent Consumer Equipment Manufacturing	100.4	101.0
电子器件制造	Electron Devices Manufacturing	94.8	90.4
电子元件及电子专用材料制造	Electronic Components and Special Electronic Materials Manufacturing	97.9	99.5
其他电子设备制造	Other Electronic Equipments Manufacturing	101.1	103.7
仪器仪表制造业	Instruments and Apparatuses Manufacturing Industry	98.5	100.4
通用仪器仪表制造	General Instruments Manufacturing	100.8	101.0
专用仪器仪表制造	Special Instruments Manufacturing	96.0	100.0
其他仪器仪表制造业	Other Instruments Manufacturing	100.3	99.0
其他制造业	Other Manufacturing Industry	99.3	102.8
日用杂品制造	Daily Groceries Manufacturing	102.6	102.6
其他未列明制造业	Other Not Specified Manufacturing	95.9	102.9
废弃资源综合利用业	Comprehensive Utilization of Waste Resources	103.9	103.9
金属废料和碎屑加工处理	Metal Scrap Processing	103.4	102.4
非金属废料和碎屑加工处理	Non-metal Scrap Processing	105.2	107.8
电力、热力生产和供应业	Electricing, Heating Production and Supply Industry	99.6	98.8
电力生产	Electric Power Production	99.3	97.8
电力供应	Electric Power Supply	99.7	99.4
热力生产和供应	Heating Production and Supply	101.5	101.0
燃气生产和供应业	Gas Production and Supply Industry	105.3	104.1
燃气生产和供应业	Gas Production and Supply	105.3	104.1
生物质燃气生产和供应业	Biomass Gas Production and Supply	105.3	104.1
水的生产和供应业	Water Production and Supply Industry	99.6	99.9
自来水生产和供应	Tap Water Production and Supply	99.5	99.8
污水处理及其再生利用	Sewage Treatment and Recycling	99.7	100.0

Continued 5

2月 February	3月 March	4月 April	5月 May	6月 June	7月 July	8月 August	9月 September	10月 October	11月 November	12月 December
96.7	98.8	98.9	97.8	96.8	98.1	97.8	98.8	98.0	98.7	100.8
100.8	100.4	99.4	99.2	96.3	96.8	94.9	96.2	95.8	95.9	95.1
99.6	100.2	99.3	99.1	99.2	98.9	98.7	99.1	98.5	99.2	99.3
102.4	101.7	101.9	100.3	102.5	102.7	102.9	102.2	101.5	101.4	101.9
101.3	100.9	100.7	100.4	101.5	101.3	102.7	104.2	104.4	103.3	102.5
106.7	105.4	105.0	104.1	101.3	100.1	98.6	98.4	97.5	98.3	97.9
91.4	92.3	94.0	94.0	95.1	96.0	97.2	97.5	99.7	97.1	96.8
78.1	81.1	83.8	83.3	86.6	87.5	93.8	93.5	101.5	90.7	91.1
105.5	107.3	107.1	107.1	104.7	102.7	101.6	101.5	101.1	101.7	100.7
100.0	100.0	100.0	100.0	105.0	105.0	105.0	105.0	105.0	104.3	105.2
98.4	97.6	99.5	100.0	100.8	100.3	99.7	98.8	100.2	100.4	100.5
101.7	101.8	101.0	100.5	99.4	100.0	100.1	99.7	100.4	99.9	99.8
89.9	90.0	93.7	94.4	94.4	96.5	95.8	98.7	98.9	98.8	97.5
99.6	99.5	98.1	97.9	98.3	99.2	97.3	95.6	96.2	97.0	96.7
103.7	102.8	102.2	102.2	99.9	99.8	99.9	100.0	99.8	99.8	99.7
100.2	100.0	99.6	98.5	97.7	97.7	97.5	97.5	97.4	97.5	98.3
100.5	100.2	100.4	100.5	101.3	101.1	100.7	100.7	100.5	100.6	102.2
100.0	100.0	98.7	96.3	93.8	93.8	93.8	93.8	93.8	93.8	93.8
98.5	97.5	98.7	100.1	100.2	100.7	101.3	101.0	101.6	102.4	103.0
101.9	101.2	100.9	101.3	100.0	99.5	97.3	97.6	97.1	96.2	96.6
102.7	101.9	101.2	101.8	101.8	102.8	102.8	103.0	103.3	103.4	103.8
101.1	100.3	100.7	100.7	98.0	96.0	91.4	91.8	90.6	88.7	89.1
105.3	105.6	106.9	107.3	105.8	106.9	107.0	101.4	99.5	98.6	99.6
104.1	105.2	107.2	107.7	104.5	107.5	107.6	100.5	98.4	97.8	98.9
108.5	106.8	106.1	105.9	108.6	105.0	105.3	103.7	102.5	100.6	101.4
98.2	98.1	98.5	99.8	101.2	100.0	100.1	100.0	100.1	100.1	100.0
96.9	96.9	97.4	97.5	100.7	100.5	100.8	100.6	100.8	100.8	100.7
98.9	98.9	99.2	101.4	101.6	99.6	99.6	99.6	99.6	99.6	99.6
101.4	102.2	102.2	101.8	101.3	101.7	101.5	101.5	101.5	101.4	101.1
106.0	106.4	105.2	105.2	106.6	106.9	105.4	105.4	105.1	104.9	102.3
106.0	106.4	105.2	105.2	106.6	106.9	105.4	105.4	105.1	104.9	102.3
106.0	106.4	105.2	105.2	106.6	106.9	105.4	105.4	105.1	104.9	102.3
99.4	99.4	99.4	99.4	99.4	99.4	99.7	99.7	99.6	99.9	99.8
99.2	99.2	99.3	99.2	99.3	99.3	99.7	99.7	99.7	100.0	99.9
99.9	99.9	99.6	99.6	99.7	99.7	99.7	99.6	99.6	99.6	99.6

4-16 工业生产者购进价格指数

上年=100

年　份 Year	总指数 General Index	燃料、动力类 Fuels and Power	黑色金属材料类 Ferrous Metals	钢材 Rolled Steel	有色金属材料和电线类 Non-ferrous Metals and Wires
1993	128.7	129.6	169.4	167.3	127.3
1994	122.3	119.9	101.9	99.6	109.6
1995	117.9	107.4	94.4	94.1	129.3
1996	110.0	114.2	99.7	100.3	93.8
1997	101.7	106.5	95.4	94.6	100.7
1998	96.0	100.5	95.4	94.4	86.0
1999	94.5	96.9	94.8	94.5	89.0
2000	102.6	103.2	102.9	102.3	110.5
2001	100.2	101.6	98.7	97.3	95.8
2002	98.2	101.7	99.1	98.8	96.3
2003	106.7	105.9	108.9	111.7	104.8
2004	115.0	113.9	122.2	118.7	128.4
2005	107.2	115.0	108.4	106.7	116.4
2006	103.9	105.7	99.2	99.5	135.1
2007	105.1	102.4	105.8	105.7	106.2
2008	112.4	116.7	119.4	118.8	97.5
2009	95.3	98.5	86.9	88.2	84.3
2010	111.8	110.9	113.5	105.3	124.9
2011	103.4	108.0	102.0	103.0	101.4
2012	98.2	100.1	94.0	94.7	95.4
2013	96.9	91.6	96.9	95.4	93.8
2014	97.2	93.3	95.9	96.1	95.6
2015	93.5	89.4	88.2	90.3	90.6
2016	98.4	95.7	97.1	97.4	101.6
2017	109.2	114.5	114.1	114.1	122.2
2018	105.3	110.1	106.8	107.8	103.1
2019	99.9	97.3	102.6	98.7	93.2

Purchasing Price Indices for Industrial Producers

(preceding year=100)

化工原料类 Chemical Raw Materials	木材及纸浆类 Timber and Paper Pulp	建筑材料及非金属矿类 Building Materials and Non-metal Ores	其他工业原材料及半成品类 Other Industrial Raw Materials and Semi-finished Products	农副产品类 Agriculture and Sideline Products	纺织原料类 Textile Materials
120.3	122.2	145.6	112.7	103.1	112.5
121.1	132.4	106.3	113.5	139.5	150.1
127.7	121.1	115.2	107.1	146.0	117.5
95.6	107.0	99.9	104.3	128.1	93.4
97.7	104.9	99.7	95.3	100.7	96.1
91.3	95.3	99.9	88.8	92.9	93.7
94.8	93.4	98.7	92.5	91.9	93.8
109.0	100.2	95.2	100.8	94.3	104.0
98.5	99.1	95.8	99.5	100.1	100.3
97.1	97.8	99.5	97.5	94.2	95.8
105.2	100.5	100.6	103.3	111.0	110.7
112.7	103.9	107.1	112.6	116.5	107.5
107.2	103.2	106.2	104.5	98.1	95.4
102.1	102.1	100.7	102.6	102.8	102.6
104.4	104.3	103.3	106.4	110.6	100.1
107.8	110.5	110.3	110.7	114.9	102.2
90.5	99.3	100.2	94.2	96.1	97.0
111.3	103.9	106.9	105.9	110.1	108.5
100.8	112.2	98.5	100.5	108.0	99.5
97.1	104.4	98.3	98.1	103.1	96.2
97.9	99.6	95.7	98.7	103.4	100.3
98.3	100.4	99.8	98.4	100.8	99.1
94.0	99.7	98.7	97.4	96.7	96.9
96.8	99.5	96.1	99.7	98.5	100.8
109.1	104.8	105.6	104.5	101.4	104.6
106.9	104.1	107.1	104.1	100.0	103.3
97.2	99.3	103.9	102.1	102.0	98.6

4-17 分月工业生产者购进价格指数(2019)

上年同月=100

类别	Item	累计 Total	1月 January	2月 February
总指数	**General Index**	**99.9**	**100.7**	**100.6**
燃料、动力类	Fules and Power	97.3	103.8	101.2
黑色金属材料类	Ferrous Metals	102.6	101.8	102.2
#钢材	#Rolled Steel	98.7	100.1	100.3
其他	Others	111.5	105.7	106.8
有色金属材料及电线类	Non-ferrous Metals and Wires	93.2	93.8	92.9
化工原料类	Chemical Raw Materials	97.2	99.7	99.9
木材及纸浆类	Timber and Paper Pulp	99.3	100.4	100.1
建筑材料及非金属类	Building Materials and Non-metal Ores	103.9	99.5	99.6
其他工业原材料及半成品类	Other Industrial Raw Materials and Semi-finished Products	102.1	102.2	103.4
农副产品类	Agriculture and Sideline Products	102.0	97.8	97.9
纺织原料类	Textile Materials	98.6	102.1	101.9

4-18 分月工业生产者购进价格环比指数(2019)

上月=100

类别	Item	1月 January	2月 February
总指数	**General Index**	**99.4**	**100.2**
燃料、动力类	Fules and Power	98.0	99.0
黑色金属材料类	Ferrous Metals	99.4	100.5
#钢材	#Rolled Steel	98.9	100.2
其他	Others	100.5	101.4
有色金属材料及电线类	Non-ferrous Metals and Wires	98.9	99.1
化工原料类	Chemical Raw Materials	99.1	100.3
木材及纸浆类	Timber and Paper Pulp	100.2	99.8
建筑材料及非金属类	Building Materials and Non-metal Ores	100.0	99.7
其他工业原材料及半成品类	Other Industrial Raw Materials and Semi-finished Products	100.1	101.3
农副产品类	Agriculture and Sideline Products	99.7	99.9
纺织原料类	Textile Materials	99.7	100.2

Purchasing Price Indices for Industrial Producer by Month(2019)

(the same month last year=100)

3月 March	4月 April	5月 May	6月 June	7月 July	8月 August	9月 September	10月 October	11月 November	12月 December
100.2	**101.0**	**100.8**	**100.3**	**100.0**	**99.4**	**99.2**	**98.9**	**98.9**	**99.0**
99.6	100.3	100.0	99.6	96.6	95.1	93.7	92.6	93.9	91.9
102.3	104.0	104.4	104.3	105.1	103.5	100.9	100.6	100.0	101.8
99.5	100.1	99.5	98.5	98.1	97.9	97.3	97.4	97.6	98.4
108.9	113.4	116.5	118.4	122.1	116.4	109.1	107.8	105.3	109.2
94.3	95.2	93.6	91.3	91.8	93.4	93.8	92.7	92.5	93.2
99.7	100.1	99.3	98.4	97.2	95.4	95.1	94.3	93.0	94.3
100.2	99.7	99.3	98.8	99.0	98.2	98.3	98.5	99.1	99.7
100.3	101.3	101.8	102.8	104.5	105.9	109.0	108.7	106.2	107.1
102.3	102.5	102.1	101.9	102.2	101.4	101.7	101.7	101.6	101.7
98.1	100.6	101.4	101.1	101.6	102.7	104.5	106.1	107.0	105.8
101.5	101.0	100.6	99.3	98.4	97.3	95.8	95.4	95.1	95.5

Purchasing Price Indices for Industrial Producer on a Month-over-month Basis(2019)

(last month=100)

3月 March	4月 April	5月 May	6月 June	7月 July	8月 August	9月 September	10月 October	11月 November	12月 December
99.8	**99.9**	**99.7**	**100.0**	**100.1**	**99.8**	**100.2**	**100.1**	**99.8**	**100.0**
99.0	98.9	99.2	100.0	99.1	100.3	99.9	98.8	99.9	99.6
100.5	101.0	100.5	100.6	100.9	99.4	98.5	100.3	99.7	100.5
99.9	100.3	100.0	99.3	99.8	100.0	99.8	100.1	100.0	100.2
101.8	102.3	101.4	103.3	103.3	98.1	96.2	100.5	99.1	101.1
100.8	99.2	98.6	98.5	99.1	99.5	101.0	99.5	99.1	99.8
99.4	99.6	99.5	100.0	99.5	98.4	100.1	100.1	99.0	99.2
99.9	99.7	100.1	99.7	100.1	99.4	100.2	99.9	100.1	100.6
100.0	100.7	100.7	101.2	101.2	101.2	100.5	100.5	99.7	101.5
99.7	99.8	99.7	100.3	100.5	99.5	100.4	100.3	99.9	100.2
99.9	101.2	100.4	100.1	100.2	101.6	101.2	101.6	100.3	99.4
100.0	100.0	100.0	99.1	99.1	99.0	99.0	99.5	99.8	99.8

4-19 合肥市住宅销售价格指数(2019)

指 标	Item		1月 January
定基价格指数 The Year 2010=100	新建商品住宅价格指数	Price Indices of Newly-built Commercial Residential Buildings	155.7
	一、90m² 及以下	90m² and Below	154.5
	二、90~144m²	90~144m²	155.8
	三、144m² 以上	Above 144m²	157.4
	二手住宅价格指数	Price Indices of Second-hand Housing	156.8
	一、90m² 及以下	90m² and Below	157.1
	二、90~144m²	90~144m²	155.9
	三、144m² 以上	Above 144m²	159.4
同比价格指数 The Same Month Last Year=100	新建商品住宅价格指数	Price Indices of Newly-built Commercial Residential Buildings	104.8
	一、90m² 及以下	90m² and Below	105.3
	二、90~144m²	90~144m²	104.5
	三、144m² 以上	Above 144m²	105.7
	二手住宅价格指数	Price Indices of Second-hand Housing	103.6
	一、90m² 及以下	90m² and Below	105.3
	二、90~144m²	90~144m²	104.5
	三、144m² 以上	Above 144m²	105.7
环比价格指数 Last Month=100	新建商品住宅价格指数	Price Indices of Newly-built Commercial Residential Buildings	100.6
	一、90m² 及以下	90m² and Below	100.6
	二、90~144m²	90~144m²	100.5
	三、144m² 以上	Above 144m²	100.9
	二手住宅价格指数	Price Indices of Second-hand Housing	100.4
	一、90m² 及以下	90m² and Below	100.4
	二、90~144m²	90~144m²	100.5
	三、144m² 以上	Above 144m²	100.6

Sales Price Indices of Residential Buildings in Hefei（2019）

2月 February	3月 March	4月 April	5月 May	6月 June	7月 July	8月 August	9月 September	10月 October	11月 November	12月 December
156.9	157.9	158.6	158.8	159.5	160.5	161.7	161.5	161.0	160.5	160.8
154.6	155.5	156.0	156.1	156.8	157.8	158.9	158.5	157.6	157.4	159.4
157.4	158.2	158.9	159.4	160.3	161.1	162.4	162.2	161.9	161.2	161.0
158.9	160.7	161.6	161.2	160.8	162.6	163.5	163.7	162.6	162.3	162.5
156.9	157.2	158.1	158.4	158.7	160.3	160.8	160.9	160.9	160.5	161.2
156.9	158.5	160.2	160.2	160.8	161.9	162.2	162.8	162.3	161.8	162.3
156.3	155.6	156.4	156.9	157.3	159.0	159.6	159.4	159.4	159.3	160.2
158.7	159.2	158.5	158.6	158.3	160.4	161.4	161.0	161.8	160.9	161.5
106.0	106.7	107.4	107.4	107.7	107.8	106.9	105.7	104.8	104.1	103.9
105.6	106.0	106.2	105.6	106.2	106.7	105.8	104.5	103.4	103.4	103.8
106.0	106.7	107.6	107.9	108.3	108.0	107.4	106.3	105.5	104.3	103.9
106.6	107.8	108.4	108.0	107.8	108.4	106.6	105.4	104.3	104.0	104.2
103.7	103.8	104.2	104.4	104.0	104.8	104.2	103.5	103.1	103.0	103.3
102.8	103.9	104.7	104.8	104.7	106.0	105.1	104.6	103.8	103.5	103.7
104.4	103.8	104.2	104.5	104.0	104.3	103.9	103.0	102.8	102.9	103.2
103.5	103.6	103.0	102.9	102.1	103.3	102.9	102.0	102.3	101.9	102.0
100.8	100.6	100.4	100.1	100.4	100.6	100.8	99.9	99.7	99.7	100.2
100.1	100.6	100.3	100.0	100.5	100.7	100.7	99.7	99.5	99.9	101.3
101.0	100.5	100.4	100.3	100.6	100.5	100.8	99.9	99.8	99.6	99.9
101.0	101.1	100.6	99.7	99.8	101.1	100.6	100.1	99.4	99.8	100.1
100.0	100.2	100.6	100.2	100.2	101.0	100.4	100.1	100.0	99.8	100.4
99.9	101.0	101.1	100.0	100.4	100.7	100.2	100.4	99.7	99.7	100.3
100.3	99.6	100.5	100.3	100.3	101.1	100.4	99.9	100.0	99.9	100.5
99.5	100.3	99.6	100.1	99.8	101.3	100.7	99.8	100.5	99.5	100.4

4-20 蚌埠市住宅销售价格指数(2019)

指 标		Item	1月 January
定基价格指数 The Year 2010=100	新建商品住宅价格指数	Price Indices of Newly-built Commercial Residential Buildings	126.4
	一、$90m^2$ 及以下	$90m^2$ and Below	126.9
	二、$90\sim144m^2$	$90\sim144m^2$	126.6
	三、$144m^2$ 以上	Above $144m^2$	120.1
	二手住宅价格指数	Price Indices of Second-hand Housing	120.3
	一、$90m^2$ 及以下	$90m^2$ and Below	121.3
	二、$90\sim144m^2$	$90\sim144m^2$	118.8
	三、$144m^2$ 以上	Above $144m^2$	121.4
同比价格指数 The Same Month Last Year=100	新建商品住宅价格指数	Price Indices of Newly-built Commercial Residential Buildings	107.9
	一、$90m^2$ 及以下	$90m^2$ and Below	108.9
	二、$90\sim144m^2$	$90\sim144m^2$	107.5
	三、$144m^2$ 以上	Above $144m^2$	107.6
	二手住宅价格指数	Price Indices of Second-hand Housing	107.3
	一、$90m^2$ 及以下	$90m^2$ and Below	107.8
	二、$90\sim144m^2$	$90\sim144m^2$	106.4
	三、$144m^2$ 以上	Above $144m^2$	108.7
环比价格指数 Last Month=100	新建商品住宅价格指数	Price Indices of Newly-built Commercial Residential Buildings	100.0
	一、$90m^2$ 及以下	$90m^2$ and Below	100.2
	二、$90\sim144m^2$	$90\sim144m^2$	100.0
	三、$144m^2$ 以上	Above $144m^2$	100.0
	二手住宅价格指数	Price Indices of Second-hand Housing	100.0
	一、$90m^2$ 及以下	$90m^2$ and Below	100.1
	二、$90\sim144m^2$	$90\sim144m^2$	99.9
	三、$144m^2$ 以上	Above $144m^2$	99.9

Sales Price Indices of Residential Buildings in Bengbu (2019)

2月 February	3月 March	4月 April	5月 May	6月 June	7月 July	8月 August	9月 September	10月 October	11月 November	12月 December
125.9	126.3	127.0	127.8	128.5	129.2	129.4	129.9	130.1	130.0	129.7
125.9	126.2	127.0	127.4	128.9	129.5	128.8	129.0	129.4	130.1	130.3
126.5	126.9	127.6	128.5	128.9	129.6	130.2	130.8	130.9	130.7	130.1
118.8	119.0	119.7	120.9	121.6	122.6	121.7	121.7	121.8	121.3	121.5
120.4	120.9	121.5	121.9	122.8	123.8	124.8	125.1	124.6	125.0	125.3
121.4	122.0	122.6	123.5	124.3	125.3	126.3	126.4	126.2	126.9	127.0
118.8	119.4	119.8	119.8	120.6	121.9	122.8	123.5	122.7	122.6	123.1
121.4	121.4	122.0	121.9	122.9	122.9	124.3	124.5	123.1	123.2	123.9
107.6	108.2	108.8	109.3	110.2	108.6	106.8	105.3	104.8	103.6	102.7
108.1	108.4	109.1	109.4	111.1	108.6	106.0	104.6	104.6	103.4	102.9
107.5	108.1	108.7	109.3	109.9	108.6	107.3	105.8	105.1	103.8	102.7
106.2	107.2	108.8	108.8	109.0	107.8	104.7	102.9	101.9	101.5	101.2
107.2	107.6	107.9	108.0	108.6	107.8	106.4	105.8	104.6	104.4	104.1
107.5	107.9	108.1	108.8	109.4	108.4	106.9	106.1	105.2	105.2	104.8
106.4	106.9	107.3	106.8	107.4	106.9	105.6	105.4	104.1	103.6	103.6
108.6	108.5	108.9	108.9	109.8	108.0	106.0	105.2	103.0	101.8	102.0
99.7	100.3	100.6	100.6	100.5	100.6	100.1	100.4	100.2	100.0	99.8
99.2	100.2	100.7	100.3	101.2	100.5	99.4	100.1	100.3	100.5	100.2
99.9	100.3	100.6	100.7	100.3	100.6	100.4	100.5	100.1	99.8	99.6
98.9	100.1	100.6	101.0	100.6	100.8	99.3	100.0	100.0	99.6	100.1
100.1	100.5	100.5	100.4	100.7	100.9	100.8	100.3	99.6	100.3	100.2
100.1	100.5	100.5	100.8	100.7	100.8	100.8	100.0	99.8	100.6	100.1
100.0	100.5	100.4	99.9	100.7	101.1	100.7	100.6	99.4	99.9	100.4
100.0	100.0	100.5	99.9	100.9	99.9	101.1	100.2	98.9	100.1	100.5

4-21 安庆市住宅销售价格指数(2019)

指标	Item		1月 January
定基价格指数 The Year 2010=100	新建商品住宅价格指数	Price Indices of Newly-built Commercial Residential Buildings	123.4
	一、$90m^2$ 及以下	$90m^2$ and Below	124.2
	二、$90\sim144m^2$	$90\sim144m^2$	123.8
	三、$144m^2$ 以上	Above $144m^2$	120.2
	二手住宅价格指数	Price Indices of Second-hand Housing	121.9
	一、$90m^2$ 及以下	$90m^2$ and Below	121.5
	二、$90\sim144m^2$	$90\sim144m^2$	122.6
	三、$144m^2$ 以上	Above $144m^2$	121.2
同比价格指数 the same month last year=100	新建商品住宅价格指数	Price Indices of Newly-built Commercial Residential Buildings	109.0
	一、$90m^2$ 及以下	$90m^2$ and Below	108.5
	二、$90\sim144m^2$	$90\sim144m^2$	109.4
	三、$144m^2$ 以上	Above $144m^2$	107.7
	二手住宅价格指数	Price Indices of Second-hand Housing	107.6
	一、$90m^2$ 及以下	$90m^2$ and Below	107.3
	二、$90\sim144m^2$	$90\sim144m^2$	107.7
	三、$144m^2$ 以上	Above $144m^2$	108.3
环比价格指数 last month=100	新建商品住宅价格指数	Price Indices of Newly-built Commercial Residential Buildings	100.4
	一、$90m^2$ 及以下	$90m^2$ and Below	100.1
	二、$90\sim144m^2$	$90\sim144m^2$	100.6
	三、$144m^2$ 以上	Above $144m^2$	100.2
	二手住宅价格指数	Price Indices of Second-hand Housing	99.8
	一、$90m^2$ 及以下	$90m^2$ and Below	99.8
	二、$90\sim144m^2$	$90\sim144m^2$	99.7
	三、$144m^2$ 以上	Above $144m^2$	99.8

Sales Price Indices of Residential Buildings in Anqing (2019)

2月 February	3月 March	4月 April	5月 May	6月 June	7月 July	8月 August	9月 September	10月 October	11月 November	12月 December
123.7	125.0	125.1	125.8	126.2	126.2	126.2	127.0	127.4	126.8	126.5
124.2	124.8	124.9	124.2	124.9	125.4	125.2	125.2	124.9	124.1	125.2
124.2	125.8	125.7	126.8	127.2	126.9	127.3	128.4	128.8	128.3	127.7
120.4	120.7	122.1	123.3	123.2	123.2	122.0	122.7	123.6	122.9	121.8
121.8	121.7	120.7	120.6	120.3	120.0	119.0	118.5	118.3	118.0	117.6
121.4	121.4	120.5	119.8	119.4	119.0	117.6	117.3	117.2	117.2	116.9
122.4	122.4	121.3	121.8	121.6	121.3	120.6	119.7	119.5	119.0	118.5
121.0	120.9	119.7	119.8	119.9	120.0	119.3	119.0	118.2	117.9	117.6
108.9	110.0	110.4	111.2	110.3	109.7	107.7	106.7	104.7	103.7	102.9
108.0	108.2	109.2	108.5	108.2	107.9	105.4	104.0	101.0	100.2	100.9
109.4	110.9	110.9	112.0	111.0	110.3	108.6	107.9	105.9	104.9	103.8
107.4	107.9	109.7	111.0	109.8	109.4	106.3	104.6	103.8	102.5	101.5
106.9	106.9	106.2	106.0	105.0	104.0	100.8	99.0	97.0	96.4	96.2
106.8	106.7	106.2	105.5	104.4	103.4	100.0	98.5	96.7	96.1	96.0
106.9	107.0	106.3	106.5	105.6	104.5	101.5	99.3	97.2	96.6	96.4
107.4	107.1	106.3	106.3	105.5	104.9	102.0	100.3	97.7	96.9	96.8
100.2	101.0	100.1	100.6	100.3	100.0	100.0	100.6	100.3	99.5	99.8
—	100.5	100.1	99.4	100.5	100.5	99.8	100.0	99.8	99.4	100.8
100.3	101.3	100.0	100.8	100.3	99.8	100.3	100.8	100.3	99.6	99.6
100.2	100.2	101.2	101.0	99.9	100.0	99.0	100.6	100.7	99.5	99.1
99.9	100.0	99.2	99.9	99.7	99.7	99.1	99.6	99.8	99.8	99.7
99.9	100.0	99.3	99.4	99.6	99.6	98.8	99.8	99.9	100.0	99.8
99.8	100.0	99.1	100.5	99.8	99.8	99.4	99.3	99.8	99.6	99.6
99.8	99.9	99.0	100.1	100.1	100.1	99.4	99.7	99.3	99.8	99.7

4-22 固定资产投资价格指数(2019)

Price Indices of Investment in Fixed Assets (2019)

上年同期=100 (same period of preceding year=100)

项目名称	Item	第1季度指数 First Quarter	第2季度指数 Second Quarter	第3季度指数 Third Quarter	第4季度指数 Fourth Quarter	全年指数 Annual Year
固定资产投资	**General Index**	**103.1**	**103.4**	**102.0**	**100.6**	**102.3**
建筑安装、装饰工程	Construction and Installation	104.1	104.6	102.3	100.2	102.7
设备、工器具购置	Purchase of Equipment and Instruments	100.0	99.9	100.3	100.3	100.1
其他费用	Others	102.0	101.9	102.3	102.9	102.3

4-23 历年固定资产投资价格指数

Price Indices of Investment in Fixed Assets over the Years

上年=100 (preceding year=100)

年份 Year	固定资产投资 Investment in Fixed Assets	建筑安装工程 Construction and Installation	设备、工器具购置 Purchase of Equipments and Instruments	其他费用 Others
1991	114.8	114.7	114.4	117.4
1992	119.8	118.9	113.0	153.2
1993	123.0	124.4	119.6	122.2
1994	120.1	119.2	120.7	124.3
1995	106.5	102.4	107.7	131.1
1996	103.4	104.3	101.8	102.1
1997	101.3	101.1	101.6	101.4
1998	100.0	100.3	99.3	99.7
1999	99.3	100.8	96.1	100.1
2000	101.6	102.8	100.1	98.2
2001	99.5	99.6	98.8	100.5
2002	101.1	102.1	98.7	100.4
2003	103.5	105.8	98.3	101.1
2004	106.1	108.1	100.1	105.6
2005	101.0	101.0	100.3	102.3
2006	101.9	100.9	101.3	105.9
2007	105.4	107.4	100.4	103.7
2008	109.4	113.7	101.2	103.8
2009	96.0	94.4	97.1	101.1
2010	105.4	107.5	101.2	101.5
2011	108.1	111.0	101.9	104.0
2012	101.0	101.3	99.2	102.3
2013	100.2	100.3	99.0	101.2
2014	100.3	100.4	99.6	101.0
2015	96.9	95.5	99.3	100.8
2016	99.2	99.3	98.5	100.2
2017	107.4	109.9	100.6	100.8
2018	105.8	108.5	101.0	100.8
2019	102.3	102.7	100.1	102.3

4-24 农产品生产者价格指数
Producers Price Indices for Farm Products

上年=100 (preceding year=100)

指　　标	Item	2016	2017	2018	2019
总指数	**General Index**	**101.0**	**98.4**	**99.0**	**109.3**
农业产品	**Crop Products**	**97.6**	**102.5**	**99.4**	**99.5**
谷物	Cereals	95.1	104.0	96.9	98.9
稻谷	Rice	99.3	101.1	95.6	95.1
小麦	Wheat	91.4	108.5	97.5	102.8
玉米	Corn	85.7	96.7	103.3	103.0
薯类	Tubers	106.3	92.9	105.3	99.4
油料	Oil-bearing Crops	98.4	112.7	102.6	102.1
豆类	Beans	95.4	99.9	92.2	104.1
棉花(籽棉)	Cotton	104.9	102.4	101.8	97.0
蔬菜	Vegetables	106.2	92.9	105.2	100.5
茶叶	Tea	96.7	103.0	100.4	100.3
绿茶	Green Tea	96.8	103.1	100.3	100.3
林业产品	**Forestry Products**	**94.9**	**96.6**	**101.0**	**102.7**
苗木类	Seedlings	95.2	98.5	101.3	105.1
木材采伐产品	Felling and Transport of Wood	94.2	95.1	101.9	102.3
原木	Log	94.2	95.1	101.9	102.3
竹材采伐产品	Felling and Transport of Bamboo	90.1	97.6	97.3	99.4
饲养动物及其产品	**Animal Husbandry Products**	**109.4**	**88.7**	**96.2**	**136.2**
活牲畜	Live Animals	115.9	86.1	88.3	150.8
猪	Hog	120.7	82.5	83.3	158.5
活牛	Cattle and Buffalo	95.2	101.6	105.9	109.5
活羊	Sheep and Goat	92.7	104.3	118.0	122.3
活家禽	Live Poultry	97.6	95.0	107.2	110.6
活鸡	Chicken	97.2	94.3	106.3	110.4
活鸭	Duck	100.9	103.0	115.3	113.6
畜禽产品	Livestock and Poultry Products	94.7	92.6	118.0	102.0
禽蛋	Poultry Egg	93.9	90.0	120.4	103.4
渔业产品	**Fishery Products**	**101.3**	**101.2**	**103.2**	**100.2**
淡水养殖产品	Freshwater Aquaculture Products	101.3	101.2	103.2	100.2
养殖淡水鱼	Freshwater Fish	99.8	103.6	103.3	103.2
淡水养殖虾	Freshwater Shrimp	101.5	100.6	101.6	99.6
淡水养殖蟹	Freshwater Crab	114.9	83.2	103.9	74.2
其他淡水养殖产品	Other Freshwater Aquaculture Products	99.8	95.0	103.5	102.1

4-25 分季农产品生产者价格指数(2019)
Producers Price Indices for Farm Products by Ouarter(2019)

上年=100 (preceding year=100)

指标	Item	全年 Annual Year	第1季度 First Quarter	第2季度 Second Quarter	第3季度 Third Quarter	第4季度 Fourth Quarter
总指数	**General Index**	**109.3**	**98.7**	**107.6**	**109.3**	**112.2**
农业产品	**Crop products**	**99.5**	**97.8**	**104.6**	**101.1**	**97.3**
谷物	Cereals	98.9	95.1	102.7	101.4	98.1
稻谷	Rice	95.1	92.4	95.0	98.7	95.8
小麦	Wheat	102.8	97.1	105.6	103.9	104.8
玉米	Corn	103.0	105.3	102.9	102.7	101.2
大麦	Barley					
薯类	Tubers	99.4	108.9	102.0	92.5	101.5
油料	Oil-bearing Crops	102.1	100.2	101.0	107.6	111.1
花生	Peanuts	106.6	100.2	105.2	107.6	111.8
油菜籽	Rapeseeds	100.8		100.8		
芝麻	Sesames	108.4	100.0			110.5
油茶籽	Camellia Seeds	102.3				99.9
豆类	Beans	104.1	100.0	116.7	92.3	105.5
大豆	Soybean	104.1	100.0	116.7	92.3	105.5
黄大豆	Yellow Soybean	103.9	100.0	117.4	92.3	105.2
棉花	Cotton	97.0	108.8	91.6	98.2	90.1
籽棉	Unginned Cotton	97.0	108.8	91.6	98.2	90.1
未加工烟草	Unmanufactured Tobacco	100.1			99.9	100.2
蔬菜及食用菌	Vegetables and Edible Fungus	100.5	97.6	111.8	94.5	93.9
蔬菜	Vegetables	100.5	97.5	112.1	94.3	93.8
食用菌	Edible Fungus	100.6	102.2	100.0	101.8	98.1
水果及坚果	Fruits and Nuts	97.9	88.0	114.4	101.5	99.5
水果(园林水果)	Fruits	97.8		114.4	102.1	97.7
食用坚果	Edible Nuts	98.2	88.0		99.8	105.9
茶及饮料原料	Materials of Tea and Beverage	100.3	101.4	103.0	98.5	98.1
茶叶	Tea	100.3	101.4	103.0	98.5	98.1

4-25 续表 Continued

指 标	Item	全年 Annual Year	第1季度 First Quarter	第2季度 Second Quarter	第3季度 Third Quarter	第4季度 Fourth Quarter
红茶	Black Tea	100.9		103.5		100.0
绿茶	Green Tea	100.3	101.4	103.0	98.5	98.0
中草药材	Chinese Herbal Medicine Materials	99.5	101.8	99.9	104.4	96.9
林业产品	**Forestry Products**	**102.7**	**103.3**	**103.2**	**100.9**	**100.1**
育种及苗木	Seedlings	105.1	104.6	104.5	109.3	100.8
木材采伐产品	Felling and Transport of Wood	102.3	103.3	103.4	99.8	101.3
原木	Log	102.3	103.3	103.4	99.8	101.3
竹材采伐产品	Felling and Transport of Bamboo	99.4	97.7	99.3	101.2	99.4
饲养动物及其产品	**Animal Husbandry Products**	**136.2**	**97.9**	**118.1**	**140.8**	**174.9**
活牲畜	Live Animals	150.8	97.7	130.0	152.8	218.8
猪	Hog	158.5	95.2	134.2	157.0	239.0
其他活猪	Other Live Pigs	158.5	95.2	134.2	157.0	239.0
牛	Cattle and Buffalo	109.5	105.5	101.2	114.0	117.1
黄牛	Cattle	109.5	105.5	101.2	114.0	117.1
羊	Sheep and Goat	122.3	118.0	123.2	120.6	127.3
山羊	Goat	122.3	118.0	123.2	120.6	127.3
活家禽	Live Poultry	110.6	104.5	99.8	120.5	116.6
活鸡	Chicken	110.4	104.1	99.8	120.6	115.7
活鸭	Duck	113.6	111.1	100.7	116.0	128.1
畜禽产品	Livestock and Poultry Products	102.0	92.5	96.0	106.2	108.1
禽蛋	Poultry Egg	103.4	92.5	99.6	108.1	110.4
鸡蛋	Hen Egg	104.3	92.2	100.3	112.9	112.2
鸭蛋	Duck Egg	95.8	99.0	94.4	96.7	92.7
渔业产品	**Fishery Products**	**100.2**	**101.0**	**100.1**	**105.6**	**99.4**
淡水养殖产品	Freshwater Aquaculture Products	100.2	101.0	100.1	105.6	99.4
养殖淡水鱼	Freshwater Fish	103.2	101.7	100.7	107.6	103.6
淡水养殖虾	Freshwater Shrimp	99.6	103.7	95.3	99.1	98.9
淡水养殖蟹	Freshwater Crab	74.2	49.3		101.9	79.8
其他淡水养殖产品	Other Freshwater Aquaculture Products	102.1	95.2	104.6	104.3	96.6

4-26 分月农村集贸市场农副产品价格(2019)

单位:元/公斤

指　标	Item	省平均价 Average Price	1月 January	2月 February
一、粮食	**Grain**			
籼稻	Nonglutinous Rice	2.53	2.51	2.51
粳稻	Japonica Rice	2.68	2.68	2.66
小麦	Wheat	2.21	2.23	2.22
玉米	Corn	2.07	2.07	2.07
大豆	Soybean	5.07	5.04	4.97
籼米	Long-shaped Rice	4.30	4.30	4.31
粳米	Polished Round-grained Rice	4.87	4.89	4.87
二、经济作物类	**Economic Crops**			
棉花(籽棉)	Cotton	7.40	7.48	7.48
花生仁	Peanut	11.47	10.90	10.90
油菜籽	Rapeseed	5.42	5.55	5.55
三、畜产品	**Livestock Products**			
活猪	Live Hog	22.16	12.92	14.18
仔猪	Piglet	47.82	28.70	29.80
猪肉	Pork	234.13	22.58	23.40
活牛	Live Cattle	31.56	29.84	29.40
牛肉	Beef	71.45	69.00	69.50
活羊	Live Sheep	32.75	31.83	30.60
羊肉	Mutton	68.52	67.88	66.29
活鸡	Live Chicken	17.00	15.65	15.10
鸡蛋	Egg	10.66	10.38	9.45
四、水产品	**Aquatic Products**			
草鱼	Grass Carp	14.35	13.73	13.60
鲤鱼	Carp	10.23	10.10	9.90
鲢鱼	Silver Carp	8.97	8.35	8.53
带鱼	Hairtail	23.13	22.58	22.33
五、蔬菜	**Vegetables**			
大白菜	Chinses Cabbage	2.58	1.53	1.88
黄瓜	Cucumber	6.22	7.76	8.72
西红柿	Tomato	6.35	7.60	8.57
菜椒	Sweet Pepper	5.68	5.42	7.21
四季豆	Kidney Bean	9.90	10.33	10.56
六、水果	**Fruits**			
红富士苹果	Red Fuji Apple	10.71	9.40	9.38
香蕉	Banana	6.43	6.82	6.79
橙子	Orange	9.23	9.12	9.06

Prices of Agricultural Products by Month in Rural Market (2019)

(*yuan*/kg)

3月 March	4月 April	5月 May	6月 June	7月 July	8月 August	9月 September	10月 October	11月 November	12月 December
2.51	2.52	2.52	2.52	2.52	2.52	2.48	2.49	2.77	2.46
2.66	2.65	2.65	2.65	2.65	2.65	2.63	2.64	3.01	2.62
2.22	2.22	2.20	2.20	2.19	2.18	2.19	2.22	2.25	2.24
2.06	2.05	2.05	2.09	2.11	2.11	2.07	2.06	2.06	2.06
4.97	4.98	5.08	5.11	5.19	5.17	5.16	5.06	5.03	5.08
4.31	4.31	4.31	4.31	4.31	4.30	4.29	4.31	4.26	4.27
4.87	4.87	4.87	4.87	4.87	4.88	4.90	4.89	4.84	4.84
7.36	7.48	7.48	7.48	7.48	7.48	7.47	7.27	7.16	7.16
11.10	11.36	11.40	11.30	11.30	11.61	11.84	11.66	12.13	12.10
5.55	5.55	5.43	5.30	5.40	5.33	5.33	5.33	5.35	5.35
16.45	16.37	15.82	16.91	17.21	24.00	26.60	37.60	33.50	34.30
38.60	39.90	38.20	39.50	38.88	48.93	57.40	69.30	72.13	72.44
25.86	25.80	25.20	26.20	26.66	36.50	41.60	56.70	49.40	49.60
29.20	29.12	28.88	29.08	29.28	31.40	33.26	36.30	36.10	36.80
68.75	68.50	67.79	67.88	66.86	70.14	73.43	77.14	78.29	80.13
30.60	30.80	30.40	30.60	30.80	32.40	34.20	36.60	36.80	37.33
62.80	62.80	64.00	64.25	64.50	68.25	70.50	76.17	77.00	77.75
15.05	15.20	15.40	15.21	15.62	18.05	19.08	21.60	19.90	18.10
9.32	9.43	9.92	9.30	10.57	11.77	12.46	12.69	11.48	11.09
13.75	13.82	13.90	13.61	14.22	14.78	15.02	15.33	15.11	15.30
10.33	9.91	9.95	9.88	10.40	10.80	10.55	10.61	10.21	10.11
8.34	8.31	8.40	8.57	8.86	9.60	9.20	9.94	9.70	9.79
22.67	22.83	23.00	23.00	23.17	23.17	23.00	23.17	23.83	24.83
2.00	2.73	2.98	2.60	3.01	3.38	3.28	2.89	2.49	2.13
7.68	5.52	4.26	3.52	3.80	5.36	5.20	7.16	7.66	7.98
8.16	6.93	5.78	3.80	4.60	5.26	5.48	6.15	5.95	7.96
9.28	7.30	5.95	4.14	4.04	4.88	4.96	4.70	4.30	6.00
11.40	10.70	7.83	8.77	8.80	9.93	9.93	9.50	9.50	11.60
9.60	10.50	12.14	12.57	12.88	13.00	10.80	9.78	9.16	9.33
6.86	6.99	7.21	6.81	5.91	6.03	6.23	5.96	5.72	5.84
8.72	9.12	9.66	9.65	9.08	9.13	9.00	9.00	9.20	10.00

4-27 全国及分省(区、市)居民消费价格指数
Consumer Price Indices by Province and Region

上年=100 (preceding year=100)

地 区	Region	2016	2017	2018	2019
全国平均	**National Average**	**102.0**	**101.6**	**102.1**	**102.9**
北 京	Beijing	101.4	101.9	102.5	102.3
天 津	Tianjin	102.1	102.1	102.0	102.7
河 北	Hebei	101.5	101.7	102.4	103.0
山 西	Shanxi	101.1	101.1	101.8	102.7
内蒙古	Inner Mongolia	101.2	101.7	101.8	102.4
辽 宁	Liaoning	101.6	101.4	102.5	102.4
吉 林	Jilin	101.6	101.6	102.1	103.0
黑龙江	Heilongjiang	101.5	101.3	102.0	102.8
上 海	Shanghai	103.2	101.7	101.6	102.5
江 苏	Jiangsu	102.3	101.7	102.3	103.1
浙 江	Zhejiang	101.9	102.1	102.3	102.9
安 徽	**Anhui**	**101.8**	**101.2**	**102.0**	**102.7**
福 建	Fujian	101.7	101.2	101.5	102.6
江 西	Jiangxi	102.0	102.0	102.1	102.9
山 东	Shandong	102.1	101.5	102.5	103.2
河 南	Henan	101.9	101.4	102.3	103.0
湖 北	Hubei	102.2	101.5	101.9	103.1
湖 南	Hunan	101.9	101.4	102.0	102.9
广 东	Guangdong	102.3	101.5	102.2	103.4
广 西	Guangxi	101.6	101.6	102.3	103.7
海 南	Hainan	102.8	102.8	102.5	103.4
重 庆	Chongqing	101.8	101.0	102.0	102.7
四 川	Sichuan	101.9	101.4	101.7	103.2
贵 州	Guizhou	101.4	100.9	101.8	102.4
云 南	Yunnan	101.5	100.9	101.6	102.5
西 藏	Tibet	102.5	101.6	101.7	102.3
陕 西	Shaanxi	101.3	101.6	102.1	102.9
甘 肃	Gansu	101.3	101.4	102.0	102.3
青 海	Qinghai	101.8	101.5	102.5	102.5
宁 夏	Ningxia	101.5	101.6	102.3	102.1
新 疆	Xinjiang	101.4	102.2	102.0	101.9

4-28 全国及分省(区、市)商品零售价格指数
Retail Price Indices by Province and Region

上年=100 (preceding year=100)

地　区	Region	2016	2017	2018	2019
全国平均	**National Average**	**100.7**	**101.1**	**101.9**	**102.0**
北　京	Beijing	98.1	99.2	101.1	100.5
天　津	Tianjin	100.5	100.8	101.6	101.7
河　北	Hebei	101.2	101.4	102.2	101.8
山　西	Shanxi	100.5	101.3	101.7	101.8
内蒙古	Inner Mongolia	100.6	101.2	101.6	101.5
辽　宁	Liaoning	101.0	100.7	101.4	101.7
吉　林	Jilin	101.3	101.4	102.4	102.1
黑龙江	Heilongjiang	101.1	99.9	101.1	102.1
上　海	Shanghai	100.8	100.9	101.6	100.4
江　苏	Jiangsu	100.8	101.9	102.6	102.6
浙　江	Zhejiang	101.0	101.4	102.1	102.5
安　徽	**Anhui**	**100.8**	**101.7**	**101.9**	**101.9**
福　建	Fujian	100.7	100.6	101.5	101.9
江　西	Jiangxi	100.6	101.0	101.0	101.9
山　东	Shandong	101.3	100.8	102.2	102.2
河　南	Henan	100.3	101.3	102.9	102.4
湖　北	Hubei	100.8	100.3	101.2	102.6
湖　南	Hunan	101.0	101.3	102.3	102.3
广　东	Guangdong	100.8	101.6	102.1	101.4
广　西	Guangxi	100.4	101.2	101.6	103.2
海　南	Hainan	101.0	102.0	102.5	102.5
重　庆	Chongqing	101.3	100.8	101.2	101.6
四　川	Sichuan	100.8	100.5	101.4	102.7
贵　州	Guizhou	100.2	100.9	101.8	101.7
云　南	Yunnan	100.7	101.3	101.5	101.5
西　藏	Tibet	102.1	101.4	101.5	102.0
陕　西	Shaanxi	100.3	101.3	102.1	102.4
甘　肃	Gansu	100.9	101.4	101.7	101.9
青　海	Qinghai	100.4	101.2	102.1	102.0
宁　夏	Ningxia	100.7	101.8	102.9	101.1
新　疆	Xinjiang	100.5	100.9	100.9	101.3

4-29 36个大中城市居民消费价格指数
Consumer Price Indices in 36 Large-scale and Medium-scale Cities

上年=100 (preceding year=100)

地 区	Region	2016	2017	2018	2019
全国平均	**National Average**	**102.2**	**101.8**	**102.2**	**102.8**
北 京	Beijing	101.4	101.9	102.5	102.3
天 津	Tianjin	102.1	102.1	102.0	102.7
石家庄	Shijiazhuang	101.6	101.4	102.3	102.7
太 原	Taiyuan	101.2	101.8	101.8	102.7
呼和浩特	Hohhot	101.4	101.4	102.1	102.6
沈 阳	Shenyang	101.7	101.4	103.0	102.4
大 连	Dalian	101.9	102.1	103.0	102.4
长 春	Changchun	101.4	101.3	102.0	102.9
哈尔滨	Harbin	101.8	101.6	102.5	102.6
上 海	Shanghai	103.2	101.7	101.6	102.5
南 京	Nanjing	102.7	101.9	102.4	103.1
杭 州	Hangzhou	102.6	102.5	102.3	103.1
宁 波	Ningbo	102.1	101.8	102.2	103.0
合 肥	**Hefei**	**102.6**	**101.4**	**102.0**	**102.9**
福 州	Fuzhou	102.5	101.4	101.5	102.5
厦 门	Xiamen	101.7	102.0	101.8	103.0
南 昌	Nanchang	102.1	102.1	102.3	102.8
济 南	Jinan	102.7	102.0	102.6	103.3
青 岛	Qingdao	102.5	102.0	102.1	103.3
郑 州	Zhengzhou	102.3	101.8	102.4	103.1
武 汉	Wuhan	102.4	101.9	101.9	103.2
长 沙	Changsha	101.9	101.3	102.0	102.9
广 州	Guangzhou	102.7	102.3	102.4	103.0
深 圳	Shenzhen	102.4	101.4	102.8	103.4
南 宁	Nanning	101.4	102.3	102.5	103.4
海 口	Haikou	103.0	103.3	102.4	103.3
重 庆	Chongqing	101.8	101.0	102.0	102.7
成 都	Chengdu	102.2	102.0	101.4	102.8
贵 阳	Guiyang	101.1	101.0	101.7	102.7
昆 明	Kunming	101.7	100.5	101.7	102.3
拉 萨	Lhasa	102.6	101.4	101.1	102.2
西 安	Xi' an	100.9	102.0	101.9	102.7
兰 州	Lanzhou	100.8	101.5	101.7	102.2
西 宁	Xining	102.1	101.8	102.7	102.5
银 川	Yinchuan	101.7	101.7	102.2	102.2
乌鲁木齐	Urumqi	101.5	102.8	102.2	102.0

4-30 36个大中城市商品零售价格指数
Retail Price Indices in 36 Large-scale and Medium-scale Cities

上年=100 (preceding year=100)

地区	Region	2016	2017	2018	2019
全国平均	**National Average**	**100.7**	**100.9**	**101.7**	**101.6**
北京	Beijing	98.1	99.2	101.1	100.5
天津	Tianjin	100.5	100.8	101.6	101.7
石家庄	Shijiazhuang	101.7	100.9	101.9	101.6
太原	Taiyuan	100.8	101.7	101.7	101.5
呼和浩特	Hohhot	101.1	101.2	101.6	101.3
沈阳	Shenyang	100.6	101.0	101.7	101.4
大连	Dalian	102.0	101.5	101.5	102.1
长春	Changchun	101.2	101.2	102.9	102.2
哈尔滨	Harbin	101.6	99.7	100.7	102.2
上海	Shanghai	100.8	100.9	101.6	100.4
南京	Nanjing	100.5	101.6	102.8	102.1
杭州	Hangzhou	101.5	101.0	102.0	103.1
宁波	Ningbo	101.8	101.1	102.1	102.3
合肥	**Hefei**	**100.8**	**102.3**	**101.7**	**101.6**
福州	Fuzhou	100.7	100.3	101.5	101.8
厦门	Xiamen	100.0	100.8	101.8	102.5
南昌	Nanchang	100.4	101.0	100.8	101.3
济南	Jinan	100.8	101.0	102.6	102.5
青岛	Qingdao	102.0	100.8	101.8	102.4
郑州	Zhengzhou	100.2	101.7	103.6	103.0
武汉	Wuhan	101.3	100.1	101.4	102.5
长沙	Changsha	100.9	101.4	102.5	102.2
广州	Guangzhou	101.2	102.0	102.2	100.6
深圳	Shenzhen	100.3	101.5	102.0	101.3
南宁	Nanning	99.8	100.9	101.1	103.1
海口	Haikou	100.9	101.7	102.4	102.4
重庆	Chongqing	101.3	100.8	101.2	101.6
成都	Chengdu	100.8	99.4	100.7	101.9
贵阳	Guiyang	99.5	101.4	102.3	102.3
昆明	Kunming	100.8	101.3	101.1	101.5
拉萨	Lhasa	102.4	101.2	101.1	102.3
西安	Xi'an	100.1	101.7	102.2	102.1
兰州	Lanzhou	100.7	101.8	101.7	102.0
西宁	Xining	100.6	101.4	102.0	101.9
银川	Yinchuan	100.8	101.5	102.7	101.1
乌鲁木齐	Urumqi	100.6	100.7	100.5	101.2

4-31 全国及分省(区、市)工业生产者出厂价格指数
Producer Price Indices for Industrial Products by Province and Region

上年同月=100 (the same month last year=100)

地 区	Region	2016	2017	2018	2019
全 国	**National**	**98.6**	**106.3**	**103.5**	**99.7**
北 京	Beijing	98.1	100.7	100.0	99.6
天 津	Tianjin	97.9	108.4	105.4	99.3
河 北	Hebei	99.9	115.0	106.2	100.2
山 西	Shanxi	96.8	119.4	106.7	99.7
内蒙古	Inner Mongolia	98.9	110.6	103.2	102.1
辽 宁	Liaoning	98.8	108.1	104.8	99.5
吉 林	Jilin	98.4	103.1	102.8	98.9
黑龙江	Heilongjiang	95.1	109.3	109.0	98.2
上 海	Shanghai	98.8	103.5	101.7	98.8
江 苏	Jiangsu	98.1	104.8	102.8	98.9
浙 江	Zhejiang	98.3	104.8	103.4	98.9
安 徽	**Anhui**	**98.5**	**108.0**	**103.0**	**100.3**
福 建	Fujian	99.1	104.1	102.8	100.6
江 西	Jiangxi	98.6	107.9	104.2	98.9
山 东	Shandong	98.5	105.5	103.7	99.7
河 南	Henan	99.0	106.8	103.6	100.2
湖 北	Hubei	99.0	105.6	104.2	100.2
湖 南	Hunan	98.9	105.8	103.2	99.6
广 东	Guangdong	99.4	103.3	101.8	100.2
广 西	Guangxi	99.1	107.6	103.2	99.3
海 南	Hainan	96.0	108.8	108.2	97.4
重 庆	Chongqing	98.6	104.1	102.1	99.8
四 川	Sichuan	98.9	106.5	103.6	100.4
贵 州	Guizhou	97.9	107.2	101.8	99.8
云 南	Yunnan	97.6	105.2	102.4	100.0
西 藏	Tibet	102.9	110.0	100.1	98.9
陕 西	Shaanxi	97.6	110.8	105.4	100.8
甘 肃	Gansu	94.9	114.5	109.5	98.3
青 海	Qinghai	98.5	116.7	104.8	98.5
宁 夏	Ningxia	99.1	112.1	107.3	99.4
新 疆	Xinjiang	94.5	113.7	111.2	98.5

4-32 全国及分省(区、市)工业生产者购进价格指数
Purchasing Price Indices for Industrial Producer by Province and Region

上年同月=100 (the same month last year=100)

地 区	Region	2016	2017	2018	2019
全 国	**National**	**98.0**	**108.1**	**104.1**	**99.3**
北 京	Beijing	98.5	104.4	100.8	99.6
天 津	Tianjin	98.3	111.1	106.2	98.8
河 北	Hebei	98.3	114.5	104.0	102.1
山 西	Shanxi	98.1	115.2	105.5	101.1
内蒙古	Inner Mongolia	97.4	106.3	102.4	101.1
辽 宁	Liaoning	97.9	108.0	104.5	100.8
吉 林	Jilin	97.8	103.4	103.5	99.2
黑龙江	Heilongjiang	96.0	110.2	109.0	100.3
上 海	Shanghai	97.7	108.9	105.2	98.7
江 苏	Jiangsu	98.0	109.7	104.6	97.2
浙 江	Zhejiang	97.8	109.6	105.1	97.1
安 徽	**Anhui**	**98.4**	**109.2**	**105.3**	**99.9**
福 建	Fujian	98.0	105.3	102.8	99.0
江 西	Jiangxi	97.7	107.2	103.2	98.2
山 东	Shandong	98.0	107.3	103.6	99.2
河 南	Henan	99.2	107.3	104.0	101.2
湖 北	Hubei	98.3	108.3	104.8	99.3
湖 南	Hunan	98.0	107.2	103.5	100.2
广 东	Guangdong	98.0	105.3	102.5	99.2
广 西	Guangxi	98.3	106.5	103.4	99.5
海 南	Hainan	94.8	112.4	110.8	103.1
重 庆	Chongqing	98.4	104.4	102.5	100.1
四 川	Sichuan	98.8	108.3	105.3	100.6
贵 州	Guizhou	98.5	109.7	103.4	99.4
云 南	Yunnan	95.9	106.2	104.4	99.0
西 藏	Tibet				
陕 西	Shaanxi	95.9	106.4	104.2	100.3
甘 肃	Gansu	94.6	115.5	109.8	99.0
青 海	Qinghai	96.2	108.0	104.5	98.2
宁 夏	Ningxia	96.9	112.9	106.5	97.5
新 疆	Xinjiang	95.5	112.8	109.2	100.0

4-33 全国及分省(区、市)固定资产投资价格分类指数(2019)
Price Indices of Investment in Fixed Assets by Region and Catagory(2019)

地 区	Region	固定资产投资 Investment in Fixed Assets	建筑工程 Construction and Installation	设备、工器具购置 Purchase of Equipment and Instruments	其他费用 Others
全 国	**National**	**102.6**	**102.8**	**100.1**	**103.5**
北 京	Beijing	102.1	101.0	100.0	103.8
天 津	Tianjin	101.7	102.6	99.8	101.4
河 北	Hebei	103.0	103.1	100.6	107.0
山 西	Shanxi	104.0	104.6	100.9	104.3
内 蒙	Inner Mongolia	101.7	101.4	100.6	104.9
辽 宁	Liaoning	103.1	101.7	100.6	109.6
吉 林	Jilin	102.6	102.4	100.7	105.6
黑龙江	Heilongjiang	100.8	100.6	100.3	103.4
上 海	Shanghai	101.4	102.3	100.5	100.5
江 苏	Jiangsu	101.3	102.3	99.4	100.8
浙 江	Zhejiang	102.1	102.8	100.0	101.9
安 徽	**Anhui**	**102.3**	**102.7**	**100.1**	**102.3**
福 建	Fujian	101.5	102.0	100.9	100.2
江 西	Jiangxi	102.4	102.6	99.5	104.4
山 东	Shandong	102.8	102.9	99.9	106.3
河 南	Henan	103.2	103.8	100.4	102.8
湖 北	Hubei	104.0	104.4	100.5	105.7
湖 南	Hunan	101.7	101.5	100.4	104.7
广 东	Guangdong	104.2	104.3	100.3	106.3
广 西	Guangxi	102.4	102.4	100.6	103.1
海 南	Hainan	103.3	103.9	100.1	102.9
四 川	Sichuan	103.4	103.5	100.1	104.5
贵 州	Guizhou	101.6	102.0	100.3	100.2
云 南	Yunnan	102.3	102.0	100.4	104.5
重 庆	Chongqing	102.3	102.6	100.4	100.8
陕 西	Shaanxi	102.6	102.8	100.1	103.5
甘 肃	Gansu	102.6	103.0	99.4	102.0
青 海	Qinghai	102.5	102.9	100.4	102.2
宁 夏	Ningxia	102.0	101.9	100.0	106.1
新 疆	Xinjiang	102.8	103.0	101.1	103.7

4-34 全国及分省(区、市)固定资产投资价格指数
Price Indices of Investment in Fixed Assets by Province and Region

地　区	Region	2016	2017	2018	2019
全　国	**National**	**99.4**	**105.8**	**105.4**	**102.6**
北　京	Beijing	99.7	104.7	103.8	102.1
天　津	Tianjin	99.4	104.3	104.5	101.7
河　北	Hebei	99.4	106.7	105.0	103.0
山　西	Shanxi	100.0	106.3	104.5	104.0
内　蒙	Inner Mongolia	99.5	103.4	103.6	101.7
辽　宁	Liaoning	99.2	104.0	103.5	103.1
吉　林	Jilin	98.7	104.7	104.6	102.6
黑龙江	Heilongjiang	99.4	103.4	103.3	100.8
上　海	Shanghai	99.6	106.7	105.6	101.4
江　苏	Jiangsu	98.8	107.6	106.0	101.3
浙　江	Zhejiang	99.5	105.8	105.7	102.1
安　徽	**Anhui**	**99.2**	**107.4**	**105.8**	**102.3**
福　建	Fujian	100.0	105.6	104.9	101.5
江　西	Jiangxi	100.0	106.1	106.4	102.4
山　东	Shandong	99.1	105.8	106.1	102.8
河　南	Henan	99.2	107.4	105.4	103.2
湖　北	Hubei	100.1	105.9	106.6	104.0
湖　南	Hunan	100.4	105.7	104.8	101.7
广　东	Guangdong	100.3	105.3	106.2	104.2
广　西	Guangxi	99.5	104.4	104.5	102.4
海　南	Hainan	100.1	104.1	106.2	103.3
四　川	Sichuan	99.8	107.7	106.4	103.4
贵　州	Guizhou	98.6	106.1	105.2	101.6
云　南	Yunnan	100.1	104.9	104.9	102.3
重　庆	Chongqing	98.9	105.3	105.0	102.3
陕　西	Shaanxi	99.9	105.3	105.4	102.6
甘　肃	Gansu	98.7	105.9	104.6	102.6
青　海	Qinghai	99.6	106.1	104.3	102.5
宁　夏	Ningxia	99.6	105.9	103.5	102.0
新　疆	Xinjiang	99.9	103.5	103.7	102.8

主要统计指标解读

Explanatory Notes on Main Statistical Indicators

居民消费价格指数 是反映一定时期内居民所消费商品及服务项目的价格水平变动趋势和变动程度。居民消费价格水平的变动率在一定程度上反映了通货膨胀(或紧缩)的程度。编制居民消费价格指数的目的,是了解全国各地价格变动的基本情况,分析研究价格变动对社会经济和居民生活的影响,满足各级政府制定政策和计划、进行宏观调控的需要,以及为国民经济核算提供参考依据。

城市居民消费价格指数 是反映一定时期内城市居民家庭所购买的生活消费品价格和服务项目价格变动趋势和程度的相对数。该指数可以观察和分析消费品的零售价格和服务项目价格变动对城镇职工货币工资的影响,作为研究职工生活和确定工资政策的依据。

农村居民消费价格指数 是反映一定时期内农村居民家庭所购买的生活消费品价格和服务项目价格变动趋势和程度的相对数。该指数可以观察农村消费品的零售价格和服务项目价格变动对农村居民生活消费支出的影响,直接反映农民生活水平的实际变化情况,为分析和研究农村居民生活问题提供依据。

商品零售价格指数 是反映一定时期内城乡商品零售价格变动趋势和程度的相对数。商品零售价格的变动直接影响到城乡居民的生活支出和国家的财政收入,影响居民购买力和市场供需的平衡,影响到消费与积累的比例关系。因此,该指数可以从一个侧面对上述经济活动进行观察和分析。

农业生产资料价格指数 是工业、商业及其他单位和个人向农民出售农业生产资料(包括主要生产性服务)的价格的变动趋势和变动程度。其目的在于掌握农业生产资料的平均价格水平,为国家制定经济政策提供依据;同时,为研究城乡市场流通状况和国民经济核算提供参考依据。

农产品生产者价格指数 是反映一定时期内,农产品生产者出售农产品价格水平变动趋势及幅度的相对数。该指数可以客观反映全国农产品生产者价格水平和结构变动情况,满足农业与国民经济核算需要。其中某代表品生产者价格指数是通过对全部有出售该产品行为的调查单位的个体指数进行几何平均求得的,类价格指数是通过对其所属的类(或代表品)的价格指数进行加权平均求得的。季度累计价格指数的计算方法与分季指数的计算方法相同。

工业生产者价格 包括工业企业产品第一次出售时的出厂价格(简称工业生产者出厂价格)和企业作为中间投入的原材料、燃料、动力购进价格(简称工业生产者购进价格)。工业生产者价格调查的目的在于及时、准确、科学地反映各工业行业产品价格水平及其变动趋势和幅度,为国民经济核算、计算工业发展速度、宏观经济分析和调控、理顺价格体系等提供科学、准确的依据。

固定资产投资价格指数 是反映一定时期内固定资产投资品及项目的价格变动趋势和程度的相对数。固定资产投资额是由建筑安装工程投资完成额、设备工器具购置投资完成额和其他费用投资完成额三部分组成的。编制固定资产投资价格指数应首先分别编制上述三部分投资的价格指数,然后采用加权算术平均法求出固定资产投资价格总指数。

该指数可以准确地反映固定资产投资中涉及的各类投资品和取费项目价格变动趋势和变动幅度,消除按现价计算的固定资产投资指标中的价格变动因素,真实地反映固定资产投资的规模、速度、结构和效益,为国家科学地制定、检查固定资产投资计划并提高宏观调控水平,为完善国民经济核算体系提供科学的、可靠的依据。

房地产价格指数 是反映一定时期内房地产价格变动趋势和程度的相对数,包括房屋销售价格指数、房屋租赁价格指数、土地交易价格指数和物业管理价格指数。这四套指数的计算方法相似,均采用由下到上逐级汇总的方法。

专项调查

SPECIAL SURVEY

简 要 说 明

农民工调查简介:农民工是指户籍仍在农村,在本地从事非农产业或外出从业 6 个月及以上的农村劳动力,包括举家外出的农村劳动力。农民工监测调查是根据国家统计局《农民工监测调查方案》,由安徽调查总队组织实施。

本版责任编辑:王　方

5-1 农民工监测情况
Situation of Migrant Workers

（全省抽样调查数） （A Sample Survey in Anhui Province）

指标名称	Item	单位	Unit	2018 年	2019 年
住户成员基本情况	**Basic Conditions of Household Member**	—			
一、调查人口基本情况	Basic Conditions	—			
（一）期内住户成员数	Household Members During the Period	人	person	12849	12863
（二）期末住户成员数	Household Members at the End of Period	人	person	12849	12863
（三）期内住户常住成员数	Permanent Household Members During the Period	人	person	10530	10545
（四）期内增加的住户成员数	Increased Household Members During the Period	人	person	201	306
（五）期内减少的住户成员数	Reduced Household Members During the Period	人	person	347	583
二、住户成员情况	Basic Conditions of Household Members	—			
（一）住户成员与户主关系	Relationship with the Householder				
1.户主	Householder	人	person	3290	3290
2.配偶	Spouse	人	person	3030	3014
3.子女	Child	人	person	3606	3503
4.父母	Parent	人	person	488	478
5.岳父母或公婆	Parent-in-law	人	person	17	16
6.祖父母	Grandparent	人	person	7	8
7.媳婿	Daughter-in-law or Son-in-law	人	person	847	889
8.孙子女	Grandchild	人	person	1523	1629
9.兄弟姐妹	Sibling	人	person	18	16
10.其他	Others	人	person	23	20
（二）性别	Gender				
1.男性	Male	人	person	6730	6720
2.女性	Female	人	person	6119	6143
（三）年龄	Age				
1.5 岁及以下	Aged 5 and Below	人	person	916	881
2.6—15 岁	Aged 6—15	人	person	1646	1717
3.16—19 岁	Aged 16—18	人	person	499	515
4.20—24 岁	Aged 19—22	人	person	724	692
5.25—29 岁	Aged 23—25	人	person	1158	994
6.30—34 岁	Aged 26—30	人	person	899	979
7.35—40 岁	Aged 31—40	人	person	853	845
8.41—50 岁	Aged 41—50	人	person	2097	1946
9.51—60 岁	Aged 51—60	人	person	2049	2215
10.61—65 岁	Aged 61—65	人	person	729	682
11.66 岁及以上	Aged 66 and Over	人	person	1279	1397
（四）民族	Nationality				
1.汉族	Han Nationality	人	person	12718	12738
2.壮族	Zhuang Nationality	人	person	3	3

5-1 续表1 Continued 1

指标名称	Item	单位	Unit	2018年	2019年
3.回族	Hui Nationality	人	person	107	106
4.苗族	Miao Nationality	人	person	10	8
5.维吾尔族	Uigur Nationality	人	person	1	0
6.蒙古族	Mongolian Nationality	人	person	2	1
7.藏族	Tibetan Nationality	人	person	2	2
8.其他民族	Other Nationalities	人	person	6	4
(五)户口登记地	Registered Permanent Residence				
1.本村(居委会)	Village	人	person	12013	12088
2.村外乡(镇、街道)内	Other Village of this Town	人	person	392	372
3.乡外县(区)内	Other Town of this County	人	person	221	219
4.县外市内	Other County of this City	人	person	78	59
5.市外省内	Other City of this Province	人	person	58	51
6.省外	Other Provinces	人	person	73	66
7.其他(如户口待定)	Others(Eg. Remain to be Confirmed)	人	person	14	8
(六)户口性质	Household Registration				
1.农业	Rural	人	person	12355	12387
2.非农业	Non-rural	人	person	483	454
3.其他	Others	人	person	3	10
(七)健康状况	Health Condition				
1.健康	Health	人	person	11876	11852
2.基本健康	Basically Healthy	人	person	578	614
3.不健康,但生活能自理	Unhealthy but Could Look After by Oneself	人	person	348	358
4.生活不能自理	Unable to Look After by Oneself	人	person	47	39
(八)参加医疗保险情况	Conditions of Medical Insurance				
1.新型农村合作医疗	New Rural Cooperative Medical Service	人	person	11758	6156
2.城镇职工基本医疗保险	Basic Medical Insurance for Urban Employees	人	person	344	452
3.(城镇)居民基本医疗保险	Basic Medical Insurance for Residents (Urban)	人	person	641	6197
4.公费医疗	Free Medical Care	人	person	10	4
5.商业医疗保险	Commercial Medical Insurance	人	person	44	68
6.其他医疗保险	Other Medical Insurance	人	person	128	77
7.没有参加任何医疗保险	Not Having Medical Insurance	人	person	56	20
(九)是否在校学生(6周岁及以上填写)	School Student(Aged 6 and Over)				
1.由本户供养的在校学生	Supported by this Household	人	person	2153	2274
2.不由本户供养的在校学生	Not Supported by this Household	人	person	21	23
3.非在校学生	Non-student	人	person	9758	9681
(十)6周岁及以上住户成员受教育程度	Education Level of Household Members Aged 6 and Over				
1.未上过学	Without School	人	person	928	894

5-1 续表 2 Continued 2

指标名称	Item	单位	Unit	2018 年	2019 年
2.小学	Primary School	人	person	3523	3526
3.初中	Junior Secondary School	人	person	5335	5295
4.高中	Senior Secondary School	人	person	1274	1315
5.大学专科	Junior College	人	person	528	574
6.大学本科	Undergraduate	人	person	311	335
7.研究生	Postgraduate	人	person	33	39
(十一)15 周岁及以上住户成员婚姻状况	Marital Status of Household Members Aged 15 and Over				
1.未婚	Single	人	person	1589	1611
2.有配偶	Married	人	person	8319	8300
3.离婚	Divorced	人	person	136	127
4.丧偶	Widowed	人	person	374	377
(十二)过去三个月在本住宅居住的时间(月)	Length of Residence in this House in the Past 3 Months				
1.一个半月以下(<1.5)	Less than One and a Half Months	人	person	2254	2212
2.一个半月及以上(≥1.5)	No Less than One and a Half Months	人	person	9642	9650
3.从未在本住宅居住(=0)	Never Lived in this House	人	person	953	1001
农村劳动力全年从业情况	**Annual Employment Situation of Rural Labor**	—			
(一)本年度主要从业地区	Working Area	人	person		
1.乡内	In the Town	人	person	4958	4923
2.乡外县内	Other Town in this County	人	person	677	673
3.县外省内	Other County in this Province	人	person	712	692
4.省外国内	Other Province	人	person	1930	1847
5.国外及港澳台地区	Abroad and Hong Kong, Macao and Taiwan Regions of China	人	person	4	2
(二)本年度从事主要行业	Industries Involved				
1.第一产业	Primary Industry	人	person	2579	2334
(1)农、林、牧、渔业	Agriculture, Forestry, Animal Husbandry and Fishery	人	person	2579	2334
2.第二产业	Secondary Industry	人	person	2854	2792
(2)采矿业	Mining	人	person	60	56
(3)制造业	Manufacturing	人	person	1390	1336
(4)电力、热力、燃气及水的生产和供应业	Production and Supply of Electricity, Heating, Gas and Water	人	person	79	65
(5)建筑业	Construction	人	person	1325	1335
3.第三产业	Tertiary Industry	人	person	2848	3010
(6)批发和零售业	Wholesale and Retail Trades	人	person	672	720
(7)交通运输、仓储和邮政业	Transport, Storage and Post	人	person	369	370
(8)住宿和餐饮业	Hotels and Catering Services	人	person	410	422

5-1 续表3 Continued 3

指标名称	Item	单位	Unit	2018年	2019年
(9)信息传输、软件和信息技术服务业	Information Transmission, Software and Infomation Technology Services	人	person	96	116
(10)金融业	Financial Industry	人	person	38	46
(11)房地产业	Real Estate	人	person	28	50
(12)租赁和商务服务业	Leasing and Business Services	人	person	65	57
(13)科学研究和技术服务	Scientific Research and Technical Services	人	person	8	6
(14)水利、环境和公共设施管理业	Management of Water Conservancy, Environment and Public Facilities	人	person	33	46
(15)居民服务、修理和其他服务业	Resident Services, Repair and Other Services	人	person	662	702
(16)教育	Education	人	person	103	116
(17)卫生、社会工作	Health and Social Work	人	person	120	104
(18)文化、体育和娱乐业	Culture,Sports and Entertainment	人	person	44	48
(19)公共管理、社会保障和社会组织	Public Management, Social Security and Social Organizations	人	person	200	207
(20)国际组织	International Organizations	人	person	0	0
(三)本年度从事主要职业	Occupation				
1.国家机关、党群组织、企业、事业单位负责人	Principal of Govemment Organs, Party and Mass Organizations,Enterprises and Public Institutions	人	person	74	47
2.专业技术人员	Professional and Technical Personnel	人	person	604	556
3.办事人员和有关人员	Clerk and Related Workers	人	person	501	535
4.商业、服务业人员	Business and Service Workers	人	person	1303	1446
5.农、林、牧、渔、水利业生产人员	Agriculture, Forestry, Animal Husbandry, Fishery and Water Conservancy Production Personnel	人	person	2547	2284
6.生产、运输设备操作人员及有关人员	Operators of Production and Transport Equipment	人	person	1857	1778
7.军人	Solider	人	person	0	1
8.不便分类的其他从业人员	Others	人	person	1395	1490
(四)本年度本地务农	Local Farming Activity				
1.从事过本地务农的人数	Number of People Engaged in Local Agriculture	人	person	247	
2.从事本地务农的时间(合计)	Total Time Spent in Local Agriculture	月	month	841.2	
(五)本年度本地非农自营	Local Non-farming Self-employed Activity				
1.从事过本地非农自营的人数	Number of Local Non-farming Self-employers	人	person	889	901
2.从事本地非农自营的时间(合计)	Total Time Spent in Local Non-farming Self-employed Activity	月	month	7504.1	7819.3
3.从事本地非农自营的收入(合计)	Total Income from Local Non-Farming Self-employed Activity	元	*yuan*	41266250	41758223
(六)本年度本地非农务工	Local Off-farm Worker				

5-1 续表 4 Continued 4

指标名称	Item	单位	Unit	2018 年	2019 年
1.从事过本地非农务工的人数	Number of Local Off-farm Workers	人	person	1897	1996
2.从事本地非农务工的时间(合计)	Total Work Time of Local Off-farm Workers	月	month	13647.1	15348.2
3.从事本地非农务工的收入(合计)	Total Income of Local Off-Farm Workers	元	*yuan*	46603984	53782378
(七)本年度外出务工	Working Outside				
1.从事过外出务工的人数	Number of Migrant Workers	人	person	3076	3000
2.外出务工的时间(合计)	Total Work Time of Migrant Workers	月	month	27926.1	27659.1
3.外出务工的收入(合计)	Total Income of Migrant Workers	元	*yuan*	129080168.5	141280515
4.寄带回金额(合计)	Total Amount of Money Sent or Brought Home	元	*yuan*	75791351	83962539
5.生活消费总支出(合计)	Total Consumption Expenditure	元	*yuan*	36028263	40554270
#确定收入的人数	#Number of People with Certain Income	人	person	3074	3000
(八)本年度外出自营	Self-employed Outside				
1.从事过外出自营的人数	Number of Self-emplayed Migrant Workers	人	person	339	294
2.外出自营的时间(合计)	Total Time Spent in Self-employed Outside	月	month	3194.5	2807
3.外出自营的收入(合计)	Total Income from Self-employed Outside	元	*yuan*	23151400	21352832
4.寄带回金额(合计)	Total Amount of Money Sent or Brought Home	元	*yuan*	14065160	12158020
5.生活消费总支出(合计)	Total Consumption Expenditure	元	*yuan*	6405960	5772607
#确定收入的人数	#Number of People with Certain Income	人	person	339	294
(九)外出从业情况	Situation of Working Outside				
1.上年外出人数	Working Outside Last Year	人	person	2977	3001
其中:本年未继续外出人数	Of Which: Not Working Outside in this Year	人	person	121	131
2.本年新增外出人数	Initially Working Outside this Year	人	person	559	424
3.连续两年外出人数	Working Outside for Two Consecutive Years	人	person	2856	2870
4.外出时间不足 1 个月人数	Working Outside Less than One Month	人	person	10	9
(十)曾经外出情况	Once Worked Outside				
1.有外出从业经历的人数	Number of People Who having Worked Outside	人	person	4966	4994
2.距离初次外出时间(合计)	Total Time Since Working Outside for the first time	月	month	81076767	76831678
(十一)当前就业状况	Current Work Situation				
1.本地务农	Local Farmer	人	person	2075	1925
2.本地非农自营	Local Non-farming Self-employer	人	person	755	770
3.本地非农务工	Local Off-farm Worker	人	person	1376	1500
4.外出从业	Migrant Worker	人	person	3110	3024
5.其他从业	Other Employed	人	person	303	282
6.未从业	Non-employment	人	person	564	573
外出从业人员情况	**Conditions of Migrant Workers**	—			
(一)外出地区	Working Area	人	person		
1.本省	In the Province	人	person	1412	1404

5-1 续表 5 Continued 5

指标名称	Item	单位	Unit	2018 年	2019 年
(1)乡外县内	Other Town in this County	人	person	676	700
(2)县外省内	Other County in this Province	人	person	736	704
2.省外	Outside the Province	人	person	2002	1889
(1)东部地区	The Eastern Areas	人	person	1859	1748
北京	Beijing	人	person	43	35
天津	Tianjin	人	person	14	14
河北	Hebei	人	person	11	22
辽宁	Liaoning	人	person	8	7
上海	Shanghai	人	person	297	305
江苏	Jiangsu	人	person	584	540
浙江	Zhejiang	人	person	717	657
福建	Fujian	人	person	60	54
山东	Shandong	人	person	29	43
广东	Guangdong	人	person	94	75
海南	Hainan	人	person	10	3
(2)中部地区	The Central Areas	人	person	70	76
山西	Shanxi	人	person	8	8
吉林	Jilin	人	person	4	10
黑龙江	Heilongjiang	人	person	3	2
安徽	Anhui	人	person	1412	1404
江西	Jiangxi	人	person	14	14
河南	Henan	人	person	24	19
湖北	Hubei	人	person	18	23
湖南	Hunan	人	person	6	12
(3)西部地区	The Western Areas	人	person	54	44
内蒙古	Inner Mongolia	人	person	5	2
广西	Guangxi	人	person	2	2
重庆	Chongqing	人	person	4	4
四川	Sichuan	人	person	6	4
贵州	Guizhou	人	person	7	7
云南	Yunnan	人	person	7	6
西藏	Tibet	人	person	1	0
陕西	Shaanxi	人	person	7	2
甘肃	Gansu	人	person	6	6
青海	Qinghai	人	person	2	1
宁夏	Ningxia	人	person	0	0
新疆	Xinjiang	人	person	7	10
(4)其他地区	Other Areas	人	person	4	2
港澳台	Hong Kong, Macao or Taiwan	人	person	0	0

5-1 续表6 Continued 6

指标名称	Item	单位	Unit	2018年	2019年
国外	Abroad	人	person	4	2
(二)外出地区类型	Type of Migrant Areas				
1.直辖市	Municipal City	人	person	345	377
2.省会城市	Provincial Capital	人	person	637	651
3.地级市	Prefecture-Level City	人	person	1309	1190
4.县市城区	County-Level City	人	person	808	838
5.建制镇	Designated Town	人	person	277	218
6.村委会	Village	人	person	35	18
7.其他地区	Other Areas	人	person	4	2
(三)外出方式	Kind of Woking Outside				
1.政府(单位)组织	Organized by Government or Unit	人	person	26	30
2.中介组织介绍	Introduced by Intermediary Organization	人	person	33	43
3.亲朋好友介绍	Introduced by Kith and Kin	人	person	1424	1414
4.自发	Spontaneously	人	person	1725	1688
5.其他	Others	人	person	207	119
(四)本年度从事主要行业	Industries Involved				
1.第一产业	Primary Industry	人	person	37	28
(1)农、林、牧、渔业	Agriculture,Forestry,Animal Husbandry and Fishery	人	person	37	28
2.第二产业	Secondary Industry	人	person	1891	1793
(2)采矿业	Mining	人	person	26	20
(3)制造业	Manufacturing	人	person	952	857
(4)电力、热力、燃气及水的生产和供应业	Production and Supply of Electricity, Heating, Gas and Water	人	person	50	38
(5)建筑业	Construction	人	person	863	878
3.第三产业	Tertiary Industry	人	person	1487	1473
(6)批发和零售业	Wholesale and Retail Trades	人	person	245	229
(7)交通运输、仓储和邮政业	Transport,Storage and Post	人	person	246	247
(8)住宿和餐饮业	Hotels and Catering Services	人	person	253	266
(9)信息传输、软件和信息技术服务业	Information Transmission, Software and Information Technology Services	人	person	87	100
(10)金融业	Financial Industry	人	person	32	37
(11)房地产业	Real Estate	人	person	27	45
(12)租赁和商务服务业	Leasing and Business Services	人	person	49	46
(13)科学研究和技术服务	Scientific Research and Technological Services	人	person	8	5
(14)水利、环境和公共设施管理业	Management of Water Conservancy, Environment and Public Facilities	人	person	15	18
(15)居民服务、修理和其他服务业	Resident, Services Repair and Other Services	人	person	392	355

5-1 续表7 Continued 7

指标名称	Item	单位	Unit	2018年	2019年
(16)教育	Education	人	person	41	42
(17)卫生、社会工作	Health and Social Work	人	person	38	29
(18)文化、体育和娱乐业	Culture, Sports and Entertainment	人	person	34	33
(19)公共管理、社会保障和社会组织	Public Management ,Social Security and Social Organizations	人	person	20	21
(20)国际组织	International Organizations	人	person	0	0
(五)本年度从事主要职业	Occupation				
1.国家机关、党群组织、企业、事业单位负责人	Principal of Government Organs, Party and Mass Organizations, Enterprises and Public Institutions	人	person	15	6
2.专业技术人员	Professional and Technical Personnel	人	person	397	353
3.办事人员和有关人员	Clerk and Related Workers	人	person	242	265
4.商业、服务业人员	Business and Service Workers	人	person	690	705
5.农、林、牧、渔、水利业生产人员	Agriculture, Forestry, Animal Husbandry, Fishery and Water Conservancy Production Personnel	人	person	58	38
6.生产、运输设备操作人员及有关人员	Operators of Production and Transport Equipment	人	person	1275	1196
7.军人	Solider	人	person	0	0
8.不便分类的其他从业人员	Others	人	person	738	731
(六)外出从业住所类型	Type of Accommodation				
1.单位宿舍	Unit Dormitory	人	person	739	761
2.工地工棚	Work Shed	人	person	317	351
3.生产经营场所	Production or Business Premises	人	person	110	85
4.与人合租住房	Shared Accommodation	人	person	390	354
5.独立租赁住房	Single Rent Apartment	人	person	969	864
6.务工地自购房	Purchasing House in the Migrant Areas	人	person	109	106
7.乡外从业但回家居住(老家)	Living at Home While Woking Outside the Hometown	人	person	600	624
8.其他	Others	人	person	181	149
(七)外出从业时间	Working Time				
1.从事当前工作的时间(合计)	Engaged in the Job	月	month	206576	192155
其中:1年以下	Of Which: Less than One Year	人	person	716	664
1—2年	1—2 Years	人	person	536	553
2—5年	2—5 Years	人	person	1076	1057
5年及以上	5 Years and Over	人	person	1087	1020
2.每月平均工作的天数	Average Working Days in One Month	天	day		
其中:15天以下	Of Which: Less than 15 Days	人	person	46	39
15—22天	15—22 Days	人	person	593	611
22—26天	22—26 Days	人	person	1734	1510
26天以上	More than 26 Days	人	person	1042	1134

5-1 续表 8 Continued 8

指标名称	Item	单位	Unit	2018 年	2019 年
3.每天平均工作的小时数	Average Working Hours in a Day	小时	hour		
其中:6 小时以下	Of Which:Less than 6 Hours	人	person	19	14
6—8 小时	6—8 Hours	人	person	69	74
8—10 小时	8—10 Hours	人	person	2158	2042
其中:8 小时	Of Which:8 Hours	人	person	1765	1689
10—12 小时	10—12 Hours	人	person	1022	1025
12 小时及以上	More than 12 Hours	人	person	147	139
(八)外出月收支情况	Income and Expenditure				
1.每月平均收入(合计)	Average Monthly Income	元	*yuan*	15755825	16595817
其中:800 元以下	Of Which:Less Than 800 *Yuan*	人	person	0	1
800—1000 元	800—1000 *Yuan*	人	person	1	2
1000—1500 元	1000—1500 *Yuan*	人	person	26	21
1500—2000 元	1500—2000 *Yuan*	人	person	50	61
2000—3000 元	2000—3000 *Yuan*	人	person	371	250
3000—5000 元	3000—5000 *Yuan*	人	person	1652	1401
5000 元及以上	5000 *Yuan* and Over	人	person	1315	1558
#明确收入水平的人数	#Number of People Who Knowing Their Own Income	人	person	3415	3294
#不清楚收入水平的人数	#Number of People Who Not Knowing Their Own Income	人	person	0	0
(九)社会保障与福利情况	Social Welfare and Social Security				
1.外出从业的劳动关系	Employment Relations				
①无固定期限劳动合同工	Labor Contracts Without a Fixed Period	人	person	299	352
②一年及以上劳动合同工	Labor Contracts with One-year and Over	人	person	572	539
③一年以下劳动合同工	Labor Contracts Less than One-year	人	person	85	62
④没有劳动合同	Without Labor Contracts	人	person	1865	1850
⑤自营	Self-employed	人	person	417	393
⑥其他	Others	人	person	177	98
2.单位或雇主提供伙食情况	Meals Supplied by Employer or Unit				
①每天提供三顿	Three Meals Everyday	人	person	450	435
②每天提供两顿	Two Meals Everyday	人	person	308	363
③每天提供一顿	One Meal Everyday	人	person	685	589
④不提供,但补贴部分伙食费	No Meals,but Having Food Allowance	人	person	139	136
⑤不提供,也没有补贴	Neither Meals nor Food Allowance	人	person	1239	1280
3.单位或雇主提供住宿情况	Accommodation Supplied by Employer or Unit				
①提供住宿	Accommodation Supplied	人	person	1180	1238
②不提供住宿,但住房有补贴	No Accommodation,but Having Rental Allowance	人	person	135	132
③不提供住宿,也没有住房补贴	Neither Accommodation nor Rental Allowance	人	person	1506	1433

5-1 续表9 Continued 9

指标名称	Item	单位	Unit	2018年	2019年
4.单位或雇主拖欠工资情况	Arrears of Wage				0
①被拖欠工资人数	Number of Employees Without Pay	人	person	16	10
②被拖欠工资的金额(合计)	Total Amount of Unpaid Wages	元	*yuan*	329000	180000
5.五险一金缴纳情况	Five Insurances and One Fund				
①缴纳养老保险	Employer or Unit Providing Endowment Insurance for Workers	人	person	476	457
②缴纳工伤保险	Employer or Unit Providing Work-Related Injury Insurance for Workers	人	person	726	766
③缴纳医疗保险	Employer or Unit Providing Medical Insurance for Workers	人	person	490	482
④缴纳失业保险	Employer or Unit Providing Unemployment Insurances for Workers	人	person	388	398
⑤缴纳生育保险	Employer or Unit Providing Maternity Insurance for Workers	人	person	325	359
⑥缴纳住房公积金	Employer or Unit Paying Housing Fund for Workers	人	person	234	247
本地非农务工人员情况	**Conditions of Local Off-farm Workers**	—			
(一)本年度非农务工主要行业	Industries Involved				
1.第一产业	Primary Industry	人	person	0	0
(1)农、林、牧、渔业	Agriculture, Forestry, Animal Husbandry and Fishery	人	person	0	0
2.第二产业	Secondary Industry	人	person	649	716
(2)采矿业	Mining	人	person	32	30
(3)制造业	Manufacturing	人	person	307	350
(4)电力、热力、燃气及水的生产和供应业	Production and Supply of Electricity, Heating, Gas and Water	人	person	23	22
(5)建筑业	Construction	人	person	287	314
3.第三产业	Tertiary Industry	人	person	494	532
(6)批发和零售业	Wholesale and Retail Trades	人	person	39	47
(7)交通运输、仓储和邮政业	Transport, Storage and Post	人	person	40	36
(8)住宿和餐饮业	Hotels and Catering Services	人	person	49	57
(9)信息传输、软件和信息技术服务业	Information Transmission, Software and Information Technology Services	人	person	9	7
(10)金融业	Financial Industry	人	person	2	6
(11)房地产业	Real Estate	人	person	0	4
(12)租赁和商务服务业	Leasing and Business Services	人	person	6	4

5-1 续表 10 Continued 10

指标名称	Item	单位	Unit	2018 年	2019 年
(13)科学研究和技术服务	Scientific Research and Technical Services	人	person	0	1
(14)水利、环境和公共设施管理业	Management of Water Conservancy, Environment and Public Facilities	人	person	10	14
(15)居民服务、修理和其他服务业	Resident Services, Repair and Other Services	人	person	150	192
(16)教育	Education	人	person	34	23
(17)卫生、社会工作	Health and Social Work	人	person	49	50
(18)文化、体育和娱乐业	Culture, Sports and Entertainment	人	person	5	4
(19)公共管理、社会保障和社会组织	Public Management, Social Security and Social Organizations	人	person	101	87
(20)国际组织	International Organizations	人	person	0	0
(二)本年度从事主要职业	Occupation				
1.国家机关、党群组织、企业、事业单位负责人	Principal of Government Organs, Party and Mass Organizations, Enterprises and Public Institutions	人	person	14	6
2.专业技术人员	Professional and Technical Personnel	人	person	121	105
3.办事人员和有关人员	Clerk and Related Workers	人	person	151	139
4.商业、服务业人员	Business and Service Workers	人	person	154	238
5.农、林、牧、渔、水利业生产人员	Agriculture, Forestry, Animal Husbandry, Fishery and Water Conservancy Production Personnel	人	person	22	13
6.生产、运输设备操作人员及有关人员	Operators of Production and Transport Equipment	人	person	397	421
7.军人	Solider	人	person	0	0
8.不便分类的其他从业人员	Others	人	person	284	326
(三)外出从业时间	Working Time				
1.从事当前工作的时间	Engaged in the Job				
其中:1 年以下	Of Which: Less than One Year	人	person	131	138
1—2 年	1—2 Years	人	person	188	240
2—5 年	2—5 Years	人	person	298	380
5 年及以上	5 Years and Over	人	person	526	490
2.每月平均工作的天数	Average Working Days per Month				
其中:15 天以下	Of Which: Less than 15 Days	人	person	23	39
15—22 天	15—22 Days	人	person	251	329
22—26 天	22—26 Days	人	person	519	505
26 天以上	More than 26 Days	人	person	350	375
3.每天平均工作的小时数	Average Working Hours in a Day				

5-1 续表 11 Continued 11

指标名称	Item	单位	Unit	2018 年	2019 年
其中:6 小时以下	Of Which: Less than 6 Hours	人	person	40	38
6—8 小时	6—8 Hours	人	person	57	74
8—10 小时	8—10 Hours	人	person	792	836
其中:8 小时	Of Which:8 Hours	人	person	614	683
10—12 小时	10—12 Hours	人	person	225	270
12 小时及以上	More than 12 Hours	人	person	29	30
(四)外出月收支情况	Income and Expenditure				
1.每月平均收入	Average Monthly Income				
其中:500 元以下	Of Which: Less Than 500 *Yuan*	人	person	4	5
500—1000 元	500—1000 *Yuan*	人	person	38	47
1000—1500 元	1000—1500 *Yuan*	人	person	51	61
1500—2000 元	1500—2000 *Yuan*	人	person	114	115
2000—3000 元	2000—3000 *Yuan*	人	person	297	332
3000 元及以上	3000 *Yuan* and Over	人	person	639	688
#明确收入水平的人数	#Number of People Who Knowing Their Own Income	人	person	1143	1248
#不清楚收入水平的人数	#Number of People Who Not Knowing Their Own Income	人	person		0
(五)社会保障与福利情况	Social Welfare and Social Security	人	person		
1.外出从业的劳动关系	Employment Relations				
①无固定期限劳动合同工	Labor Contracts Without a Fixed Period	人	person	130	178
②一年及以上劳动合同工	Labor Contracts with One-year and Over	人	person	219	177
③一年以下劳动合同工	Labor Contracts Less than One-year	人	person	19	31
④没有劳动合同	Without Labor Contracts	人	person	690	795
⑤其他	Others	人	person	85	67
2.单位或雇主提供伙食情况	Meals Supplied by Employer or Unit				
①每天提供三顿	Three Meals Everyday	人	person	37	41
②每天提供两顿	Two Meals Everyday	人	person	71	70
③每天提供一顿	One Meal Everyday	人	person	314	327
④不提供,但补贴部分伙食费	No Meals,but Having Food Allowance	人	person	48	42
⑤不提供,也没有补贴	Neither Meals nor Food Allowance	人	person	673	768
3.单位或雇主提供住宿情况	Accommodation Supplied by Employer or Unit				
①提供住宿	Accommodation Supplied	人	person	56	65
②不提供住宿,但住房有补贴	No Accommodation,but Having Rental Allowance	人	person	41	38
③不提供住宿,也没有住房补贴	Neither Accommodation nor Rental Allowance	人	person	1046	1145
4.单位或雇主拖欠工资情况	Arrears of Wage				
①被拖欠工资人数	Number of Employees Without Pay	人	person	4	5
②被拖欠工资的金额(合计)	Total Amount of Unpaid Wages	元	*yuan*	130400	26500

5-1 续表 12 Continued 12

指标名称	Item	单位	Unit	2018 年	2019 年
5.五险一金缴纳情况	Five Insurances and One Fund				
①缴纳养老保险	Employer or Unit Providing Endowment Insurance for Workers	人	person	207	190
②缴纳工伤保险	Employer or Unit Providing Work-Related Injury Insurance for Workers	人	person	217	231
③缴纳医疗保险	Employer or Unit Providing Medical Insurance for Workers	人	person	186	177
④缴纳失业保险	Employer or Unit Providing Unemployment Insurance for Workers	人	person	161	148
⑤缴纳生育保险	Employer or Unit Providing Maternity Insurance for Workers	人	person	151	128
⑥缴纳住房公积金	Employer or Unit Paying Housing Fund	人	person	98	85
本地非农自营人员情况	**Conditions of Local Non-farming Self-employers**	—			
(一)本年度非农自营主要行业	Industries Involved				
1.第一产业	Primary Industry	人	person	8	11
(1)农、林、牧、渔业	Agriculture, Forestry, Animal Husbandry and Fishery	人	person	8	11
2.第二产业	Secondary Industry	人	person	104	90
(2)采矿业	Mining	人	person	2	0
(3)制造业	Manufacturing	人	person	65	53
(4)电力、热力、燃气及水的生产和供应业	Production and Supply of Electricity, Heating, Gas and Water	人	person	3	1
(5)建筑业	Construction	人	person	34	36
3.第三产业	Tertiary Industry	人	person	565	596
(6)批发和零售业	Wholesale and Retail Trades	人	person	322	356
(7)交通运输、仓储和邮政业	Transport, Storage and Post	人	person	66	60
(8)住宿和餐饮业	Hotels and Catering Services	人	person	83	81
(9)信息传输、软件和信息技术服务业	Information Transmission, Software and Information Technology Services	人	person	0	0
(10)金融业	Financial Industry	人	person	0	1
(11)房地产业	Real Estate	人	person	0	0
(12)租赁和商务服务业	Leasing and Business Services	人	person	4	5
(13)科学研究和技术服务	Scientific Research and Technical Services	人	person	0	0
(14)水利、环境和公共设施管理业	Management of Water Conservancy, Environment and Public Facilities	人	person	2	1
(15)居民服务、修理和其他服务业	Resident Services, Repair and Other Services	人	person	74	78

5-1 续表 13 Continued 13

指标名称	Item	单位	Unit	2018 年	2019 年
(16)教育	Education	人	person	0	0
(17)卫生、社会工作	Health and Social Work	人	person	9	10
(18)文化、体育和娱乐业	Culture, Sports and Entertainment	人	person	5	4
(19)公共管理、社会保障和社会组织	Public Management, Social Security and Social Organizations	人	person	0	0
(20)国际组织	International Organizations	人	person	0	0
(二)从事当前自营工作的时间(合计)	Total Working Time	月	month		
其中:1 年以下	Of Which: Less than One Year	人	person	30	29
1—2 年	1—2 Years	人	person	55	50
2—5 年	2—5 Years	人	person	169	181
5 年及以上	More than 5 Years	人	person	423	437
(三)非农自营活动性质	Nature of Non-farming Self-employed Activity				
1.注册企业	Registered Enterprise	人	person	23	17
2.个体经营	Individual Operation	人	person	383	401
3.小摊小贩	Vendor	人	person	48	55
(四)雇工人数	Number of Employees				
1.没有雇工	None	人	person	595	631
2.3 人以下	Less than 3 Employees	人	person	60	48
3.4—9 人	4—9 Employees	人	person	16	13
4.10—19 人	10—19 Employees	人	person	4	3
5.20—49 人	20—49 Employees	人	person	2	2
6.50 人及以上	More than 50 Employees	人	person	0	0
(五)初始资金来源	Source of Initial Funding				
1.全部自筹	Self-raised	人	person	466	505
2.与其他人合伙	Partnership	人	person	10	10
3.金融机构贷款	Loans to Financial Institutions	人	person	15	8
4.其他	Others	人	person	15	14
(六)初始投资是否得到政府支持	Whether Having the Support of Government				
1.是	Yes	人	person	11	20
2.否	No	人	person	495	517
(七)希望政府给予的支持	Wanting Supports from the Government				
1.贷款	Loan	人	person	95	68
2.税收优惠	Tax Incentives	人	person	28	11
3.生产技术指导	Technical Direction	人	person	21	28
4.销售服务	Marketing Service	人	person	64	79
5.不需要	Unwanted	人	person	95	68
(八)是否曾经外出务工	Whether Having Worked Outside				

5-1 续表 14 Continued 14

指标名称	Item	单位	Unit	2018 年	2019 年
1.是	Yes	人	person	134	144
2.否	No	人	person	543	553
(九)原外出务工的主要行业	Industries Involved During Working Outside				
1.第一产业	Primary Industry	人	person	4	2
(1)农、林、牧、渔业	Agriculture, Forestry, Animal Husbandry and Fishery	人	person	4	2
2.第二产业	Secondary Industry	人	person	66	76
(2)采矿业	Mining	人	person	1	2
(3)制造业	Manufacturing	人	person	43	42
(4)电力、热力、燃气及水的生产和供应业	Production and Supply of Electricity, Heating, Gas and Water	人	person	0	0
(5)建筑业	Construction	人	person	22	32
3.第三产业	Tertiary Industry	人	person		
(6)批发和零售业	Wholesale and Retail Trades	人	person	16	30
(7)交通运输、仓储和邮政业	Transport, Storage and Post	人	person	13	6
(8)住宿和餐饮业	Hotels and Catering Services	人	person	19	13
(9)信息传输、软件和信息技术服务业	Information Transmission, Software and Information Technology Services	人	person	1	0
(10)金融业	Financial Industry	人	person	0	
(11)房地产业	Real Estate	人	person	0	0
(12)租赁和商务服务业	Leasing and Business Services	人	person	0	4
(13)科学研究和技术服务	Scientific Research and Technical Services	人	person	1	
(14)水利、环境和公共设施管理业	Management of Water Conservancy, Environment and Public Facilities	人	person	1	0
(15)居民服务、修理和其他服务业	Resident, Services Repair and Other Services	人	person	9	12
(16)教育	Education	人	person	0	0
(17)卫生、社会工作	Health and Social Work	人	person	2	0
(18)文化、体育和娱乐业	Culture, Sports and Entertainment	人	person	3	0
(19)公共管理、社会保障和社会组织	Public Management, Social Security and Social Organizations	人	person	0	
(20)国际组织	International Organizations	人	person	0	0
举家外出情况	**Conditions of Migrant Families**	—			

5-1 续表 15 Continued 15

指标名称	Item	单位	Unit	2018 年	2019 年
调查村数目	Number of Villages Surveyed	个	unit	329	329
(一)调查小区户籍住户、人口与劳动力情况	Household, Population and Labors in the Area Surveyed	—			
1.调查小区总户数	Number of Households	户	household	56102	52085
2.调查小区总人口	Total Population	人	person	216463	200974
3.调查小区总劳动力	Number of Labors	人	person	129847	124450
(二)调查小区举家在外情况	Migrant Families	—			
1.举家在外户数	Number of Migrant Families	户	household	8256	7359
2.举家在外人口	Number of People in Migrant Families	人	person	30977	28279
其中:劳动力	Of Which: Labors	人	person	20105	18850
(三)调查小区新增举家外出情况	New Migrant Families	—			
1.举家外出户数	Number of Migrant Families	户	household	227	232
2.举家外出人口	Number of People in Migrant Families	人	person	723	812
其中:劳动力	Of Which: Labors	人	person	479	545
(四)调查小区住户举家返回情况	Returning Families	—			
1.举家返回户数	Number of Returning Families	人	person	176	305
2.举家返回人口	Number of People in Returning Families	人	person	538	966
其中:劳动力	Of Which: Labors	人	person	345	646

主要统计调查指标解读

Explanatory Notes on Main Statistical Indicators

农民工 指户籍仍在农村，在本地从事非农产业或外出从业6个月及以上的农村劳动力；还包括举家外出的农村劳动力。

本地农民工 指在户籍所在乡镇地域以内从业的农民工。

外出农民工 指在户籍所在乡镇地域外从业的农民工。

举家外出 指农村劳动力及家人离开原居住地，到户籍所在乡镇以外的区域居住。